RÉVOLUTION FRANÇAISE

*

LE PEUPLE ET LE ROI
(1774-1793)

RÉVOLUTION FRANÇAISE

Tome I : *Le Peuple et le Roi*
(1774-1793)
Tome II : *Aux armes, citoyens !*
(1793-1799)

DU MÊME AUTEUR

voir en fin d'ouvrage

Max Gallo
de l'Académie française

RÉVOLUTION FRANÇAISE

*

Le Peuple et le Roi
(1774-1793)

XO
EDITIONS

ISBN : 978-2-84563-349-0

« Passe maintenant, lecteur, franchis le fleuve de sang qui
sépare à jamais le vieux monde dont tu sors, du monde
nouveau à l'entrée duquel tu mourras. »

CHATEAUBRIAND
Mémoires d'outre-tombe

« Ce qu'il y a de plus frappant dans la Révolution française
c'est cette force entraînante qui courbe tous les obstacles.
Son tourbillon emporte comme une paille légère
tout ce que la force humaine a su lui opposer :
personne n'a contrarié sa marche impunément...
La Révolution française mène les hommes plus
que les hommes ne la mènent.
Les scélérats mêmes qui paraissent conduire la Révolution
n'y entrent que comme de simples instruments, et dès qu'ils
ont la prétention de la dominer ils tombent ignoblement. »

Joseph de MAISTRE
Considérations sur la France

« Cet événement est trop immense, trop mêlé
aux intérêts de l'humanité, a une trop grande influence
sur toutes les parties du monde, pour que les peuples,
en d'autres circonstances, ne s'en souviennent et ne soient
amenés à en recommencer l'expérience. »

Emmanuel KANT

PROLOGUE

Le lundi 21 janvier 1793

« Peuple, je meurs innocent,
je pardonne… »

Il était le roi de France, Louis, le XVIe du nom, l'héritier d'une lignée qui depuis plus de dix siècles avait bâti et gouverné ce royaume des fleurs de lys, et qui, par la grâce de Dieu, en avait fait l'un des plus puissants du monde.

Ses rois l'étaient de droit divin, et la France était la fille aînée de l'Église, et un Louis, le IXe du nom, mort en croisade, était devenu Saint Louis.

Mais dans cette matinée du lundi 21 janvier 1793, quatre mois jour pour jour après la proclamation de la République le 21 septembre 1792, alors qu'un brouillard glacé fige Paris, étouffe les roulements des tambours qui battent sans jamais s'interrompre, Louis XVI n'est plus qu'un Louis Capet, ci-devant roi de France, ci-devant roi des Français.

Et l'on va trancher son corps en deux, et séparer ainsi le corps du roi et celui de la nation.

Lorsque, après une hésitation, Louis descend d'un grand carrosse vert, qui vient de s'arrêter place de la Révolution, ci-devant place Louis-XV, il voit d'abord les rangées de soldats, gardes nationaux et cavaliers, puis la foule immense qui a envahi la place de la Révolution.

De la statue du roi Louis XV, il ne reste que le socle en pierre, récif blanc au milieu de ces dizaines de milliers de corps qui se pressent comme pour se réchauffer, se rassurer.

Il fait froid. On va décapiter le roi.

Louis, petit-fils de ce Louis XV dont on a abattu la statue et débaptisé la place, lève les yeux.

Il voit l'échafaud, la guillotine dressée, entre le socle de la statue au centre de la place et le début des Champs-Élysées.

Il voit le couteau, les montants qui guideront le tranchant oblique, la planche sur laquelle on attachera son corps, qui basculera au moment où tombera la lame.

Il recule d'un pas quand le bourreau Samson et ses deux aides s'approchent de lui.

Il est le roi.

Ce ne sont pas les hommes qui peuvent décider de son état, seul Dieu a ce pouvoir.

Il est le roi.

C'est sacrilège de porter la main sur lui.

Il ôte lui-même son habit et son col, ne gardant qu'un simple gilet de molleton blanc.

Il repousse une nouvelle fois Samson.

Il ne veut pas qu'on lui coupe les cheveux, qu'on lui lie les mains.

Près de lui, l'abbé Edgeworth, son confesseur, lui murmure quelques mots :

« Sire, dans ce nouvel outrage, dit le prêtre, je ne vois qu'un dernier trait de ressemblance entre Votre Majesté et le Dieu qui va être sa récompense. »

Louis baisse la tête.

Le corps du roi peut souffrir comme a souffert le corps du Christ.

Louis se soumet.

On noue la corde autour de ses poignets.

Pour les hommes, il n'est plus que Louis Capet que la Convention nationale a déclaré « coupable de conspiration contre la liberté de la nation et d'attentat contre la sûreté générale de l'État ».

Et elle a décrété que « Louis Capet subira la peine de mort ».

Louis a tenté de contester ce jugement des hommes.

Le 17 janvier 1793, il a adressé aux sept cent quarante-neuf députés de la Convention nationale une lettre demandant que le peuple seul puisse le juger.

« Je dois à mon honneur, a-t-il écrit, je dois à ma famille, de ne point souscrire à un jugement qui m'inculpe d'un crime que je ne puis me reprocher, en conséquence de quoi je déclare que j'interjette appel à la nation elle-même du jugement de ses représentants. »

Mais la Convention a refusé de prendre en compte cette requête. Et le bourreau Samson pousse Louis Capet, ci-devant roi de France, vers l'escalier qui conduit à la guillotine.

Louis trébuche, puis repoussant toute aide il gravit les cinq marches de l'échafaud.

Les tambours battent plus fort, crevant la couche grise et glacée qui recouvre la place.

Louis est sur la plate-forme. Il répète les phrases qu'il a dictées le 25 décembre 1792, dernier Noël de sa vie, il le savait, et qui composent son testament.

« Je laisse mon âme à Dieu, mon créateur, dit-il. Je Le prie de la recevoir dans Sa miséricorde...

« Je meurs dans l'union de notre Sainte Mère l'Église catholique, apostolique et romaine...

« Je prie Dieu de me pardonner tous mes péchés. J'ai cherché à les connaître scrupuleusement, à les détester et à m'humilier en Sa présence...

« Je pardonne de tout mon cœur à ceux qui se sont faits mes ennemis sans que je leur en aie donné aucun sujet...

« Je prie Dieu particulièrement de jeter des yeux de miséricorde sur ma femme, mes enfants et ma sœur qui souffrent depuis longtemps avec moi...

« Je recommande mes enfants à ma femme. Je n'ai jamais douté de sa tendresse maternelle...

« Je prie ma femme de me pardonner tous les maux qu'elle souffre pour moi...

« Je recommande à mon fils, s'il avait le malheur de devenir roi, de songer qu'il se doit tout entier au bonheur de ses concitoyens, qu'il doit oublier toute haine ou tout ressentiment et nommément tout ce qui a rapport aux malheurs et aux chagrins que j'éprouve..

« Je pardonne encore très volontiers à ceux qui me gardaient les mauvais traitements et les gestes dont ils ont cru devoir user envers moi...

« Je finis en déclarant devant Dieu, et prêt à paraître devant lui, que je ne me reproche aucun des crimes qui sont avancés contre moi... »

Louis, maintenant, est face à la guillotine et domine la foule sur laquelle roulent les battements de tambour.

Il se dégage d'un mouvement brusque des mains du bourreau et de ses aides.

Il crie, tourné vers la foule :

« Peuple, je meurs innocent ! Je pardonne aux auteurs de ma mort. Je prie Dieu que le sang que vous allez répandre ne retombe jamais sur la France. »

Samson se saisit de lui, le tire en arrière.

Il dit encore aux bourreaux :

« Messieurs, je suis innocent de ce dont on m'accuse. Je souhaite que mon sang puisse cimenter le bonheur des Français. »

Samson hésite. Louis se débat. On le pousse. La planche bascule :

« On entend un cri affreux que le couteau étouffa. »

Samson prend la tête de Louis par les cheveux, la brandit, la montre au peuple.

Des cris s'élèvent :

« Vive la nation ! », « Vive la république ! », « Vive l'égalité ! », « Vive la liberté ! ».

Des farandoles entourent l'échafaud. Quelques hommes et quelques femmes s'approchent de la guillotine, cherchent à tremper leurs mouchoirs, des enveloppes, dans le sang de Louis Capet, ci-devant roi de France.

Ils agitent leurs trophées rouges.

Mais la foule se disperse rapidement, silencieuse et grave.

Sur la place de la Révolution, dans les rues, les échoppes, les estaminets où l'on boit du vin chaud, on commente moins la mort du roi que celle du conventionnel Le Peletier de Saint-Fargeau.

Il avait voté pour l'exécution immédiate de Louis Capet.

On l'a assassiné dans la nuit, au moment où il sortait de souper au restaurant Février, place du Palais-Égalité, ci-devant place du Palais-Royal.

C'est un ancien garde du corps du roi, Pâris, qui lui a donné un coup de sabre au bas-ventre.

Et le corps du conventionnel sera exposé nu jusqu'à la taille avant d'être accompagné au Panthéon par toute la Convention et un long cortège populaire.

La mort du ci-devant roi de France paraît aux yeux du peuple « sans-culotte » venger Le Peletier de Saint-Fargeau et tous les « martyrs » de la Révolution.

« Le sang des hommes fait gémir l'humanité, le sang des rois la console », écrivent les citoyens membres de la Société des Amis de l'Égalité et de la Liberté aux conventionnels.

Et le journal *Le Père Duchesne* prononce, à sa manière, l'oraison funèbre de Louis :

« Capet est enfin mort, foutre !

« Je ne dirai pas, comme certains badauds, n'en parlons plus !

« Parlons-en au contraire, pour nous rappeler tous ses crimes et inspirer à tous les hommes l'horreur qu'ils doivent avoir pour les rois.

« Voilà, foutre, ce qui m'engage à entreprendre son oraison funèbre, non pour faire son éloge ou adoucir ses défauts, mais pour le peindre tel qu'il fut, et apprendre à l'univers si un tel monstre ne méritait pas d'être étouffé dès son berceau ! »

Ce lundi 21 janvier 1793, à dix heures vingt, place de la Révolution, un homme est mort, que l'on ne nommait plus que Louis Capet. Mais c'est le corps du roi, et l'histoire de la nation, qu'on a tranchés en deux.

Quatre ans auparavant, en 1789, les sujets de toutes les provinces célébraient encore ce même homme, ce roi de France.

Et le 14 juillet 1790, il présidait la fête de la Fédération, rassemblant autour de lui tous les citoyens des départements du royaume.

Il était le roi des Français.

Et en mai 1774, quand il avait succédé à son grand-père Louis XV, les libellistes avaient écrit qu'il semblait « promettre à la nation le règne le plus doux et le plus fortuné ».

Qui eût osé imaginer qu'un jour, Louis XVI, Louis le Bon, serait, sous le simple nom de Louis Capet, guillotiné, sur la ci-devant place Louis-XV, devenue place de la Révolution ?

PREMIÈRE PARTIE

1774-1788
« Quel fardeau et on ne m'a rien appris ! »

« N'oubliez jamais, Sire, que c'est la faiblesse qui a mis la tête de Charles Ier sur un billot... »

Lettre de Turgot à Louis XVI
30 avril 1776

1.

Ce roi, Louis XVI, qu'on tue après l'avoir humilié, peut-être a-t-il pressenti qu'il aurait, en accédant au trône de France, un destin tragique ?

Cela survient le 10 mai 1774.

Depuis plusieurs jours déjà, il sait que son grand-père Louis XV est condamné, et qu'il sera lui, Louis Auguste, duc de Berry, son successeur.

L'angoisse et l'accablement l'étreignent.

Il a vu le corps du roi – Louis le Bien-Aimé, le plus bel homme du royaume, avait-on qualifié Louis XV – se transformer en un tas de chairs purulentes et puantes, le visage couvert de pustules et de croûtes.

On s'agenouille pour prier, mais au pied de l'escalier qui conduit à la chambre du roi, parce qu'à s'en approcher on craint la contagion.

« Madame, j'ai la petite vérole », a dit Louis XV à sa favorite, la comtesse du Barry.

Il veut, après une vie dissolue, solliciter la grâce de Dieu, et donc écarter cette maîtresse qui était – après tant d'autres – l'incarnation du péché.

« Il est nécessaire que vous vous éloigniez », lui a-t-il dit.

Elle a obéi et quitté Versailles pour le château de Rueil.

Et le confesseur de Louis XV a pu recueillir les dernières paroles du roi agonisant. Puis il s'est avancé vers les courtisans qui se tiennent à distance.

« Messieurs, le roi m'ordonne de vous dire que s'il a causé du scandale à ses peuples, il leur en demande pardon et qu'il est dans la résolution d'employer le reste de ses jours à pratiquer la religion en bon chrétien comme il l'a fait dans sa jeunesse, et à la protéger et à faire le bonheur de ses peuples. »

Louis, duc de Berry, bientôt Louis XVI, écoute ces mots.

Mais il est trop tard, la mort est là qui se saisit du corps du roi, qu'il faut au plus vite enfermer dans un double cercueil de plomb rempli d'« esprit de vin ».

Et ce roi, si puissant, si adulé dans la première partie de son règne, n'est plus qu'un cadavre qui se dissout, dont on s'éloigne, qu'on veut oublier.

On avait célébré six mille messes en 1744 lorsque la maladie avait terrassé Louis XV. On n'en compte que trois en 1774.

Et Louis XVI apprendra que c'est accompagné seulement de quelques domestiques, et d'une petite escorte de gardes du corps, que le cercueil du roi a été conduit jusqu'à Saint-Denis, la nuit du 12 mai.

Et tout au long de la route on a entendu crier, d'un ton joyeux : « Taïaut ! Taïaut ! » et « Voilà le plaisir des dames ! Voilà le plaisir ».

Oraison funèbre pour un roi qui selon le peuple s'était davantage soucié de la chasse et des femmes que de son royaume.

Et Louis murmurera, lui qu'on a en 1770 marié à seize ans, avec Marie-Antoinette d'Autriche, la plus jeune des héritières des Habsbourg, âgée d'à peine quinze ans, lui dont on assure que durant plusieurs années il a été incapable de consommer son mariage, et auquel on ne connaît aucune liaison :

« Ce qui a toujours perdu cet État-ci a été les femmes légitimes et les maîtresses. »

Il n'aura vingt ans que dans quelques mois, il n'a jamais régné, il ne s'est adonné avec passion qu'à la chasse, s'y livrant quotidiennement depuis sa première chevauchée, en août 1769 – il avait quinze ans – mais il a été témoin, à la Cour, des intrigues qui se nouaient autour de la comtesse du Barry et du souvenir qu'avaient laissé Madame de Pompadour, ou bien les favorites – et leurs bâtards légitimes – de Louis XIV. Ses tantes – les sœurs de Louis XV –, le gouverneur des enfants de France, le duc de La Vauguyon, l'ont mis en garde contre les femmes et l'influence qu'elles peuvent exercer dans le gouvernement.

« C'est un malheur. »

Il a vu les sujets se détourner de Louis XV.

Et il s'est fait, peu à peu, une idée des devoirs d'un souverain. Il a même rédigé une sorte de résumé de tous les enseignements qu'on lui a prodigués, qu'il a intitulé *Réflexions sur mes entretiens avec Monsieur de La Vauguyon.*

« Un bon roi, écrit-il, ne doit avoir d'autre objet que de rendre son peuple heureux... »

Et pour cela il ne doit pas oublier les droits naturels de ses sujets « antérieurs à toute loi politique et civile : la vie, l'honneur, la liberté, la propriété des biens... Le prince doit donc réduire les impôts autant qu'il peut... Le roi doit être ferme et ne jamais se laisser aller à la faiblesse. Il doit aussi connaître les hommes afin de ne pas être dupe... Le roi tient de Dieu l'autorité souveraine, dont il ne doit compte qu'à Lui, mais s'il asservit son peuple, il est coupable devant Dieu. »

Et les conseils qu'il reçoit d'un abbé qui fut le confesseur de son père – l'abbé Soldani – achèvent de lui représenter le « métier de roi » comme le plus exigeant, le plus austère, le plus difficile aussi qui soit.

Il faut, lui a dit Soldani, « connaître sa religion, lutter contre les écrits des philosophes, sans ménager les auteurs, protéger l'Église sans épargner les mauvais prêtres ni les abbés avides... Évitez les favoris, tenez-vous près du peuple, évitez le vain luxe, les dépenses, les plaisirs auxquels on sait que vous tenez peu, du reste. Vous qui aimez le travail, sachez vous reposer ; vous qui êtes frugal, ne vous laissez pas séduire ; soyez bon avec tous, mais rappelez-vous que vous êtes l'héritier. Et puissiez-vous régner le plus tard possible. »

Mais ce 10 mai 1774, il n'a pas vingt ans, quand il entend tout à coup rouler vers lui, comme un bruit de tonnerre, le piétinement impatient des courtisans qui ont abandonné l'antichambre du souverain décédé pour venir saluer « la nouvelle puissance ».

Le roi est mort ! Vive le roi !

2.

Louis est comme écrasé, étouffé.

« Quel fardeau, s'exclame-t-il, et on ne m'a rien appris ! Il me semble que l'univers entier va tomber sur moi. »

Cette charge royale que Dieu lui confie, il craint depuis plus de dix ans de ne pouvoir la supporter.

Longtemps, il a espéré ne pas monter sur le trône.

Il n'était que le deuxième fils du dauphin Louis-Ferdinand et de la dauphine Marie-Josèphe de Saxe.

Le fils aîné, le duc de Bourgogne, était le successeur désigné de Louis-Ferdinand, qui lui-même n'accéderait à la royauté qu'après la mort de son père Louis XV.

Louis, duc de Berry, né le 23 août 1754, se sentait ainsi protégé par ces trois vies qui le tenaient écarté du trône.

D'ailleurs, qui prêtait attention à cet enfant joufflu, puis à ce garçon maigre, au regard vague des myopes, qui semblait incapable de prendre une décision et dont la démarche même était hésitante ?

Son frère aîné, le duc de Bourgogne, attirait tous les regards, toutes les attentions, et il traitait son cadet avec morgue, mépris, cependant que ses précepteurs, le gouverneur des enfants de France, le duc de La Vauguyon, le donnaient en modèle. Les frères cadets de Louis, duc de Berry, les comtes de Provence et d'Artois, étaient, bien que plus encore éloignés du trône, moins effacés. Le comte de Provence avait l'intelligence subtile, et le comte d'Artois, le charme d'un séducteur.

Les sœurs, Clotilde et Élisabeth, comptaient peu, face à ces quatre fils.

« Nos princes sont beaux et bien portants... Monseigneur le duc de Bourgogne est beau comme le jour, et le duc de Berry ne lui cède en rien », disait-on.

Mais c'est le duc de Bourgogne qu'on fête !

À sa naissance, en 1751, Louis XV ordonne trois jours de chômage et d'illuminations à Paris. Rien de tel pour le duc de Berry, trois ans plus tard. À peine quelques volées de cloches.

A-t-on craint, comme ce fut le cas pour le duc de Bourgogne, que des émeutiers, pauvres que la misère étrangle, que le prix du grain affame, ne déposent dans le berceau de l'enfant un paquet de farine et un paquet de poudre, avec ce placet : « Si l'un nous manque, l'autre ne nous manquera pas » ?

On avait envoyé l'une des nourrices à la Bastille, sans pour autant démonter les rouages du complot et mettre au jour les complicités.

Le duc de Berry reste dans l'ombre de son frère aîné. On se soucie si peu de lui, que la nourrice qu'on lui choisit n'a pas de lait, mais est la maîtresse d'un ministre du Roi, le duc de La Vrillière.

Tant pis pour Louis, duc de Berry, puisqu'il ne doit pas être roi !

Mais la mort a d'autres projets.

Elle rôde dans le royaume de France, qui semble si riche, si puissant, le modèle incomparable des monarchies.

Et cependant on meurt de faim, et les impôts dépouillent les plus humbles, les laissant exsangues alors que nobles et ecclésiastiques apparaissent comme des intouchables, rapaces de surcroît, levant leurs propres impôts, avides au point de tout vouloir s'accaparer, chassant à courre, saccageant ainsi les épis mûrs, et traînant en justice, et parfois jusqu'à l'échafaud, les paysans qui braconnent.

Les « émotions », les « émeutes », les « guerres des farines », les « révoltes des va-nu-pieds », secouent donc périodiquement le royaume.

Et en 1757 – le duc de Berry a trois ans –, un serviteur, Damiens, à Versailles, porte un coup de couteau au flanc du roi bien-aimé, Louis XV. Blessure sans gravité, mais acte révélateur et châtiment à la mesure du sacrilège.

Porter la main sur le roi c'est frapper Dieu ! Et, dans ce royaume où on lit Voltaire, où la favorite, Madame de Pompadour, protège les philosophes, on va couler du plomb fondu dans les entrailles ouvertes de Damiens, puis on va atteler quatre chevaux à ses quatre membres, afin de l'écarteler, et, pour faciliter l'arrachement des jambes et des bras, on cisaillera les aisselles et l'aine.

La mort est à l'œuvre.

Le duc de Bourgogne meurt le 20 mars 1761, et Louis son cadet, âgé de sept ans, que le décès de son frère aîné a plongé dans la maladie, emménage dans la chambre du frère défunt, celle de l'enfant choyé qu'on préparait pour le trône et qui n'est plus qu'un souvenir exemplaire dont on ne cesse de vanter les mérites à Louis.

On veille de plus près sur son éducation.

« Berry fait de grands progrès dans le latin et d'étonnants dans l'histoire », écrit son père, le dauphin Louis-Ferdinand.

Mais les ambassadeurs qui le scrutent puisqu'il s'est rapproché du trône sont sans indulgence.

« Si on peut s'en rapporter aux apparences, écrit l'ambassadeur d'Autriche en 1769 – Louis a quinze ans –, la nature semble lui avoir tout refusé. Le prince par sa contenance et ses propos n'annonce qu'un sens très borné, beaucoup de disgrâce et nulle sensibilité… »

Et l'ambassadeur de Naples ajoute un trait plus sévère encore : « Il semble avoir été élevé dans les bois. »

Louis en fait est timide, d'autant plus mal à l'aise que son père, dauphin de France, est mort le vendredi 20 décembre 1765, et que désormais entre la charge royale et Louis, il n'y a plus que son grand-père Louis XV, vert encore, rajeuni par sa liaison avec la comtesse du Barry qui a succédé à la marquise de Pompadour, décédée en 1764.

Mais le roi est lucide, et il s'exclame, plein d'inquiétude et presque de désespoir :

« Pauvre France, un roi âgé de cinquante-cinq ans et un dauphin âgé de onze ans ! Pauvre France. »

À compter de ce mois de décembre 1765, Louis, duc de Berry, est donc en effet dauphin de France.

Il a onze ans.

Il n'est qu'un enfant que l'inquiétude tenaille, qui trouve souvent dans la maladie un refuge contre l'angoisse d'avoir un jour à être roi de France. Dignité, charge et fonction auxquelles on le prépare en lui enseignant l'italien, l'anglais et un peu d'allemand. Mais il aime d'abord les mathématiques, les sciences, la géographie. Il est habile à dessiner les cartes.

Les travaux manuels – et même ceux des jardiniers ou des paysans qu'il côtoie – l'attirent. Il a été malingre. Il grossit, parce qu'il dévore, engloutissant voracement, comme pour rechercher ces périodes d'engourdissement, d'indigestion, qui lui masquent la réalité.

Si la mort frappe d'abord Louis XV, ce qui est dans l'ordre naturel des choses, il sera roi.

Et cela l'accable.

Et l'échéance se rapproche, puisque la mort continue à faucher.

La mère de Louis – la dauphine – meurt en 1767, puis, en mars 1768, c'est la reine Marie Leczinska – la grand-mère de Louis – qui est emportée.

Et à chacun de ces décès c'est le dauphin – car Louis XV n'assiste pas par exemple au service solennel à Saint-Denis en l'honneur de la reine – qui préside ces cérémonies funèbres, à la lourde et minutieuse étiquette.

Alors que Louis n'est pas encore roi, ces obligations auxquelles il se soumet le paralysent, même s'il tente de donner le change. Mais son visage rond marqué par l'ennui et presque le désespoir, son regard éteint, ses gestes gauches, ne trompent pas.

Il sait aussi qu'il ne peut combler les attentes de Louis XV, qui ne cesse de regretter la mort du dauphin Louis-Ferdinand, son fils.

« Vous avez bien jugé de ma douleur, écrit le roi au duc de Parme, je me distrais tant que je peux, n'y ayant point de remède, mais je ne puis m'accoutumer de n'avoir plus de fils et quand on appelle mon petit-fils, quelle différence pour moi, surtout quand je le vois entrer. »

Alors Louis, pour se protéger de cette déception, s'enferme en lui-même, son corps s'alourdit comme si la graisse devenait une carapace, et la myopie le moyen de ne pas voir, d'ignorer la réalité.

Mais parfois il rompt le silence où il se terre, et dans une réponse à La Vauguyon, il révèle son amertume et sa solitude :

« Eh, Monsieur, qui voulez-vous que j'aime le plus ici, où je ne me vois aimé de personne ? »

Mais il faut accepter, subir ce que Dieu impose.

Et le choix de Dieu s'exprime par la voix de Louis XV.

C'est le roi qui trace la route, qui, conseillé par son ministre Choiseul, est décidé à renforcer l'alliance avec l'Empire des Habsbourg, et le plus symbolique et le plus efficace c'est de préparer le mariage du dauphin avec une archiduchesse autrichienne.

Le 24 mai 1766, l'ambassadeur de Vienne à Paris, le prince Stahrenberg, écrit à l'impératrice Marie-Thérèse d'Autriche :

« Votre Majesté sacrée peut dès ce moment regarder comme décidé et assuré le mariage du dauphin et de l'archiduchesse Marie-Antoinette », la plus jeune des filles de Marie-Thérèse.

Louis XV l'a confirmé à l'ambassadeur autrichien, qui ajoute :

« C'est aux bons offices de Monsieur de Choiseul – le premier des ministres – que je dois principalement un succès que j'avais fort à cœur d'obtenir. »

Il n'est pas dans les usages que l'on se préoccupe des sentiments du dauphin de France. La vie de Louis, duc de Berry, Louis XVI à compter du 10 mai 1774, est donc dessinée sans qu'il ait à y redire. Et les choix accomplis au nom de la tradition, de la politique et des décisions royales, des contraintes dynastiques, ont modelé la personnalité de Louis.

Mais maintenant qu'il est roi, il doit régner.

Il n'est pas sûr de lui.

On ne lui a pas appris à gouverner.

Il sait chasser, battre le fer comme un forgeron ou un serrurier, ou même tracer un sillon tel un laboureur, mais il ignore l'art de la consultation et de la décision politiques.

Il cherche autour de lui des appuis, des conseils.

Son père, Louis-Ferdinand, avant de mourir, avait dressé une liste de personnalités qui pourraient l'aider de leurs avis Il interroge ses tantes, mais les filles de Louis XV sont de vieilles demoiselles, dévotes. L'une d'elles, Louise, a même pris le voile au carmel de Saint-Denis.

Il se méfie de sa jeune femme Marie-Antoinette, qui n'a pas dix-neuf ans et qui est tout entière soumise aux stratégies du nouvel ambassadeur autrichien Mercy-Argenteau, qui veut d'abord servir Vienne.

Il écoute les uns et les autres, hésite entre deux anciens ministres, Machault et Maurepas, l'un de soixante-treize ans, l'autre de presque soixante-quatorze !

Il choisit d'abord, sur le conseil de ses tantes, Machault, puis, cédant à d'autres influences, il opte pour Maurepas, exilé par Louis XV dans son château de Pontchartrain. Là, Maurepas reçoit tout ce que Paris compte d'esprits éclairés, proches de cet « esprit des Lumières », ouvert à l'économie, aux idées que le « parti philosophique », Voltaire, l'*Encyclopédie* défendent et répandent.

Cet homme-là pourrait être son conseiller.

Il lui adresse donc la lettre qu'il avait d'abord écrite à Machault.

« Monsieur, dans la juste douleur qui m'accable et que je partage avec tout le royaume, j'ai pourtant des devoirs à remplir.

« Je suis roi : ce seul mot renferme bien des obligations, mais je n'ai que vingt ans. Je ne pense pas avoir acquis toutes les connaissances nécessaires. De plus je ne puis voir aucun ministre, ayant tous été enfermés avec le roi dans sa maladie. »

Les risques de contagion imposent qu'il ne les consulte pas avant neuf jours.

« J'ai toujours entendu parler de votre probité et de la réputation que votre connaissance profonde des affaires vous a si justement acquise. C'est ce qui m'engage à vous prier de bien vouloir m'aider de vos conseils et de vos lumières.

« Je vous serais obligé, Monsieur, de venir le plus tôt que vous pourrez à Choisy où je vous verrai avec le plus grand plaisir. »

La lettre est déférente, presque humble. Elle touche et flatte le vieux courtisan qu'est Maurepas.

Dès le 13 mai, il est à Choisy. Il voit Louis XVI, comprend que le jeune roi ne veut pas d'un premier ministre mais d'un mentor, et le rôle convient à Maurepas.

« Je ne serai rien vis-à-vis du public, dit Maurepas. Je ne serai que pour vous seul. »

Les ministres travailleront avec le roi et lui, Maurepas, offrira son expérience.

« Ayons une conférence ou deux par semaine et si vous avez agi trop vite, je vous le dirai.

« En un mot je serai votre homme à vous tout seul et rien au-delà. »

Et Maurepas ajoute :

« Si vous voulez devenir vous-même votre premier ministre, vous le pouvez par le travail… »

Le premier Conseil se tient le 20 mai 1774 au château de la Muette situé en bordure du bois de Boulogne.

Louis XVI écoute les anciens ministres de Louis XV.

Dans ce Conseil et les suivants, on lit les dépêches sans les commenter. Le roi s'ennuie, n'intervient pas, quitte brusquement le Conseil sans même qu'on ait fixé la date du suivant.

Seule décision : le roi renonce par un édit du 30 mai au « don de joyeux avènement », et la reine à un autre impôt, tous deux destinés à célébrer l'accession au trône d'un nouveau souverain.

Quand, dans le bois de Boulogne, le peuple aperçoit Louis XVI qui se promène à pied sans gardes du corps parmi ses sujets, puis la reine qui vient à sa rencontre à cheval et que les deux jeunes gens s'embrassent, « le peuple bat des mains ».

« Louis XVI semble promettre à la nation le règne le plus doux et le plus fortuné », peut-on lire dans les gazettes.

3.

Ces acclamations, cette ferveur populaire spontanée, autour du château de la Muette, ces hommes et ces femmes qui s'agenouillent sur son passage, qui veulent baiser ses mains, ou simplement toucher ses vêtements, rassurent Louis XVI.

Il embrasse de nouveau Marie-Antoinette, et la foule crie : « Vive le roi ! Vive la reine ! »

Tout brusquement paraît simple, évident comme un ciel qui s'est éclairci.

Les sujets aiment leurs souverains. Le roi incarne le royaume et l'ordre du monde, les Français le savent et l'acceptent.

Il faut être bon, juste et ferme avec eux, les rendre heureux, soulager leurs misères, diminuer autant qu'on le peut les impôts qu'ils paient, et donc réduire les dépenses exorbitantes, le « vain luxe », ainsi que le disait l'abbé Soldani. Sinon ce sont les flambées de colère, ces émotions paysannes que suscitent, comme en 1771, et même l'année dernière en 1773, les récoltes déficitaires. La rareté des grains provoque l'augmentation du prix du blé, et donc de la farine et du pain. Et voici l'émeute.

Comment éviter cela ?

L'humeur de Louis devient morose. Le sentiment d'impuissance qui souvent le saisit le submerge, et suscite en lui l'ennui.

Il regarde Marie-Antoinette qui rit, qui caracole, mutine, qu'entourent des courtisans. Elle s'éloigne au galop, cependant qu'il reste là, dans ce bois de Boulogne, hésitant, pressé par ses sujets dont l'enthousiasme tout à coup le lasse, et dont il sait, se souvenant des dernières années du règne de Louis XV, qu'il peut se retourner en mépris et en colère.

Il a l'impression qu'il est prisonnier de cette toile d'araignée qu'est le pouvoir royal dont tous les fils convergent vers lui.

Il faudrait se dégager, agir, mais comment le faire sans rompre des liens qui s'entrecroisent, noués les uns aux autres ? Déchirer l'un, c'est affaiblir toute la toile.

Il lui a suffi de quelques semaines pour découvrir qu'autour de lui c'est un grouillement d'intrigues, d'ambitions, d'intérêts contradictoires.

On lui suggère ainsi de revenir sur la réforme décidée en 1771 par Louis XV et son chancelier Maupeou.

Les caisses royales étaient vides, parce que la guerre de Sept Ans – 1756-1763 –, désastreuse, conclue par le calamiteux traité de Paris, a coûté cher.

Il fallait tenter de les remplir, pour éviter la banqueroute. Les nouveaux impôts ne pouvaient frapper que les « privilégiés ».

Les parlements s'y sont opposés. Composés de privilégiés, propriétaires de leur charge, ils se présentent en « défenseurs du peuple » contre le pouvoir royal. Le chancelier Maupeou a voulu les briser, transformer les parlementaires en agents du pouvoir royal.

Il a exilé les membres du Parlement de Paris, il limite le ressort de cette juridiction.

C'est une véritable révolution qui peut permettre à la monarchie de réaliser des réformes décisives puisqu'elle pourra, enfin, lever l'impôt sur les privilégiés, sans rencontrer la résistance des parlements.

Faut-il, puisque Louis XV est mort, effacer cette « révolution », redonner toute leur force aux parlements ? Capituler, conforter les privilégiés au détriment de l'ensemble du royaume et des intérêts mêmes de la monarchie ? Louis XVI écoute les conseilleurs qui se pressent autour de lui. Il hésite.

Il y a le « camp » de Marie-Antoinette qui récuse toute réduction des dépenses royales, pour qui la monarchie ne peut que respecter les privilèges, dont elle est elle-même l'expression.

Et Marie-Antoinette aime le luxe, les bals et les fêtes, elle accorde à ses proches qui composent sa « cour » des milliers de livres de rente.

Elle est l'héritière des Habsbourg, fière de son ascendance, soucieuse de défendre les intérêts de la cour de Vienne.

Elle pense court car son éducation a été négligée.

L'abbé Vermond, le précepteur qui a été envoyé auprès d'elle à Vienne pour l'instruire afin de la préparer à son rôle de reine de France, a dû constater qu'elle était rebelle à toute contrainte, qu'on ne « pouvait appliquer son esprit qu'en l'amusant », parce qu'elle n'avait été accoutumée à aucun effort et qu'elle était marquée par « un peu de paresse et beaucoup de légèreté ». Mais elle sait séduire, jeune fille au front haut et bombé, à la chevelure dorée, à la peau d'une blancheur satinée.

Ce charme auquel personne ne résiste indispose Louis, quand avec Louis XV il la reçoit à Compiègne, puis à Versailles, en mai 1770, pour célébrer, selon les vœux du premier des ministres Choiseul, le plus grand mariage du siècle et, par là, confirmer de manière éclatante l'alliance du royaume de France avec l'Autriche.

Cérémonie grandiose, bal, souper, illumination et feu d'artifice qu'un violent orage oblige à reporter, marquent ce jour du 16 mai 1770.

Mais Louis dans son lourd costume brodé de l'ordre du Saint-Esprit apparaît maladroit, distant, ennuyé, comme si l'éclat de son épouse, à peine âgée de quinze ans, mettait mal à l'aise ce jeune homme de seize ans qui n'a aucune expérience des femmes, et qui doit, sous l'œil des courtisans, se dévêtir et se coucher, selon le rituel de la Cour, aux côtés de cette adolescente primesautière.

La rumeur se répand vite que le mariage n'a pas été consommé.

Marie-Antoinette a osé interpeller son époux, en présence des sœurs de Louis XV :

« Vous êtes mon homme, quand serez-vous mon mari ? »

On murmure. On se moque.

Marie-Antoinette est vite entourée d'une cour de jeunes gens, parmi lesquels le comte d'Artois, le plus jeune des frères de Louis, le plus vif, le plus brillant. Et Louis semble indifférent, se livrant chaque jour, avec une violence exacerbée, à la chasse, traquant souvent seul les sangliers et les cerfs, et se jetant sur l'animal, le couteau à la main afin de l'achever et de le dépecer.

Puis, rentré au château, il redevient ce jeune homme silencieux, morose, indifférent à cette femme qui s'étonne de la froideur de son époux.

« Seul le défaut de volonté du prince donne lieu à une situation si étrange », concluent les médecins qui examinent Louis puis Marie-Antoinette.

On se gausse dans les salons de la Cour.

On murmure que ce mariage inaccompli a commencé sous de sombres auspices : une bousculade et la panique n'ont-elles pas provoqué, le soir des noces, cent trente-six morts à Paris ?

Et Louis a écrit au lieutenant général de police :

« J'ai appris le malheur arrivé à mon occasion. On m'apporte ce que le roi – Louis XV – m'envoie pour mes menus plaisirs. Je ne puis disposer que de cela, je vous l'envoie pour secourir les plus malheureux. »

Et il fait remettre à Monsieur de Sartine 6 000 livres.

Cela ne fait pas taire les commentaires.

Les uns disent à propos de ces époux royaux : « On les marie trop jeunes. »

Mais d'autres sont plus sévères : « La nature semble avoir tout refusé à Monsieur le Dauphin », conclut l'ambassadeur d'Autriche Mercy-Argenteau.

Il précise dans une lettre à l'impératrice Marie-Thérèse :

« Madame la Dauphine – Marie-Antoinette – craint dans le prince son époux les effets de la nonchalance, de peu d'aptitude à être ému, enfin un défaut de nerf sans lequel on ne pense ni on ne sent assez vivement pour agir avec efficacité. »

Et cependant – enfin ! – le mariage est consommé – ou presque ! – en mai 1773 – trois ans après les noces donc !

« Je crois le mariage consommé, quoique pas encore dans le cas d'être grosse, écrit Marie-Antoinette à sa mère l'impératrice Marie-Thérèse. C'est pour cela que Monsieur le Dauphin ne veut pas qu'on le sache encore. Quel bonheur si j'avais un enfant au mois de mai... »

Est-ce l'effet de ces journées de mai ? Louis apparaît aux fêtes que donne Marie-Antoinette, et celle-ci participe aux chasses royales.

Et quand ils font leur entrée officielle à Paris, le 8 juin 1773, la foule les acclame. Jamais un couple de la famille royale n'a reçu un tel accueil populaire.

Les jeunes gens – dix-neuf et dix-huit ans – sont émus.

« Ce qui m'a touchée le plus, écrit Marie-Antoinette, c'est la tendresse et l'empressement de ce pauvre peuple qui malgré les impôts dont il est accablé était transporté de joie de nous voir. Lorsque nous avons été aux Tuileries il y avait une si grande foule que nous avons été trois heures sans pouvoir avancer ni reculer Monsieur le Dauphin et moi... Avant de nous retirer nous avons salué avec la main le peuple, ce qui a fait grand plaisir. Qu'on est heureux dans notre état de gagner l'amitié du peuple à si bon marché ! Il n'y a pourtant rien de si précieux, je l'ai bien senti et je ne l'oublierai jamais. »

C'était en juin 1773.

Au fond de lui, Louis ne peut longtemps se laisser bercer par ces scènes émouvantes et rassurantes.

Il doit se soumettre aux examens du chirurgien Lassonne.

On sait déjà que le cadet de Louis, le comte de Provence, est, quoiqu'il le dissimule, incapable de remplir ses devoirs d'époux. Louis doit faire face non seulement à l'ironie et aux sarcasmes des courtisans, mais à Marie-Antoinette qui écrit à Marie-Thérèse : « Il est très bien constitué, il m'aime et a bonne volonté, mais il est d'une nonchalance et d'une paresse qui ne le quittent jamais. »

Et pourtant il chasse avec fougue et témérité.

Il y a aussi les critiques du premier des ministres, Choiseul, dont il sent la volonté de l'humilier en même temps que la jalousie. Car Louis sera roi. Et Choiseul écrit :

« Le prince est imbécile, il est à craindre que son imbécillité, le ridicule et le mépris qui en seront la suite, ne produisent naturellement une décadence de cet Empire, qui enlèverait le trône à la postérité du roi. »

Louis se sent ainsi observé, jaugé, jugé, critiqué, et cette colère mêlée d'amertume, ce sentiment d'impuissance, qui le rongent, il ne peut les exprimer qu'en se jetant au terme d'une chevauchée, couteau au poing, sur le gibier qu'il a acculé.

Mais cette force et cette rage intérieures sont proscrites dans le monde policé, retors, dissimulé, de la Cour et dans le labyrinthe des intrigues qui constitue la politique de la monarchie.

Alors Louis doit affronter et subir les regards perçants des courtisans, des ambassadeurs, qui font rapport à leurs souverains sur cette monarchie française, si glorieuse, si puissante, et cependant taraudée par les faiblesses de ceux qui l'incarnent, et paralysée par les résistances aux réformes de ses élites privilégiées.

L'ambassadeur d'Espagne écrit ainsi :

« Monsieur le Dauphin n'a pas encore révélé son talent ni son caractère. On ne doute pas qu'il soit bon et grand ami de la vertu. Sa taille est bien prise et son corps robuste ; il aime extrêmement la chasse et la suit à cheval si dextrement qu'on le suit avec difficulté. On considère même qu'il s'expose à des chutes dangereuses.

« On ne connaît personne qui ait gagné sa confiance intime.

« On doute qu'il ait consommé son mariage. Quelques-uns l'affirment, mais plusieurs dames de la dauphine ne paraissent pas le croire ; il ne manque pas de pièces à conviction pour le faire penser.

« On retrouve dans le linge des deux princes des taches qui révèlent que l'acte a eu lieu, mais bien des gens l'attribuent à des expulsions extérieures du dauphin qui n'aurait pas réussi à pénétrer non par manque de tempérament mais à cause d'une petite douleur mal placée qui s'accentue quand il insiste.

« D'autres croient que tout a été accompli, parce que le dauphin s'est montré plein d'affection avec la dauphine depuis quelque temps ; mais le doute qui continue à planer sur le sujet, pourtant si important, ne laisse pas penser que le résultat désiré ait été atteint, sans quoi on l'eût célébré.

« La dauphine est belle et de cœur très autrichien : tant qu'il ne l'aura pas très attachée à la France il est naturel qu'elle goûte peu tous les avantages de ce pays.

« Pourtant elle aime beaucoup les bijoux et les ornements et ne manque pas d'occasions ici de se procurer tout ce qu'elle souhaite, elle peut donc satisfaire abondamment l'inclination de son sexe…

« Le comte de Provence a très bon air. Mais tout le monde, d'une voix unanime, affirme son impuissance.

« Le comte d'Artois est galant et de belle allure, il a plus de lumières que ses frères et plus de dispositions à s'instruire. À le juger par son apparence, sa vivacité et toutes ses qualités le font apparaître comme le sauveur et le restaurateur de sa famille.

« La situation de ce gouvernement et de cette monarchie n'est pas à envier… »

4.

Louis sait ce que l'ambassadeur d'Espagne pense du royaume de France.

Et il n'ignore rien de ce que les courtisans, les autres diplomates, et les membres de la famille royale, écrivent dans leurs missives, chuchotent entre eux.

Le compte-rendu de leurs propos, la copie de leurs lettres, viennent d'être déposés, là, sur la table, par le directeur de ce « cabinet noir » chargé de recueillir les conversations, d'ouvrir les correspondances, et d'en faire rapport quotidien au roi.

Ainsi l'avaient voulu Louis XIV, puis Louis XV, et Louis a pris leur suite, fasciné en même temps qu'effrayé par ce qu'il découvre, avide désormais de connaître ainsi la réalité cachée de ce royaume dont il a la charge, et de percer à jour les intentions de ses proches.

Louis se convainc que ce ne sont point les apparences qui comptent, que les propos publics ne sont le plus souvent que le masque d'intentions et de projets différents.

Il avait depuis l'enfance dissimulé ses pensées, adolescent solitaire et silencieux. Il se persuade qu'on ne peut gouverner ce royaume, agir sur les hommes, qu'en jouant une partie secrète, dont il ne faut livrer les ressorts à quiconque, même au plus proche des conseillers, même à la reine.

Comment d'ailleurs pourrait-on agir autrement, quand on est celui qui doit, en dernier recours, décider du sort de ces vingt-cinq millions de sujets qui constituent le royaume le plus peuplé d'Europe ?

Quand, à Paris, on dénombre au moins six cent mille habitants.

Qu'il faut se soucier de ces philosophes, qui règnent sur les esprits, qui ont diffusé à plusieurs milliers d'exemplaires, les dix-sept volumes de leur *Encyclopédie*.

Et Louis se défie de ces hommes « éclairés » de cet esprit des Lumières, de ce Voltaire qui, habile, retors, sait à la fois louer le roi sacré à Reims, et conduire la guerre contre l'Église. Voilà un homme qui avance caché, qui publie des libelles violents sous des noms d'emprunt, mais qui n'a qu'un but : « Écraser l'infâme », cette religion apostolique et romaine qui est le socle même de la monarchie.

Or Louis se veut être le Roi Très Chrétien de la fille aînée de l'Église.

Elle compte près de cent trente mille clercs et moniales, dont cent quarante-trois évêques. Ces derniers font tous partie de cette noblesse, forte de trois cent cinquante mille personnes, dont quatre mille vivent à la Cour.

Privilégiés, certes, mais Louis sait que nombreux sont ceux qui, tout en étant fidèles à la monarchie, jalousent le roi. À commencer par ce Louis-Philippe d'Orléans, son cousin, grand maître de la Maçonnerie, cette secte condamnée par l'Église mais tolérée, alors qu'en 1764 – victoire du parti philosophique – les Jésuites ont été expulsés du royaume.

Et il y a ces « frondeurs » de parlementaires, exilés par Louis XV et le chancelier Maupeou, mais qui harcèlent Louis, pour obtenir l'annulation de la réforme, leur retour à Paris, avec tous leurs privilèges.

Et puis, le « peuple », ces millions de sujets, le « tiers état ». La crête en est constituée par deux à trois millions de « bourgeois », négociants, médecins, chirurgiens, avocats, lettrés, se retrouvant souvent dans des sociétés de pensée, loges maçonniques, où ils côtoient certains nobles, tous pénétrés par l'esprit des Lumières, lecteurs de Montesquieu, de Rousseau et d'abord de Voltaire. Au-dessous d'eux, la masse paysanne représente plus de vingt millions de sujets, dont un million et demi sont encore serfs, et les autres, petits propriétaires ou fermiers et métayers, sont écrasés d'impôts, royaux, seigneuriaux, féodaux, et doivent même la dîme à l'Église !

Voilà donc ce royaume que Louis doit gouverner.

Il sait que l'on s'interroge en ces premières semaines de règne sur ses capacités.

« Louis XVI aura-t-il ou n'aura-t-il pas le talent des choix et celui d'être la décision ? » se demande un abbé de cour, Véri.

C'est anodin mais Louis découvre dans la copie d'une lettre de l'ambassadeur d'Autriche Mercy-Argenteau à l'impératrice Marie-Thérèse que le diplomate le trouve « bien peu aimable. Son extérieur est rude. Les affaires pourraient même lui donner des moments d'humeur. »

Et l'Autrichien se demande si ce roi « impénétrable aux yeux les plus attentifs » doit cette « façon d'être » à une « grande dissimulation » ou à une « grande timidité ».

L'ambassadeur rapporte une exclamation de Marie-Antoinette : « Que voulez-vous qu'on puisse faire auprès d'un homme des bois ? »

Comment, quand on apprend cela, ne pas se renfermer, refuser de donner sa confiance, tenir son jeu secret ? Hésiter à choisir, sachant qu'on est à tout instant guetté ?

Faut-il revenir sur la réforme Maupeou ?

Nommer au contrôle général des Finances cet Anne Robert Turgot, intendant du Limousin, qu'on dit « physiocrate », économiste donc, adepte du *laissez faire, laissez passer*, voulant briser les corporations de métier, décréter la libre circulation des grains, imaginant que ces libertés favoriseront le commerce, permettront de réduire voire d'effacer ce *déficit*, cette tumeur maligne de la monarchie, ce mot que Louis entend plusieurs fois par jour associé à ceux de *banqueroute*, d'économies, d'impôts, de réformes, de privilèges.

Louis se sent harcelé. Son mentor, ce vieil homme de Maurepas, le somme de se décider à nommer Turgot, de répondre à de nombreuses autres questions pressantes à propos de la réforme Maupeou, de la politique étrangère.

Faut-il préparer, entreprendre une guerre contre l'Angleterre, la grande bénéficiaire du traité de Paris, et profiter des difficultés que Londres rencontre dans ses colonies d'Amérique ?

Et cela suppose de donner encore plus de poids à l'alliance avec l'Autriche, et c'est naturellement ce que veut Marie-Antoinette, guidée par l'ambassadeur Mercy-Argenteau.

Mais où est l'intérêt du royaume ?

Louis hésite.

« Que voulez-vous, dit-il à Maurepas, je suis accablé d'affaires et je n'ai que vingt ans. Tout cela me trouble. »

« Ce n'est que par la décision que ce trouble cessera, répond Maurepas. Les délais accumulent les affaires et les gâtent même, sans les terminer. Le jour même que vous en aurez décidé une, il en naîtra une autre. C'est un moulin perpétuel qui sera votre partage jusqu'à votre dernier soupir. »

La seule manière d'échapper à cette meule des affaires qu'il faut trancher et qui tourne sans fin, et ne cessera qu'avec la mort, c'est de s'enfuir, de chevaucher dans les bois, de traquer le cerf et le sanglier, de se rendre jusqu'à Versailles ou à Marly. Louis rêve du jour où, enfin, il pourra s'installer à Versailles.

Il envisage déjà d'aménager des appartements privés, avec une salle de géographie, où il rassemblerait ses cartes et ses plans, un étage serait consacré à la menuiserie. Au-dessus se trouverait la bibliothèque, et enfin, au dernier étage, il placerait la forge, des enclumes et des outils pour travailler le fer.

Un belvédère lui permettrait de pénétrer, grâce au télescope, tous les secrets des bosquets de Versailles et des bâtiments du château.

Il gardera ces lieux fermés, car il a déjà surpris les commentaires ironiques ou méprisants, avec lesquels on juge ses goûts d'artisan, de forgeron, de serrurier, de menuisier.

Un roi, un gentilhomme jouent aux cartes, ou au trictrac, ils apprécient les courses, ils chassent, mais ils ne se livrent pas aux activités d'un roturier, d'un compagnon de métier !

Cela n'est pas digne d'un roi.

Mais ce sera un moyen pour lui de se retirer, d'échapper aux regards, aux harcèlements, aux décisions.

C'est si simple quand on n'agit que pour soi !

Ainsi, alors qu'on le met en garde, qu'on trouve l'initiative téméraire, Louis accepte de se faire inoculer, à la demande de la reine et de ses frères, la variole, et c'était encore une pratique jugée dangereuse, venue de cette terre hérétique et philosophique d'Angleterre, si vantée par Voltaire et le parti philosophique, afin d'être vacciné contre cette maladie qui avait fait des hécatombes dans la famille royale.

Lorsqu'on apprend qu'on a passé des fils dans le gros bouton purulent d'un enfant de trois ans, puis qu'on les a introduits dans les bras du roi et de ses frères, on s'inquiète.

« À quoi bon risquer sur la même carte ces trois vies si précieuses à la nation et quand nous n'avons pas encore d'héritier ? » interroge-t-on.

On pense même que « c'est vouloir livrer la France aux Orléans ».

Mais la vaccination, administrée aux trois frères installés au château de Marly, est bien supportée.

On dit que Louis XVI, pendant les quinze jours d'isolement, a, malgré les malaises et la fièvre, continué de travailler. Et Voltaire, qui exprime l'opinion éclairée, déclare :

« L'Histoire n'omettra pas que le roi, le comte de Provence et le comte d'Artois, tous trois dans une grande jeunesse, apprirent aux Français en se faisant inoculer qu'il faut braver le danger pour éviter la mort. La nation fut touchée et instruite. »

Louis accueille ces louanges avec un sentiment d'euphorie. Il lit et relit ces vers que l'on publie, que l'on récite :

Poursuis, et sur nos cœurs exerce un doux empire
La France a dans son sein vingt millions d'enfants
Quelle gloire pour toi si bientôt tu peux dire
Je les rends tous heureux et je n'ai que vingt ans.

Les gazettes, souvent réservées, chantent elles aussi ce jeune souverain « occupé du soin du trône avec l'adorable princesse qui y est arrivée avec lui ; tout ce qu'on apprend à chaque instant ajoute à l'amour qu'on leur porte. S'il était possible au Français de ne pas porter jusqu'à l'idolâtrie la tendresse qu'il a pour ses maîtres… »

Mais Louis pressent qu'on veut faire de lui le « souverain des Lumières », Louis le Juste.

On l'invite pour des raisons d'économie à se faire sacrer non à Reims mais à Paris. Et l'on pourrait aussi, à l'occasion de cette rupture avec la tradition, changer le serment que prête le roi au moment de son sacre et par lequel il s'engage à exterminer les hérétiques !

Et n'y a-t-il pas encore en France, au moins six cent mille protestants ? Et a-t-on oublié cette affaire Calas, qui a vu torturer, exécuter, un protestant dont Voltaire a prouvé l'innocence ?

Louis laisse dire mais résiste.

Il refuse de prendre Malesherbes comme chancelier parce qu'il le juge trop lié au parti philosophique. Et il dit à Maurepas, qui insiste pour que Turgot soit enfin chargé des Finances :

« Il est bien systématique, et il est en liaison avec les encyclopédistes. »

« Aucun de ceux que nous approcherons ne sera jamais exempt de critique, répond Maurepas, ni même de calomnie. Voyez-le, sondez-le sur ses opinions, vous verrez peut-être que ses systèmes se réduisent à des idées que vous trouverez justes. »

Il faut bien écouter Maurepas, puisque l'on dit que ce Turgot, fils d'un conseiller d'État qui fut aussi prévôt des marchands de Paris, serait capable de combler le déficit de quarante huit millions de livres qui mine l'État royal.

Le 24 août 1774, Louis XVI reçoit Turgot, l'écoute, puis conclut en lui serrant les mains :

« Je vous donne ma parole d'honneur d'avance d'entrer dans toutes vos vues et de vous soutenir toujours dans les partis courageux que vous aurez à prendre. »

C'est un instant d'émotion, mais lorsque Louis lit la lettre dans laquelle Turgot précise les moyens par lesquels il redressera la situation des finances du royaume, le roi mesure les difficultés.

Ce programme implique que l'on coupe dans les dépenses royales, les libéralités des souverains, et qu'on s'attaque à ces fermiers généraux qui prélèvent un pourcentage élevé sur les impôts qu'ils recueillent au nom du roi, faisant l'avance des recettes fiscales au Trésor royal

Louis approuve, certes, les buts de Turgot : « Point de banqueroute, point d'augmentation d'impôts, point d'emprunts. »

Mais le ton qu'emploie Turgot, cette musique philosophique, « encyclopédique », lui déplaît.

« Il faut, écrit Turgot, vous armei contre votre bonté, de votre bonté même, considérer d'où vient cet argent que vous pouvez distribuer à vos courtisans, et comparer la misère de ceux auxquels on est quelquefois obligé de l'arracher par les exécutions les plus rigoureuses, à la situation des personnes qui ont le plus de titre pour obtenir vos libéralités. »

Turgot semble même oublier qu'un roi est au-dessus des hommes, par essence, lorsqu'il écrit :

« C'est à Votre Majesté, personnellement, à l'honnête homme, à l'homme juste et bon, plutôt qu'au roi, que je m'abandonne... Elle a daigné presser mes mains dans les siennes. Elle soutiendra mon courage. Elle a pour jamais lié mon bonheur personnel avec les intérêts, la gloire et le bonheur de Votre Majesté. »

Louis ne répond pas.

Le 1er septembre 1774, il s'installe à Versailles. Il aménage rapidement ses appartements, avec leurs ateliers, leur belvédère.

Il laisse agir Turgot, contrôleur général des Finances, et il a renvoyé les ministres de Louis XV, et le chancelier Maupeou.

Le 12 novembre, il annule la réforme du chancelier et rétablit les parlements dans leurs prérogatives.

Les applaudissements sont unanimes.

Le peuple imagine que les parlementaires, ces privilégiés propriétaires de leur charge, sont ses défenseurs.

L'élite du tiers état, pénétrée par l'esprit des Lumières, voit les parlements comme des remparts contre le despotisme.

Et les aristocrates – tel le duc d'Orléans – espèrent, grâce à eux, limiter l'absolutisme royal et se servir de leur gloire usurpée auprès du peuple pour se constituer une clientèle populaire, parce qu'on rêve toujours d'une nouvelle fronde aristocratique contre le roi et l'État.

« J'avais fait gagner au roi un procès qui durait depuis trois cents ans, dira Maupeou. Il veut le reprendre, il en est le maître. »

Louis, lui, pense que les parlements vont s'assagir.

« Je veux ensevelir dans l'oubli tout ce qui s'est passé, dit-il, et je verrais avec le plus grand contentement les divisions intestines troubler le bon ordre et la tranquillité de mon Parlement. Ne vous occupez que du soin de remplir vos fonctions et de répondre à mes vues pour le bonheur de mes sujets qui sera toujours mon unique objet. »

Il a l'impression qu'il agit avec habileté, nommant Turgot et soutenant ses mesures sur la libre circulation des grains, le contrôle des fermiers généraux, la suppression des corporations, tout en rétablissant les parlements, et en étendant même les privilèges puisque désormais dans l'armée, nul ne pourra devenir officier s'il ne possède quatre quartiers de noblesse !

D'un côté, avec Turgot, il donne l'apparence qu'une nouvelle ère commence – et Voltaire et le parti philosophique le louent –, de l'autre, il conforte les privilégiés sans les satisfaire : dès le 30 décembre 1774, le duc d'Orléans et les parlementaires ont rédigé des remontrances hostiles au pouvoir royal.

Quant aux roturiers ambitieux, qui rêvaient de carrières militaires, ils n'ont plus d'avenir : les grades d'officiers leur sont interdits. Place donc à la colère et au ressentiment !

Plus grave encore, les mesures de Turgot sur le libre commerce des grains interviennent alors que la récolte est mauvaise, entraînant la hausse des prix du blé et du pain.

Et commence la « guerre des Farines ».

Des émeutes éclatent sur les marchés de plusieurs villes de la Brie.

Elles gagnent la Champagne, la Bourgogne et la Normandie, Dijon et Rouen. On s'en prend pour la première fois au roi.

« Quel foutu règne ! » lance-t-on sur les marchés de Paris.

La capitale est si peuplée qu'elle est toujours un chaudron de révolte, parce que la misère s'y entasse et la colère y prend vite feu.

À la Cour, on critique le roi lui-même, toujours hésitant, paraissant souvent absent, indifférent, distrait même : « Il ne se refuse encore à rien, constate Maurepas, mais il ne vient au-devant de rien et ne suit la trace d'une affaire qu'autant qu'on la lui rappelle. »

On attaque Turgot, qui continue d'affirmer qu'on peut combattre la disette par la cherté des grains, et qui maintient toutes ses mesures malgré les émeutes qui se multiplient, la guerre des Farines qui s'étend.

Ses proches sont persuadés qu'une « infernale cabale existe contre lui… la prêtraille, la finance, tout ce qui lui tient, les prêcheurs en eau trouble sont réunis ».

Coup de grâce : le banquier genevois Necker critique les mesures « libérales » prônées par les économistes, les physiocrates, et précisément la liberté du commerce des grains imposée par Turgot. Il faut, dit-il, protéger les plus humbles, et si besoin est, limiter le droit de propriété.

Et il faut surtout agir en tenant compte des circonstances : « Permettez, défendez, modifiez l'exportation de nos grains selon l'abondance de l'année, selon la situation de la politique… »

Et il invoque le souvenir de Colbert, le rôle de l'État protecteur.

On lit Necker.

Le parti philosophique se divise entre ses partisans et ceux restés fidèles à Turgot.

Necker apparaît à beaucoup comme l'homme qui peut remplacer Turgot et proposer une autre politique.

Et ce au moment où les émeutiers, après avoir pillé des convois de blé, dévastent Versailles, imposent leur prix du pain et de la farine aux boulangers, saccagent, volent. On assure que certains sont entrés dans la cour du palais et que leurs cris ont empêché le roi, qui tentait de prendre la parole, de se faire entendre.

Le roi aurait été contraint de regagner ses appartements, en ordonnant qu'on vendît le pain à deux sols la livre.

C'est la rumeur qui se répand – et elle mesure le retentissement de la guerre des Farines – alors qu'en réalité le roi a fait face, mobilisant les troupes, ne cédant pas à la panique qui s'est emparée de beaucoup de courtisans et de la reine.

Le lendemain, alors que les émeutiers ont quitté Versailles, il écrit à Turgot :

« Je ne sors pas aujourd'hui, non par peur, mais pour laisser tranquilliser tout. »

Et lorsqu'il rencontrera le contrôleur général des Finances, il ajoutera :

« Nous avons pour nous notre bonne conscience et avec cela, on est bien fort. »

Mais le mercredi 3 mai 1775, des émeutiers attaquent les boulangeries et les marchés parisiens.

Ces bandes, armées de piques, sont entrées dans Paris en même temps que les paysans qui viennent vendre leurs légumes dans la capitale.

La population parisienne reste spectatrice, s'étonnant de la passivité des gardes françaises et du guet qui libère ceux des émeutiers que l'on a arrêtés.

Quand le calme est rétabli à Paris, la guerre des Farines reprend dans la Beauce et en Brie, en Bourgogne et en Normandie.

La répression cette fois-ci est sévère.

On arrête. On pend, en place de Grève, deux jeunes hommes, l'un de vingt-huit ans, l'autre de seize, qui sont accusés d'avoir dévalisé des boulangeries. Ils crient qu'ils meurent pour le peuple.

C'est Turgot qu'on accuse de « dureté », d'être le responsable d'une injustice. On dit que le roi a demandé qu'on épargne « les gens qui n'ont été qu'entraînés ».

Mais le souverain est atteint.

L'espérance avait accompagné les premiers mois du règne et les débuts de Turgot.

On chantait alors le *De Profundis* des gens d'affaires, des financiers, des fermiers généraux, collecteurs d'impôts et prêteurs au roi.

Grâce au bon roi qui règne en France
Nous allons voir la poule au pot
Cette poule c'est la finance
Que plumera le bon Turgot.
Pour cuire cette chair maudite
Il faut la Grève pour marmite
Et Maupeou *pour fagot.*

Le mirage et l'espoir se sont dissipés.

Restent la déception, et, ici et là, la colère, et partout la misère et la disette.

Et ce sentiment insupportable d'impuissance face aux inégalités criantes, aux privilèges provocants.

Et le roi ne peut rien, et peut-être ne veut rien.

On ne fait plus confiance à Turgot :

Est-ce Maupeou tant abhorré
Qui nous rend le blé cher en France
Est-ce le clergé, la finance ?
Des Jésuites est-ce la vengeance ?
Ou de l'Anglais un tour falot ?
Non, ce n'est point là le fin mot
Mais voulez-vous qu'en confidence
Je vous le dise… c'est Turgot.

Et le roi reçoit des menaces.

Pourtant cette situation paraît favorable aux privilégiés, en dressant contre le pouvoir royal réformateur le peuple.

C'est jouer avec le feu, prévoit le marquis de Mirabeau, dont la vie chaotique, mêlant débauche, duels et écrits politiques, a aiguisé la lucidité.

« Rien ne m'étonne, note-t-il, si ce n'est l'atrocité ou la sottise de ceux qui osent apprendre à la populace le prix de sa force. Je ne sais où l'on prend l'opinion qu'on arrêtera la fermentation des têtes. »

5.

Louis connaît l'opinion du marquis de Mirabeau.

Il a vu les émeutiers piller et saccager les boulangeries de Versailles. Il a entendu leurs cris remplir la cour du château. Et cependant, maintenant que la guerre des Farines s'achève, que l'ordre est rétabli partout, il a le sentiment qu'il a été capable de maîtriser les troubles.

Il a seul, alors que Turgot était à Paris, fait face à l'émeute, mobilisé les troupes autour du château de Versailles.

Il a été vraiment roi.

Il se persuade que rien ne pourra mettre en danger cette monarchie millénaire dont il est l'incarnation.

Il se sent bien à Versailles. C'est sa demeure. Il éprouve toujours le même plaisir à chasser, à travailler sur son tour à bois, ou à forger.

Et, nouveau divertissement, il accompagne Marie-Antoinette au bal. Il l'ouvre même vêtu en Henri IV, le souverain auquel souvent on le compare. Et il aime cette référence.

Seul agacement, seule inquiétude, en ces jours tranquilles d'après la guerre des Farines, le comportement de la reine. Elle s'attarde, entourée de jeunes nobles, jusqu'à plus de trois heures du matin, à l'Opéra, où elle danse le quadrille, avec ces « têtes légères », le comte d'Artois, ou le duc de Lauzun, ou Guines l'ambassadeur de France à Londres, dont on dit qu'il est une créature du duc de Choiseul, le vieux premier des ministres de Louis XV qui rêve – avec l'appui de la reine – de gouverner à nouveau.

Et les ragots se répandent, accusant la reine de frivolité, même d'infidélité et de goût de l'intrigue.

C'est aussi cela qui accroît « la fermentation des esprits ». Pour l'étouffer, il faut réaffirmer le caractère sacré du roi, le lien personnel qu'il entretient avec Dieu, et que le sacre à Reims manifeste.

Telle est la certitude, la croyance de Louis XVI.

Et c'est pourquoi il refuse de se faire sacrer à Paris, comme le demandent les « esprits éclairés » qui invoquent les économies qui seraient ainsi réalisées.

De même, il ne peut renoncer au serment d'exterminer les hérétiques que le roi doit prononcer.

Il rejette la formule que lui a proposée Turgot, et qui ne serait que la manifestation du ralliement du roi à l'esprit de tolérance.

Turgot voudrait que le roi proclame :

« Toutes les Églises de mon royaume peuvent compter sur ma protection et sur ma justice. »

« Je pense qu'il y a moins d'inconvénient à ne rien changer », dit Louis à Turgot.

Louis croit, comme l'abbé de Beauvais l'a prêché devant la Cour, lors du carême, que « depuis que les principes sacrés de la foi ont été ébranlés, c'est l'ébranlement général de tous les autres principes ».

Et c'est la secte philosophique, la secte maçonnique, et toutes les sociétés de pensée, et les volumes de l'*Encyclopédie* et les œuvres de Voltaire, qui sont responsables de cette mise en cause des principes sacrés de la foi.

Et Louis ne cédera pas, même s'il doit biaiser, manœuvrer, face à l'esprit des Lumières tout-puissant dans les salons et les gazettes.

Il peut utiliser un Turgot, voire demain un Necker, mais il ne recevra pas à la Cour le vieux Voltaire, qui rêve, avant de mourir, de rentrer à Paris et d'être présenté au roi.

Et que Voltaire écrive : « Je ne m'étonne point que des fripons, engraissés de notre sang, se déclarent contre Turgot qui veut le conserver dans nos veines », ne sert guère, aux yeux du roi, le contrôleur général des Finances. Au contraire, il le rend suspect.

Mais le temps pour Louis n'est pas à trancher le sort de Turgot, mais à montrer au peuple que le roi de France l'est de droit divin.

Et c'est à Reims, là où Clovis fut baptisé, que la cérémonie du sacre va avoir lieu, le 11 juin 1775.

Louis sait qu'il n'oubliera jamais ces jours de juin 1775, ce voyage jusqu'à Reims, les paysans rassemblés sur le bord des routes, les acclamations, les cris de « Vive le roi ! Vive la reine ! » la population de Reims tout entière venue devant la cathédrale, les illuminations et enfin la cérémonie dans la nef, les serments qu'il faut prononcer, les évêques qui entourent le roi, la bénédiction des couronne, épée et sceptre de Charlemagne, puis de ceux de Louis XVI. Le roi se prosterne, s'étend sur un carreau de velours violet, s'agenouille, reçoit l'onction sur le front, avec le chrême de la Sainte Ampoule.

Les cinq autres onctions sur le corps lui attribuent les ordres de l'Église.

Louis n'est pas seulement roi dans l'ordre du politique, mais roi dans l'ordre du religieux. Et il a pouvoir de faire des miracles.

Roi thaumaturge, il se rendra à l'abbaye de Saint-Remi, touchera les écrouelles de quatre cents malades, aux corps pantelants et puants.

Le visage de Louis exprime le ravissement.

Le rituel du sacre a transformé le jeune roi et l'a transporté au-delà de l'Histoire.

Il est l'homme choisi par Dieu pour régner.

Et lorsqu'il regarde autour de lui, il découvre l'émotion de la reine, des courtisans.

Personne ne peut échapper à ce moment, que closent le lâcher et l'envol de plusieurs centaines d'oiseaux.

Les acclamations submergent le roi et la reine lorsqu'ils apparaissent sur le parvis de la cathédrale.

« Il est bien juste que je travaille à rendre heureux un peuple qui contribue à mon bonheur », écrit Louis XVI à Maurepas qui n'a pas assisté à la cérémonie.

« J'ai été fâché que vous n'ayez pas pu partager avec moi la satisfaction que j'ai éprouvée ici », conclut Louis.

Il a refoulé au fond de lui les inquiétudes, la crainte que ne se développe cette « fermentation » des esprits que notait le marquis de Mirabeau.

Et il oublie pour quelques jours les « affaires » qu'il faut trancher. Il veut répondre aux attentes du peuple, faire son bonheur.

« La besogne est forte, mais avec du courage et vos avis, dit-il à Maurepas, je compte en venir à bout. »

La jeune reine – vingt ans ! – partage cette émotion et ces bonnes résolutions.

« C'est une chose étonnante et bien heureuse en même temps, écrit-elle à l'impératrice Marie-Thérèse, d'être si bien reçus deux mois après la révolte et malgré la cherté du pain… Il est bien sûr qu'en voyant des gens qui dans le malheur nous traitent aussi bien, nous sommes encore plus obligés de travailler à leur bonheur.

« Le Roi m'a paru pénétré de cette vérité.

« Pour moi je suis bien sûre que je n'oublierai jamais de ma vie la journée du sacre. »

On quitte Reims dans l'après-midi du 15 juin 1775, pour gagner d'abord Compiègne.

Les carrosses roulent joyeusement grand train.

« Je suis libre de toutes mes fatigues », dit Louis.

« J'espère que vous avez pensé aux moyens dont nous avons parlé ensemble », ajoute-t-il en s'adressant à Maurepas.

Il s'agit toujours du bonheur du peuple.

« J'y ai pensé de mon côté autant que j'ai pu dans la foule des cérémonies. »

À cet instant tout lui semble possible, puisque Dieu l'a choisi.

On va être reçu par Paris.

La foule est encore là, devant Notre-Dame, puis à l'Hôtel de Ville, mais l'averse rageuse la disperse.

Il est prévu de faire une halte devant le collège Louis-le-Grand, cœur de l'Université.

Le carrosse s'arrête, mais la pluie est si forte que ni le roi ni la reine ne descendent de voiture.

On se contente d'ouvrir la portière.

Un jeune homme est là, agenouillé sur la chaussée, entouré de ses maîtres.

Il attend le carrosse depuis plus d'une heure.

Il est trempé, immobile sous l'averse, cheveux collés au front, vêtements gorgés d'eau.

Meilleur élève de la classe de rhétorique du collège, il a été choisi pour lire un compliment aux souverains.

Il lit. La pluie étouffe sa voix.

Il est né à Arras le 6 mai 1758. Il n'est que de quatre ans le cadet du roi. Il veut être avocat.

Il se nomme Maximilien Robespierre.

6.

Louis XVI ne s'est pas attardé devant le collège Louis-le-Grand. Il n'a prêté qu'une attention distraite à ce jeune homme agenouillé sous l'averse. À peine si l'on a entendu dans le carrosse sa voix aiguë.

La reine rit aux propos de la princesse de Lamballe sa confidente, son amie, à laquelle elle veut faire attribuer la charge de surintendante de la Maison de la reine.

Turgot s'oppose à cette résurrection, inutile, coûteuse – 150 000 livres de traitement ! – au moment où il tente d'imposer des économies, de mettre fin à ces libéralités royales qui achèvent de creuser le déficit.

Maurepas appuie Turgot, mais comment résister à Marie-Antoinette ?

« Que dire à une reine qui dit à son mari, devant moi, confie Maurepas, que le bonheur de sa vie dépend de cela ? Ce que j'ai pu faire, c'est de leur faire honte en les obligeant de tenir secret tout l'argent qu'il en coûte pour cet arrangement. Le public est en courroux de ce qu'on lui a avoué. On ne lui a pas tout dit... Ce serait bien pis encore si l'on savait à quel point la princesse de Lamballe et son beau-père le duc de Penthièvre ont fait les dédaigneux, et que ce n'est qu'à force d'argent qu'on les a fait consentir. »

Il faut donc céder à la reine, qui intervient de plus en plus dans le jeu politique, pesant sur le roi, hostile aux réformes de Turgot, soucieuse de défendre la politique autrichienne et donc favorable à un affrontement avec l'Angleterre qui se dessine.

On aide les colonies anglaises d'Amérique qui, le 4 juillet 1776, ont proclamé leur indépendance. Et le 24 décembre, leur envoyé, Benjamin Franklin, est à Versailles, délégué de ses *Insurgents*, pour lesquels les jeunes nobles, tel La Fayette, et naturellement la « secte philosophique », manifestent enthousiasme et solidarité.

Aider les États-Unis d'Amérique, c'est à la fois prendre sa revanche sur l'Angleterre et l'affaiblir, mais aussi renforcer le nouvel État qui, républicain, incarne l'esprit des Lumières.

Mais cela a un coût. Or les caisses sont vides, et le soutien de la cause américaine, la guerre qui se prépare, vont creuser le déficit royal et conduire à la banqueroute.

Louis XVI n'ignore pas les périls, même si le sacre lui a donné confiance.

Il écoute Turgot lui proposer ces réformes – et donc ces édits – qui devraient transformer le royaume, et lui apporter la prospérité, en remplissant les caisses royales.

Il faudrait d'abord introduire l'égalité devant l'impôt : supprimer la corvée d'entretien des chemins, remplacée par un impôt payé par tous.

Louis hésite, puis approuve cette première mesure qui annonce la fin des privilèges.

Il apprend que les paysans donnent, comme l'écrit Voltaire, « des marques d'adoration pour leur souverain ».

On chante dans les villages :

Je n'irons plus aux chemins
Comme à la galère
Travailler soir et matin
Sans aucun salaire
Le Roi, je ne mentons pas
A mis la corvée à bas
Oh ! la bonne affaire.

Louis a l'impression d'être ainsi fidèle à ses intentions profondes : faire le bonheur de son peuple.

Et il soutient de même l'édit, proposé par Turgot, de suppression des jurandes, maîtrises et corporations.

Ici c'est la liberté offerte à chacun de créer un commerce, d'exercer telle profession d'arts et métiers, qui est instaurée.

La « secte philosophique » approuve le roi d'avoir soutenu les édits de Turgot, « ces chefs-d'œuvre de raison et de bonté ».

Et le contrôleur général des Finances va encore plus loin :

« La cause du mal vient de ce que notre nation n'a point de Constitution, dit-il.

« C'est une société composée de différents ordres mal unis et d'un peuple dont les membres n'ont entre eux que très peu de liens sociaux .. Votre Majesté est obligée de tout décider par elle-même ou par ses mandataires. On attend vos ordres spéciaux pour contribuer au bien public... »

Et les soutiens de Turgot, adeptes de la « secte philosophique », Dupont de Nemours, Condorcet, de proposer la création de municipalités, couronnées par une Assemblée nationale, représentant la nation.

Au ministère, Turgot a fait entrer Malesherbes, ancien directeur de la Librairie, juriste, philosophe, favorable aux Lumières. Il devient secrétaire d'État à la Maison du roi. Et le comte de Saint-Germain est chargé du ministère de la Guerre. C'est un réformateur, qui soutient la politique de Turgot.

« Voilà notre gouvernement rempli par les philosophes, dit-on.

« C'est le règne de la vertu, de l'amour du bien public, de la liberté, le règne des Platon et des Socrate. »

« Un jour pur nous vient », dit d'Alembert, maître d'œuvre de l'*Encyclopédie*.

Louis XVI se laisse entraîner par le mouvement.

Il impose les édits de Turgot, au Parlement hostile, à ceux que les philosophes appellent les « fripons », les « reptiles », les « talons rouges », les « bonnets carrés ».

Et en même temps Louis XVI s'inquiète.

Au moment même où il paraît le plus fidèle soutien de Turgot, il s'en écarte.

Turgot lui semble ne pas avoir compris ce que signifie pour le roi le sacre de Reims, la nécessité pour le souverain de respecter les « lois fondamentales » du royaume, qui ne sont pas du même ordre que celles élaborées par une Assemblée nationale et rassemblées dans une Constitution.

Le roi précise :

« On ne doit pas faire des entreprises dangereuses si on n'en voit pas le bout. »

Turgot l'irrite avec cette assurance, cette certitude qu'il a raison en tout.

Une lettre, ouverte par le « cabinet noir », adressée à Turgot par l'un de ses amis, a choqué le roi.

« Je ne croyais pas le roi aussi borné que vous me le représentez », écrit le correspondant du contrôleur général des Finances.

Cela blesse Louis, comme ces libelles qui paraissent, et se moquent de lui qui ne voit pas que l'intention de Turgot est de supprimer la royauté. Louis serait ce roi

Qui se croyant un abus
Ne voudra plus l'être.
Ah qu'il faut aimer le bien
Pour, de Roi, n'être plus rien !

Cette *Prophétie turgotine*, ainsi que s'intitule ce texte, l'irrite, exacerbe l'inquiétude qu'il a d'être emporté plus loin qu'il ne veut aller et d'être ainsi dupe de ce « parti philosophique », hostile à la monarchie de droit divin, au sacre qui fait obligation au roi, par ses serments devant Dieu et l'Église, de défendre les lois fondamentales du royaume, donc la foi catholique, qui n'est pour les libertins que « l'infâme » qu'il faut écraser.

Louis est sensible au Mémoire que lui remettent les évêques, réunis en assemblée et qui l'invitent à « fermer la bouche à l'erreur ».

« On essaiera en vain, lit-il dans ce Mémoire, d'en imposer à Votre Majesté sous de spécieux prétextes de liberté de conscience… Vous réprouverez ces conseils d'une fausse paix, ces systèmes d'un tolérantisme capable d'ébranler le trône et de plonger la France dans les plus grands malheurs… Ordonnez qu'on dissipe les assemblées schismatiques, excluez les "sectaires", sans distinction, de toutes les branches de l'administration publique… »

Il relit.

Il veut être le roi sage et mesuré. Il ne veut céder ni aux philosophes ni aux dévots.

Mais Louis a l'impression, angoissante, et qu'il avait crue effacée par le sacre et l'euphorie qui avait suivi, que tout glisse entre ses mains, qu'il subit plus qu'il n'ordonne ou approuve.

Il avait voulu et avait cru faire l'unanimité de ses sujets autour de sa personne et de sa politique, et voici, au contraire, que de la Cour et des salons aux villes et aux villages, et dans les parlements, et au sein même du gouvernement, elles divisent, qu'il a le sentiment de se trouver face à un choix majeur, qui va orienter tout le règne et décider de son sort.

Les réformes de Turgot suscitent des troubles.

Des paysans s'en prennent aux châteaux, aux riches propriétaires puisque l'édit sur la corvée impose aux privilégiés de payer et de ne plus exiger un travail d'entretien de la voirie. Et que certains refusent de l'appliquer.

La réorganisation par Turgot des messageries, la mise en circulation de berlines légères et rapides – les *turgotines* –, l'installation de nombreux relais de poste entraînent le renvoi de plusieurs milliers d'employés.

On attaque Turgot :

Ministre ivre d'orgueil tranchant du souverain
Toi qui sans t'émouvoir, fais tant de misérables
Puisse ta poste absurde aller un si grand train
Qu'elle te mène à tous les diables !

De leur côté, les artisans se plaignent que leurs compagnons les quittent, créent, au nom de l'édit sur les jurandes, des commerces concurrents.

Réformer, c'est donc, au nom de la liberté et de l'égalité, mécontenter presque tous les sujets du royaume.

Pour les uns, Turgot ne va pas jusqu'au bout de ce qui est nécessaire.

Pour les autres, il va trop loin.

Louis entend les récriminations de ses frères, le comte de Provence et le comte d'Artois, et celles de la reine, que son entourage dresse contre ce Turgot qu'elle voudrait, dit-elle, voir envoyer à la Bastille.

Ne s'en est-il pas pris au comte de Guines, contraint de quitter son ambassade à Londres, et dont elle obtient, camouflet pour Turgot, qu'il soit fait duc ?

Louis a donc cédé, même s'il se méfie des intrigues de Marie-Antoinette.

Il s'inquiète de la réputation de la reine qui, dans l'hiver 1776, entraîne ses courtisans au milieu de la nuit, à parcourir en traîneaux, éclairés par des torches, les rues de Paris enneigées.

Puis, c'est souper, bal, fête, dépenses.

Le roi l'interroge :

« On vous a bien applaudie à Paris ?

« Non, cela a été froid.

« C'est qu'apparemment, Madame, vous n'aviez point assez de plumes.

« Je voudrais vous y voir, Sire, avec votre Saint-Germain et votre Turgot. »

Car la reine désormais se pique de « faire et défaire les ministres ».

Elle s'est rapprochée de Maurepas. Le mentor de Louis XVI est jaloux de Turgot. C'est donc un allié.

« C'est, dit-elle, pour le bien de l'État, pour le bien du roi et par conséquent pour le mien. »

Malesherbes, conscient de l'opposition de la reine, démissionnera. Louis se défie d'elle, mais elle est obstinée, entourée de confidents intéressés, tous hostiles à Turgot, aux réformes, tous défenseurs des privilèges dont ils bénéficient.

Même l'ambassadeur d'Autriche s'inquiète. Il écrit à l'impératrice Marie-Thérèse, qui suit, jour après jour, les manœuvres de sa fille :

« On parvient à piquer son amour-propre, à l'irriter, à noircir ceux qui pour le bien de la chose veulent résister à ses volontés. Tout cela s'opère pendant les courses et autres parties de plaisir. »

Comment Louis pourrait-il résister à la coalition qui rassemble la reine et le comte d'Artois, les évêques et Maurepas, les parlementaires et les maîtres des jurandes et des corporations ?

Le roi tente de fuir pour ne pas avoir à trancher, a choisir

Il chasse avec une énergie et une violence redoublées. Il active sa forge. Il frappe le métal. Mais la tension autour de lui augmente.

Maurepas le harcèle, veut obtenir le renvoi de Turgot, qui selon le mentor mène le royaume à l'abîme, et qui, de fait, est devenu le premier des ministres.

La reine redouble les avertissements de Maurepas, dépose devant Louis ce pamphlet, intitulé *Les Mannequins*, inspiré, dit-on, par son frère le comte de Provence, et qui montre le *Roi mannequin* entre les mains d'un certain « Togur »...

Les blessures d'amour-propre de Louis s'aggravent.

Elles sont d'autant plus insupportables que Louis ne se reconnaît pas dans les idées de Turgot.

Il est le roi de droit divin et c'est à lui seul de définir ce qu'il entend par égalité, liberté, tolérance, et cela ne relève pas de la décision d'une Assemblée, fût-elle nationale, ou bien de philosophes qui récusent l'Église.

Quand Turgot, au Conseil, formule cette maxime : « Les dépenses du gouvernement ayant pour objet l'intérêt de tous, tous y doivent contribuer, et plus on jouit des avantages de la société plus on doit se tenir honoré d'en partager les charges », le roi comprend que la politique de Turgot est grosse d'un changement radical dans les lois fondamentales du royaume.

Et surtout il sait qu'elle dressera contre elle les parlements, tous les privilégiés, les évêques, et donc la Cour, et naturellement la reine.

Il ne veut pas, il ne peut pas se laisser entraîner dans une opposition, une fronde, une guerre entre lui, le roi, et sa famille, et ceux qui sont les colonnes de la monarchie.

Louis veut le bonheur de ses sujets, mais pas au prix du reniement des serments du sacre, et de tout le passé de la monarchie.

Il ne veut pas de la rupture avec l'Église apostolique et romaine, dont la France est la fille aînée, ni du sacrifice de la noblesse, qui est l'armature millénaire du royaume.

Il ne peut pas concevoir un autre monde, il ne le veut pas. Il faut donc que Turgot s'en aille.

Mais c'est au contrôleur général des Finances de démissionner.

Louis ne veut pas l'affronter, mais il agit de manière que Turgot comprenne qu'il n'a plus la confiance du roi.

C'est fait, au printemps 1776.

Louis ne reçoit plus Turgot, et, lorsqu'ils se croisent, ne lui parle pas, ne le regarde pas.

« Sire, écrit Turgot, je ne veux point dissimuler à Votre Majesté la plaie profonde qu'a faite à mon cœur le cruel silence qu'elle a gardé avec moi… Votre Majesté n'a pas daigné me répondre un mot… »

Louis n'aime pas le ton de cette lettre.

« Vous manquez d'expérience, Sire, continue Turgot… Je vous ai peint tous les maux qu'avait causés la faiblesse du feu roi.

« Je vous ai développé la marche des intrigues qui avaient par degrés avili son autorité… Songez, Sire, que suivant le cours de la nature vous avez cinquante ans à régner et pensez au progrès que peut faire un désordre qui, en vingt ans, est parvenu au point où nous l'avons vu.

« Ô, Sire, n'attendez pas qu'une si fatale expérience vous soit venue et sachez profiter de celle d'autrui… »

Turgot sait qu'il a perdu la partie.

Il confie à l'abbé Véri :

« Je partirai avec le regret d'avoir vu se dissiper un beau rêve et de voir un jeune roi qui méritait un meilleur sort et un royaume entier perdus par celui qui devait les sauver. »

Il veut voir le roi, contraindre Louis à lui dire, face à face, qu'il est congédié.

Mais Louis s'esquive, refuse toute audience, et, quand il croise Turgot, détourne la tête, lui lance en s'éloignant :

« Que voulez-vous ? Je n'ai pas le temps de vous parler. »

Tout le ressentiment accumulé depuis près de deux ans s'exprime, toute l'incapacité humiliante à dominer la situation s'y révèle, comme le refus de réformer en profondeur la monarchie, et la rupture de la confiance du roi envers Turgot, qu'il avait apprécié, et soutenu.

« Mais il n'y a que ses amis qui aient du mérite, il n'y a que ses idées qui soient bonnes », bougonne Louis XVI.

Enfin Turgot démissionne le 12 mai 1776, refuse la pension qu'on lui offre :

« J'ai fait, Sire, ce que j'ai cru de mon devoir . tout mon désir est que vous puissiez toujours croire que j'avais mal vu… Je souhaite que le temps ne me justifie pas. »

Le parti des réformes est accablé. Le contraste est frappant entre la volonté de soutenir Turgot – contre les parlements – qu'a manifestée Louis XVI, et la manière dont il a abandonné son ministre, passant de l'enthousiasme et de l'appui déterminé à la dérobade et au désaveu.

La réforme de la monarchie est-elle donc impossible ?

« C'est un désastre, écrit Voltaire. Je ne vois plus que la mort devant moi… Ce coup de foudre m'est tombé sur la cervelle et le cœur… Je ne me consolerai jamais d'avoir vu naître et périr l'âge d'or que Monsieur Turgot nous préparait. »

Turgot dans sa lettre à Louis XVI avait écrit – et ces phrases étaient celles qui avaient le plus choqué Louis, comme s'il avait approuvé la prophétie tragique du ministre, tout en se sachant incapable de l'empêcher :

« Je ne puis assez répéter à Votre Majesté ce que je prévois, et ce que tout le monde prévoit d'un enchaînement de faiblesse et de malheur si les plans commencés sont abandonnés… Et que sera-ce, Sire, si aux désordres de l'intérieur se joignent les embarras d'une guerre… Comment la main qui n'aura pu tenir le gouvernail dans le calme pourra-t-elle soutenir l'effet des tempêtes ? Comment soutenir une guerre avec cette fluctuation d'idées et de volontés, avec cette habitude d'indiscrétion qui accompagne toujours la faiblesse ? »

Et l'une des phrases de Turgot a bouleversé Louis XVI.

Elle rappelle au roi le temps de Cromwell et le sort du souverain d'Angleterre, qui avait effrayé et horrifié toutes les cours d'Europe.

Turgot a écrit :

« N'oubliez jamais, Sire, que c'est la faiblesse qui a mis la tête de Charles Ier sur un billot… »

7.

Cette image d'un roi à genoux, dont on va trancher la tête d'un coup de hache elle hante Louis XVI.

Il la refoule, chassant le cerf jusqu'à neuf heures d'affilée, rentrant épuisé, engloutissant avidement son dîner, puis somnolant, ou bien frappant le fer à toute volée, le visage brûlé par le feu de la forge, ou encore se promenant seul dans les combles de Versailles, faisant fuir les rats ou les chats, montant sur les toits du château, les parcourant, apaisé par la solitude.

Mais il lui faut retrouver ses appartements, sa chambre où les courtisans l'attendent pour le cérémonial du grand lever ou du coucher auquel il doit se plier, parce qu'il est le roi, et qu'ainsi le veut l'étiquette.

Il a fait heureusement aménager un corridor secret, capitonné et toujours éclairé, par lequel il peut accéder en toute discrétion à la chambre de la reine.

Mais pour des mois encore, ce sera une epreuve humiliante que de se retrouver couché près d'elle, de ne pouvoir la féconder.

Il faut se retirer, avec ce sentiment d'impuissance, alors que le comte d'Artois est déjà père, et que l'on jase sur cette incapacité du roi.

On sait qu'il a vu les médecins, que certains continuent de n'invoquer que sa nonchalance et sa paresse, mais que celui de la reine suggère qu'un petit coup de scalpel, anodin, libérerait le roi d'un ligament qui l'empêche non de pénétrer son épouse, mais de jouir en elle.

Cependant, peu à peu, parce qu'il échappe aux regards des courtisans toujours aux aguets, prêts à dénombrer ses visites à la reine, vaines, Louis s'accoutume à ce corps de jeune femme admirée, désirée. Tous les jeunes aristocrates rêvent de l'approcher, de participer à ses fêtes, à ses bals, d'être admis à Trianon où elle se retire souvent, parce que la Cour et ses chuchotements malveillants la lassent.

On ne lui reconnaît que le charme, la séduction.

Elle est « la statue de la beauté », fière et sûre de son impériale majesté. Mais on murmure qu'à un bal, en 1774, elle s'est éprise d'un noble suédois, Axel Fersen, et qu'elle a succombé à sa virilité.

Louis veut ignorer ces rumeurs.

Il a confié au frère de Marie-Antoinette, Joseph, venu incognito à Paris, ses « empêchements ».

« Paresse, maladresse et apathie », a conclu Joseph, jugeant Louis XVI.

« Il faudrait le fouetter pour le faire décharger de foutre comme les ânes, a ajouté Joseph, ma sœur avec cela a peu de tempérament et ils sont deux francs maladroits ensemble. »

Et il morigène Marie-Antoinette :

« Vous rendez-vous nécessaire au roi ? Voit-il votre attachement uniquement occupé de lui ?... Avez-vous pensé à l'effet de vos liaisons et amitiés si elles ne sont point placées sur des personnes en tout point irréprochables... Daignez penser un moment aux inconvénients que vous avez déjà rencontrés au bal de l'Opéra et aux aventures que vous m'avez vous-même racontées là-dessus. »

Louis écoute les conseils de Joseph, s'obstine, même si chaque échec le blesse, accroît ses doutes.

Mais en même temps, il serait fort capable de soulever une masse énorme à bout de bras, de forger, de raboter, de terrasser un sanglier, un cerf.

Et finalement, le 18 août 1777, il réussit « la grande œuvre », attendue depuis sept années.

Il exulte, écrit à Joseph qui a regagné Vienne : « C'est à vous que nous devons ce bonheur, car depuis votre voyage cela a été de mieux en mieux, jusqu'à parfaite conclusion. Je compte assez sur votre amitié pour en oser vous faire ces détails. »

Lorsque la reine accouche d'une fille, Marie-Thérèse – qu'on nommera Madame Royale –, le 19 décembre 1778, puis d'un fils Louis-Joseph en 1781 – mais il mourra en 1783 – et d'un second fils – le dauphin – en 1785 (une fille née en 1787 décédera la même année), Louis manifeste sa joie.

Dieu a voulu que la monarchie française se prolonge.

L'ordre divin et l'ordre naturel se sont ainsi rencontrés pour le bien du royaume de France et de ses souverains.

Ces naissances, après la cérémonie du sacre, confortent Louis dans la certitude de sa légitimité, que Dieu vient à nouveau de lui confirmer.

Il est le roi de droit divin et dès lors, c'est ce qu'il décide qui est la « raison » du monde.

Mais cela ne fait en rien disparaître cette fêlure du doute, qui sur le terrain de l'action le rend hésitant.

Cela renforce même son goût du secret, le droit qu'il s'attribue de dissimuler ses pensées, de leurrer ses interlocuteurs, de désavouer des ministres qu'il a d'abord soutenus.

On l'a vu agir ainsi avec Turgot. Et même son mentor Maurepas, qu'il a nommé chef du Conseil des finances après la disgrâce de Turgot, en souffre :

« Le roi se déforme tous les jours au lieu d'acquérir, confie Maurepas à l'abbé Véri. J'avais voulu le rendre un homme par lui-même, quelques succès me l'avaient fait espérer. L'événement me prouve le contraire et je ne suis pas le seul à le remarquer car d'autres ministres me l'ont pareillement observé… Souvent il m'échappe par son silence indécis sur des affaires importantes et par des faiblesses inconcevables pour sa femme, ses frères et ses alentours… »

Et le frère de Marie-Antoinette, après son séjour à Paris, conclura :

« Il n'est maître absolu que pour passer d'un esclavage à l'autre... Il est honnête mais faible pour ceux qui savent l'intimider et par conséquence mené à la baguette... C'est un homme faible mais point un imbécile : il a des notions, il a du jugement, mais c'est une apathie de corps comme d'esprit. »

Louis n'ignore pas ce que l'on pense de lui, mais il ne cherche pas à détromper ceux qui le jugent sévèrement.

Il hésite ? Il doute au moment de prendre ses décisions ?

Mais au centre de sa personne il y a un bloc infrangible, des certitudes sur lesquelles glissent les événements quotidiens. Si l'on veut ébrécher, briser ce cœur de son caractère et de ses convictions, on n'y réussit pas.

Quand, en 1778, Voltaire fait un retour triomphal à Paris, du Trianon de Marie-Antoinette aux salons de la Chaussée d'Antin, où Madame Necker reçoit Marmontel et Grimm, l'abbé Raynal, Buffon et Diderot, et tous les esprits « éclairés », on l'acclame.

L'Académie française rend hommage au patriarche de quatre-vingt-quatre ans, dont la pensée, les œuvres « illuminent » l'Europe, de Londres à Berlin et à Saint-Pétersbourg.

Mais Louis XVI malgré cette unanimité refuse de le recevoir.

Il ne cédera ni à l'opinion de la Cour et de la Ville, ni à Marie-Antoinette qui veut faire aménager une loge pour Voltaire, près de celle du roi, à l'Opéra.

Voltaire, dont Louis a acheté les œuvres qui figurent en bonne place dans sa bibliothèque, au-dessus de sa forge, et qu'il a lues, est un ennemi de l'Église et donc de la monarchie de droit divin. Il ne reçoit pas l'homme qui s'est donné comme but d'« écraser l'Infâme », la Sainte Église apostolique et romaine.

C'est Madame Necker qui ouvrira une souscription, pour faire ériger une statue de l'ermite de Ferney.

Et à la mort de Voltaire, le 30 mai 1778, point de célébration officielle, mais un enterrement loin de Paris, où, habilement, les proches de l'écrivain obtiennent qu'il soit religieux, alors que dans la capitale la hiérarchie de l'Église soutenue par Louis XVI était réticente.

C'est dire que, pour ce qui lui semble essentiel, Louis XVI ne transige pas, sait s'opposer à son entourage. Ne pas se confier à la reine, dont il n'ignore pas qu'elle ne cache rien à l'ambassadeur d'Autriche.

Or, les affaires étrangères sont le domaine où Louis XVI, guidé par son ministre Vergennes, a une politique, qu'il garde aussi longtemps qu'il le peut secrète.

Il signe, le 6 février 1778, un traité d'alliance avec les États-Unis d'Amérique, et cela implique la guerre avec l'Angleterre.

Les jeunes nobles suivent La Fayette, s'enrôlent pour aller combattre en Amérique, d'abord comme volontaires, puis au sein d'un corps expéditionnaire de 6 000 hommes, commandés par le général Rochambeau.

Étrange alliance, puisqu'elle en vient à aider ces « républicains » américains, qui en 1781 se donnent une Constitution.

Pour les tenants des réformes, c'est un modèle à imiter.

Et comment éviter la contagion américaine, quand les *Insurgents* soulèvent tant d'enthousiasme, quand, à Londres même, huit jours d'émeutes embrasent la ville, qu'on y réclame l'instauration du suffrage universel, un Parlement renouvelable chaque année, élu à bulletin secret ?

Ce programme radical a des échos en France. Les gazettes vantent à la fois la guerre contre l'Angleterre, la Constitution américaine et les radicaux anglais.

Comment le royaume de France, le premier à avoir reconnu les États-Unis d'Amérique, pourrait-il ne pas suivre la voie des réformes profondes ?

Et d'autant plus que la guerre d'Amérique est un gouffre à finances, que la banqueroute menace, et que la seule solution pour l'éviter est de modifier le système fiscal, de faire payer les privilégiés, de réduire les dépenses de la Maison du roi, et de la Maison de la reine.

Autrement dit, mettre en application le programme de Turgot, qui a causé la perte de Turgot !

Louis, qui gère le budget de sa Maison et de celle de la reine avec la minutie d'un financier prudent, sait bien que la question du déficit, donc des impôts, est cruciale.

Il a reculé en renvoyant Turgot, en nommant un contrôleur général – Clugny – corrompu, qui a gouverné à Saint-Domingue, avec la brutalité d'un brigand, qui a des relations incestueuses avec ses trois sœurs, et dont les premiers actes – d'ordre du roi – sont de supprimer les édits réformateurs de Turgot, sur les corvées et les jurandes.

Pour rafler de l'argent, ce Clugny crée la « Loterie royale de France », peuple le contrôle général des Finances d'aigrefins, et suscite la méfiance et la réprobation :

« Le roi s'établit en quelque sorte le chef de tous les tripots de son royaume, leur donne l'exemple d'une abominable cupidité et semble vouloir faire de ses sujets autant de dupes », peut-on lire dans les gazettes.

La mort de Clugny, en octobre 1776, interrompt heureusement cette gestion calamiteuse, qui n'a fait qu'aggraver la situation des finances, en détruisant un peu plus la confiance alors que le déficit se creuse.

Louis écoute la rumeur, les conseils de Maurepas.

Il semble que tout le monde s'accorde (et même la reine et sa cour) pour confier les finances du royaume à Necker, ce représentant de Genève à Paris, ce banquier à la fortune immense qui a déjà prêté des sommes considérables au Trésor royal, qui a critiqué la politique de Turgot, dont l'épouse règne sur les esprits éclairés de Paris, et donc, assure à Necker l'appui de ceux qui font l'opinion.

De plus, admirateur de l'Angleterre il est l'un de ces anglomanes si nombreux à la suite de Voltaire dans la secte philosophique.

Il est protestant et suisse… Mais Louis XVI est si sûr de sa foi, de sa capacité si besoin est à renvoyer Necker comme il l'a fait de Turgot, qu'il reçoit Necker, et le désigne directeur général du Trésor royal en octobre 1776, puis, en juin 1777, directeur général des Finances.

Le roi n'a pu le nommer contrôleur général car Necker est protestant et étranger, et, de ce fait, il n'assistera à aucun des Conseils qui réunissent les ministres.

Situation étrange, qui illustre le comportement de Louis XVI, qui n'est prisonnier que de l'essentiel.

Il suffit de quelques semaines pour que Necker, habile, renfloue – en partie – les finances de l'État, en recourant non à l'impôt mais aux emprunts.

Et comme on a confiance dans ce banquier fortuné et intègre, on souscrit. Et l'argent rentre au moment où la guerre d'Amérique devient de plus en plus coûteuse.

Le roi observe.

La politique de Necker est populaire. L'un de ses critiques, l'intendant Calonne, parlera de *neckromanie*, et accusera Necker de faire vivre le royaume en l'endettant plus encore, et donc en aggravant le mal.

Necker le sait, et il lui faut bien, la confiance rétablie, envisager des réformes dont il n'ignore pas qu'elles susciteront des résistances farouches.

Il ne parle plus de supprimer la corvée et il ne modifie que superficiellement les impôts du vingtième et de la taille, sans toucher à la dîme ecclésiastique.

Prudent, il avance à pas feutrés, cherchant à chaque instant l'appui de l'opinion.

Il diminue le nombre de receveurs généraux, s'attaquant ainsi à la Ferme, qui lève à son profit les impôts dont une partie seule aboutit dans les caisses de l'État. Et il met en cause les dépenses de la Maison du roi.

C'est la guerre ouverte avec les privilégiés et d'autant plus qu'il propose la création d'assemblées provinciales et de municipalités chargées d'établir les impôts.

À titre d'essai, il en crée une à Bourges, une autre à Montauban, et il en projette deux autres à Grenoble et à Moulins.

Ce qui révolte les privilégiés, les parlementaires, ce n'est pas seulement qu'insidieusement on met en place – Turgot l'avait déjà proposé – des assemblées qui seront les lieux du pouvoir, et donc affaibliront les cours existantes.

C'est surtout qu'à Bourges comme à Montauban, les délégués représentant le tiers état – les roturiers – seront à eux seuls aussi nombreux que ceux de la noblesse et du clergé réunis !

Cette double représentation du tiers état remet en cause la hiérarchie politique et sociale, fondée sur la prééminence de ces deux ordres, le noble et l'ecclésiastique, assurés de la majorité si l'on vote par ordre, et réduits au mieux à l'égalité si l'on vote par tête après avoir doublé le nombre de représentants du tiers état.

Que veut cet « anglomane » de Necker, ce protestant ? s'interrogent les ordres privilégiés qui se dressent contre Necker.

Dans la *Lettre d'un bon Français*, on l'accuse :

« Après avoir commencé comme Law – le financier – voudriez-vous finir comme Cromwell ? »

C'est l'image du roi agenouillé, la tête sur un billot, qui revient s'imposer à Louis qui jusqu'alors a soutenu Necker.

Et celui-ci sent qu'un renvoi à la manière de Turgot le menace.

Et il joue une fois de plus l'opinion, publiant, en février 1781, un opuscule à couverture bleue, le *Compte Rendu au roi par Necker*, c'est-à-dire le budget de la France.

La mesure est révolutionnaire : dépenses et recettes sont présentées et sortent de l'ombre.

On sait ce que coûtent la Maison du roi, les pensions, rentes et libéralités accordées aux courtisans.

Necker dénonce toutes ces prodigalités du Trésor royal au bénéfice de quelques milliers de privilégiés.

« C'est donc à ce genre d'abus, écrit-il, dont on ne peut mesurer l'étendue que j'ai cru devoir opposer les plus grands obstacles. »

Par ailleurs, il présente un budget qui compte un excédent de recettes. Et il en appelle à l'opinion qui s'est précipitée pour acheter le *Compte Rendu au roi*.

Six mille exemplaires ont été vendus le premier jour, cent mille en quelques semaines. Le livre est même traduit en anglais, en allemand et en italien.

« Je ne sais si l'on trouvera que j'ai suivi la bonne route mais certainement je l'ai recherchée... écrit Necker. Je n'ai sacrifié ni au crédit, ni à la puissance, et j'ai dédaigné les jouissances de la vanité. J'ai renoncé même à la plus douce des satisfactions privées, celle de servir mes amis ou d'obtenir la reconnaissance de ceux qui m'entourent... Je n'ai vu que mon devoir. »

Il revendique – et c'est là l'annonce de temps nouveaux – la fin du secret monarchique, et donc d'un privilège immense et d'un « droit » souverain, divin.

L'attitude est « révolutionnaire » puisque Necker s'est adressé à tous les sujets, égaux de ce fait en droit :

« Enfin, et je l'avoue aussi, conclut Necker, j'ai compté fièrement sur cette *opinion publique* que les méchants cherchent en vain d'arrêter ou de lacérer mais que, malgré leurs efforts, la justice et la vérité entraînent après elles. »

Moment crucial, comme au temps de Turgot.

Et c'est la même question qui est posée : peut-on réformer la monarchie, Louis XVI continuera-t-il de soutenir Necker ?

Or, la publication du *Compte Rendu*, qui fait croire qu'on pourra désormais calculer, contrôler, discuter, les recettes et les dépenses du pouvoir, l'emploi de l'impôt, sa répartition, qu'en somme allait commencer un temps de justice, d'égalité et de liberté, raffermit le crédit de l'État.

Un nouvel emprunt de soixante-dix millions en produit cent !

Mais contre Necker, c'est désormais l'union de tous les privilégiés. Des Polignac – les habitués du Trianon, et les plus proches confidents de la reine – aux parlementaires, des frères du roi aux évêques et aux financiers.

L'intendant Calonne, dans un pamphlet, se moque des *neckromanes* qui n'ont même pas remarqué que le *Compte Rendu au roi* est incomplet : Necker a oublié (!) les dépenses de la guerre en Amérique et les remboursements des dettes, si bien que son budget, loin d'être en excédent de dix millions, est en déficit de deux cent dix-huit millions !

Ce *compte rendu* n'est qu'un « *conte bleu* », dit Maurepas.

Necker, face aux assauts, demande au roi de lui confirmer son soutien en lui donnant l'administration directe des Caisses de la guerre et de la marine, ce qui ferait de lui le vrai maître du ministère, et marquerait la volonté du roi d'engager des réformes radicales.

Louis XVI refuse et Necker donne sa démission le 19 mai 1781.

C'est un choc brutal pour cette opinion qui a soutenu Necker. Une déception plus forte encore que celle qui avait suivi la disgrâce de Turgot.

Une faille s'est ouverte dans le royaume.

Que peut le roi ? Que veut-il ?

Les esprits éclairés rêvent d'Amérique, d'assemblée de vote, d'égalité et de justice.

On accuse la reine d'être responsable de la démission de Necker. Elle a au contraire entretenu de bons rapports avec lui. Mais le roi est épargné. Il reste de droit divin, alors que la reine n'est qu'une « Autrichienne frivole », dont le cœur est à Vienne et non à Paris. Grimm, qui écrit et anime la *Correspondance littéraire*, note, après la démission de Necker :

« La consternation était peinte sur tous les visages ; les promenades, les cafés, les lieux publics étaient remplis de monde, mais il y régnait un silence extraordinaire.

« On se regardait, on se serrait tristement la main. »

8.

Louis détourne la tête, s'éloigne d'un pas lent et lourd, son visage boudeur exprime l'ennui et même du mépris.

Il ne veut plus qu'on lui parle de Necker, de l'état de l'opinion, de ces esprits éclairés, et parmi eux des grands seigneurs, et même le duc d'Orléans, qui fréquentent le salon de Madame Necker, rue de la Chaussée-d'Antin.

Ces beaux parleurs critiquent les nouveaux contrôleurs des Finances, qui se sont succédé, Joly de Fleury, Lefèvre d'Ormesson, et maintenant Calonne, cet intendant aimable, disert, bien en cour, qui d'une plume acérée a révélé les subterfuges de Necker et contribué à son départ.

C'est lui qui doit désormais faire face au déficit, mais qui, habilement, en multipliant les emprunts, en jouant sur le cours de la monnaie, favorise la spéculation, obtient le soutien des financiers, des prêteurs, et crée un climat d'euphorie.

Les problèmes ne sont que repoussés, aggravés même, prétend de sa retraite Necker, mais la morosité et la déception qui ont suivi sa démission se dissipent.

Voilà qui confirme Louis dans son intime conviction : les ministres passent ; les crises, même financières, trouvent toujours une solution, l'opinion varie, va et vient comme le flux et le reflux, seuls le roi et la monarchie demeurent.

Et les voici renforcés, célébrés, puisque, le 22 octobre 1781, ému jusqu'aux larmes, Louis peut se pencher sur Marie-

Antoinette qui vient d'accoucher de son premier garçon et lui murmurer :

« Madame, vous avez comblé mes vœux et ceux de la France : vous êtes mère d'un dauphin. »

Et il pleure de nouveau lorsqu'il apprend qu'à Paris, à la nouvelle de la naissance d'un héritier royal, la foule a manifesté sa joie, dansant, festoyant, s'embrassant. Et les dames des Halles, venues à Versailles, ont célébré en termes crus la reine.

Semblent envolés tous les pamphlets, où l'on critiquait l'Autrichienne, accusée d'infidélité, voire de préférer ses favorites et leurs caresses à son mari ! Ou bien de s'être pâmée dans les bras de cet officier suédois, rencontré à un bal masqué de l'Opéra, en 1774, de l'avoir retrouvé en 1778, toute troublée, toute séduction, ne cachant même pas l'attirance pour ce comte Axel Fersen, parti, avec l'armée de Rochambeau, aider les *Insurgents* d'Amérique.

Le climat a donc changé. Un dauphin, l'argent facile grâce aux emprunts et aux habiletés de Calonne.

Et puis, la victoire des troupes françaises et des *Insurgents* contre les Anglais à Yorktown ; et plus de sept mille tuniques rouges qui se rendent !

Gloire à l'armée du roi, fête à Paris pour célébrer le « héros des Deux Mondes ». La Fayette, rentré en janvier 1782, fait maréchal de camp. Feu d'artifice, traité de Versailles avec l'Angleterre en 1783, revanche de celui de Paris en 1763.

Le roi a-t-il jamais été aussi populaire ?

Benjamin Franklin le célèbre comme « le plus grand faiseur d'heureux qu'il y ait dans ce monde ».

Et plus encore on associe le roi à cette *Révolution de l'Amérique* qu'exalte dans ce livre l'abbé Raynal.

Qui pourrait dissocier Louis XVI qui a permis la victoire des *Insurgents*, et la politique de réforme ?

Ce roi-là est bon.

On le voit, dans les villages qu'il traverse ou visite, faire l'aumône aux paysans misérables, accorder à certains d'entre eux une pension à vie.

Car la faim et le froid tenaillent le pays dans ces hivers 1783-1785.

Les fermages ont augmenté, parce que la monnaie a été en fait dévaluée. Le pain est cher. Les pauvres sans domicile allument de grands feux dans les rues de Paris, autour desquels ils se pressent.

Des émeutes de la faim éclatent ici et là.

Mais lorsque Louis, en juin 1786, se rend à Cherbourg pour visiter la flotte royale, il est salué avec ferveur tout au long du voyage.

On s'agenouille devant lui, on l'embrasse.

« Je vois un bon roi et je ne désire plus rien en ce monde », dit une femme.

Louis invite la foule qui se presse à avancer : « Laissez-les s'approcher, dit-il, ce sont mes enfants. »

On crie « Vive le roi ! » et il répond « Vive mon peuple ! Vive mon bon peuple ! ».

On récite des vers qui le louent, on les grave sur le socle des statues.

Les uns s'adressent :

À Louis Homme
Ce faible monument aura faible existence
Tes bontés ô mon Roi dans ces temps de rigueur
Bien mieux que sur l'airain ont mis au fond du cœur
Un monument certain, c'est la reconnaissance.

D'autres vers rappellent que Louis, jeune roi, a déjà accompli des « miracles » :

Louis de son domaine a banni l'esclavage
À l'Amérique, aux mers, il rend la liberté
Ses lois sont des bienfaits, ses projets sont d'un sage
Et la gloire le montre à l'immortalité.

Louis est ému jusqu'aux larmes. Il écrit à Marie-Antoinette :

« L'amour de mon peuple a retenti jusqu'au fond de mon cœur. Jugez si je ne suis pas le plus heureux roi du monde. »

Mais parfois, quand il découvre dans ses propres appartements un pamphlet visant la reine, ce bonheur qu'il a ressenti devant les signes d'affection que lui manifeste le peuple s'émiette.

On accuse Marie-Antoinette d'avoir renoué avec le comte Fersen rentré d'Amérique avec les troupes françaises. On la soupçonne d'infidélité. On se demande si les enfants dont elle a accouché – un second fils naîtra en 1785, et une fille en 1787 – sont issus du roi, ou de ce beau Fersen. Et elle a obtenu du roi qu'il attribue à Fersen le commandement d'un régiment étranger, le Royal Suédois, et le « bon » Louis XVI a aussitôt accepté, et accordé à Fersen une pension de vingt mille livres.

Louis cependant ne regrette ni ses largesses ni même ses complaisances.

Marie-Antoinette est la reine, la mère du dauphin.

Il connaît les penchants de son épouse : fête, bijoux, châteaux. Il les accepte.

Elle dispose de Trianon. Il lui achète, à sa demande pressante, le château de Saint-Cloud.

Et l'on s'en prend à cette Autrichienne, *Madame Déficit*, qui ruine le royaume.

Mais elle est la reine, a-t-il parfois envie de s'écrier. Et il veut prendre sa défense, la protéger des calomniateurs.

Il apprend avec effarement et un sentiment d'indignation que le cardinal de Rohan, grand aumônier de la Cour, en froid avec la reine, prétend avoir acheté, pour se réconcilier avec elle, au joaillier Böhmer, un collier de un million six cent mille livres.

Le cardinal assure qu'il a reçu des lettres de la reine, lui demandant de faire cet achat s'il veut se réconcilier avec elle, qu'il l'a même rencontrée une nuit dans les bosquets du parc du château de Versailles !

Louis est scandalisé.

Le récit suggère que la reine était prête à des complaisances en faveur de Rohan – dupe et victime d'une comtesse de La Motte-Valois, qui s'est approprié le collier –, afin d'obtenir l'achat du collier !

Affaire ténébreuse, dont Louis pressent qu'elle va achever de ternir la réputation de Marie-Antoinette.

Les jaloux, les rivaux, les ennemis de la monarchie et les adversaires des réformes qu'on soupçonne Calonne de préparer vont se liguer, répandre les rumeurs.

Mais Louis ne cède pas, ordonne l'arrestation du cardinal de Rohan qui sera emprisonné à la Bastille, avant d'être jugé par le Parlement.

Le roi a laissé à Rohan le choix de cette procédure parlementaire. Autant pour le roi choisir des adversaires comme juges ! Car les parlementaires veulent empêcher le roi de rogner leurs droits et avantages, et disculper Rohan – dont la famille est l'une des plus illustres du royaume – c'est condamner la reine, et donc affirmer que le Parlement a le droit de la juger, comme il pourrait aussi, dès lors, juger le roi.

Et c'est aux cris de « Vive le Parlement !, Vive le cardinal innocent ! » que la foule accueille le verdict qui « décharge le cardinal de Rohan des plaintes et accusations ».

La comtesse de La Motte-Valois est elle condamnée à être incarcérée et marquée au fer rouge, mais elle s'enfuira à Londres où elle retrouvera le « magicien Cagliostro », mêlé à l'affaire.

À la Cour, dans les estaminets, les salons, parmi les grands ou les poissardes, on se félicite du verdict, on fustige la reine, sur qui l'on déverse des tombereaux de ragots et de calomnies.

Et par là même c'est toute la monarchie qui est atteinte.

On condamne l'impiété et la licence de ces « abbés et évêques de cour », tel Rohan, même si on juge le cardinal victime de l'arbitraire.

Il a été libéré de la Bastille, mais démis de sa charge de grand aumônier de la Cour et exilé dans son abbaye de La Chaise-Dieu.

On évoque les escroqueries, les spéculations organisées par les Orléans afin d'accroître leur patrimoine immobilier au Palais-Royal.

On raconte que le duc de Chartres, fils du duc d'Orléans, organise dans sa maison de Monceau des soirées libertines, des soupers en compagnie de filles nues.

C'est une vague de réprobation, d'indignation, où se mêlent vérité et calomnies, qui déferle après l'affaire du collier de la reine.

« Grande et heureuse affaire, commente-t-on. Un cardinal escroc ! La reine impliquée dans une affaire de faux ! Que de fange sur la crosse et le sceptre ! Quel triomphe pour les idées de liberté ! Quelle importance pour le Parlement ! »

La reine est accablée Elle se sent outragée, « victime des cabales et des injustices »

Elle soupçonnait, depuis les premiers jours de son arrivée à Versailles, qu'elle aurait de la peine à se faire accepter, aimer. Elle en est désormais, et jusqu'au dégoût, persuadée.

« Un peuple est bien malheureux, dit-elle en pleurant, d'avoir pour tribunal suprême un ramassis de gens qui ne consultent que leurs passions et dont les uns sont susceptibles de corruption et les autres d'une audace qu'ils ont toujours manifestée contre l'autorité et qu'ils viennent de faire éclater contre ceux qui en sont revêtus. »

Elle essaie d'oublier, multiplie les fêtes, les bals, elle répète le rôle de Rosine dans *Le Barbier de Séville*, qu'elle compte interpréter dans son théâtre. Et elle ne prête pas attention au fait que Beaumarchais est l'un des adversaires de cette autorité qu'elle incarne.

« Mais dans ce pays-ci, les victimes de l'autorité, ont toujours l'opinion pour elles », assure la fille de Necker, qui vient d'épouser le baron de Staël.

Au vrai, la situation est plus critique encore que ne le révèlent l'acquittement du cardinal de Rohan, les rumeurs et les pamphlets qui couvrent la reine – et donc la monarchie – d'opprobre.

Le 20 août 1786, Calonne est contraint d'annoncer au roi que la banqueroute est aux portes, qu'il faut donc rembourser les dettes si l'on veut l'éviter.

Le déficit se monte à cent millions de livres. Les emprunts lancés par Calonne s'élèvent à six cent cinquante trois millions, auxquels il faut ajouter cinq cent quatre-vingt-dix-sept millions empruntés depuis 1776.

« Il faut avouer, Sire, dit Calonne, que la France ne se soutient que par une espèce d'artifice. »

On ne peut, ajoute-t-il, « augmenter le fardeau des impositions, il est même nécessaire de les diminuer », c'est-à-dire établir l'égalité devant l'impôt, seul remède à la maladie des finances royales.

Il faut mettre fin aux privilèges fiscaux de la noblesse et du clergé, et créer un impôt unique pesant sur la terre, la « sub vention territoriale », et rétablir la libre circulation des grains Calonne ainsi s'engage dans la voie qu'avaient tenté d'emprunter Turgot et Necker.

Et comme eux, il suggère qu'on s'appuie sur une Assemblée, qui pourrait être une *Assemblée de notables.*

Louis XVI hésite. Mais le déficit serre le royaume à la gorge.

La mesure ultime serait de réunir les États généraux, signe de la situation dramatique de la France. Louis XVI refuse de l'envisager. On n'a pas vu d'États généraux depuis 1614 ! En dépit du déficit, la France est riche. Il ne s'agit que de la réformer et une Assemblée de notables consultative doit suffire.

Au grand Conseil des requêtes du 29 décembre 1786, après une discussion de cinq heures, Louis prend la décision de la convoquer.

Il veut agir. Il s'y essaie depuis qu'il est roi, en 1774, il y a déjà douze ans.

Il a lu la lettre que l'ambassadeur d'Autriche Mercy-Argenteau adresse à Vienne.

« Lorsque le gaspillage et la profusion absorbent le Trésor royal, il s'élève un cri de misère et de terreur… Le gouvernement présent surpasse en désordre et en rapines celui du règne passé et il est moralement impossible que cet état de choses subsiste encore longtemps, sans qu'il s'ensuive quelque catastrophe. »

Est-il encore temps de l'éviter ?

Louis le croit.

Mais l'opinion doute. La colère l'emportera-t-elle sur la raison ?

Cagliostro, l'un des accusés dans l'affaire du collier, exilé à Londres, dénonce l'arbitraire royal. Il a été emprisonné à la Bastille, et il fait de la vieille forteresse le symbole de cet arbitraire :

« Toutes les prisons d'État ressemblent à la Bastille, écrit-il, dans sa *Lettre à un ami*, qui circulera en France, sous le manteau.

« Vous n'avez pas idée des horreurs de la Bastille. La cynique impudence, l'odieux mensonge, la fausse pitié, l'ironie amère, la cruauté sans frein, l'injustice et la mort y tiennent leur empire. Un silence barbare est le moindre des crimes qui s'y commettent.

« Vous avez tout ce qu'il vous faut pour être heureux vous autres Français !

« Il ne vous manque qu'un petit point, c'est d'être sûrs de coucher dans vos lits quand vous êtes irréprochables.

« Les lettres de cachet sont un mal nécessaire ? Que vous êtes simples ! On vous berce avec des contes...

« Changez d'opinion et méritez *la liberté* pour *la raison.* »

Cagliostro date cette *Lettre à un ami* du 20 juin 1786.

9.

Ces mots, *raison*, *liberté*, *égalité*, *opinion*, Louis les retrouve chaque jour dans les gazettes ou les pamphlets, qui paraissent quotidiennement. Et il en a dénombré plus de quarante chacun de ces derniers mois. Il les feuillette avec une inquiétude et une angoisse qui augmentent depuis qu'il a pris, ce 29 décembre 1786, la décision de convoquer cette Assemblée de notables.

Il ne sait plus si la proposition de Calonne à laquelle il s'est rallié était judicieuse.

Il a même le sentiment que l'opinion, alors que la réunion de l'Assemblée est fixée au 22 février, salle des Menus-Plaisirs, s'enflamme déjà, que les critiques fusent, que les passions s'exacerbent.

S'il le pouvait il reviendrait sur son choix, et il songe déjà à renvoyer Calonne, d'autant plus que les critiques se multiplient contre le ministre.

La reine ne l'aime pas. Elle suggère le nom d'un remplaçant, l'archevêque de Toulouse, Loménie de Brienne.

D'autres accusent Calonne d'avoir par sa politique financière acculé le royaume à la banqueroute. Et nombreux sont ceux qui suggèrent de rappeler Necker.

Et Louis a lancé :

« Je ne veux ni neckraille, ni prêtraille. »

Il a regretté cette exclamation. Il ne doit se fermer aucune voie. Mieux vaut laisser le doute et l'incertitude régner, rester le plus longtemps possible insaisissable, que de se dévoiler.

Mais il faut bien composer cette Assemblée de notables, et donc choisir les personnalités qui en feront partie.

Et aussitôt les pamphlets, les gazettes imprimés à l'étranger et introduits en France, les caricatures, stigmatisent cette Assemblée qui ne peut être qu'aux ordres, avec ses sept princes du sang, ses trente-six ducs et pairs ou maréchaux de France, ses trente-trois présidents ou procureurs généraux de parlements, ces onze prélats, ces douze conseillers d'État, ces douze députés des pays d'état et ces vingt-cinq maires des principales villes du royaume.

On évoque l'absolutisme, le despotisme même, on la compare avec les assemblées qui se réunissent aux États-Unis, celles que veulent élire les Suisses, les Flamands, les Hollandais.

Et dans tous ces pays les peuples ont conquis des droits, parfois avec l'aide du roi de France qui les refuse à ses sujets.

La Fayette ou Mirabeau répètent qu'il faut une « vraie » Assemblée nationale, et ils martèlent qu'il faut réunir les États généraux, mais ils précisent que les représentants du tiers état doivent être aussi nombreux que ceux réunis des deux ordres privilégiés, et que l'on devrait voter par « tête » et non par « ordre ».

Et l'Assemblée de notables ne s'est pas encore réunie !

Louis est accablé. Il a l'impression que les digues qui retenaient un flot puissant lâchent. Et ce qui déferle ne submerge pas seulement le royaume de France, mais le monde, de Philadelphie à Liège, de Genève à Amsterdam.

Il refuse d'aider les bourgeois hollandais qui se sont rebellés contre leur stathouder. Devrait-il favoriser les adversaires de l'autorité en Hollande, alors qu'il la défend ici ?

Mais le trouble, l'angoisse le gagnent, et même le désespoir.

Vergennes, son ministre des Affaires étrangères, meurt.

« Je perds le seul ami sur lequel je pouvais compter, dit-il, le seul ministre qui ne me trompa jamais. »

Sa tristesse se mêle à l'amertume et à l'indignation quand il découvre que plusieurs pamphlets accusent la reine d'avoir fait empoisonner Vergennes !

Elle reprochait au ministre de l'avoir tenue à l'écart, plein de défiance à l'égard de « l'Autrichienne », ne lui faisant jamais part de ses projets, et elle l'accusait même d'avoir discrètement soutenu le cardinal de Rohan dans l'affaire du collier.

Louis ressent ce que plusieurs fois déjà depuis qu'il est roi, il a éprouvé, le sentiment que les « choses » – le pouvoir, l'opinion, ses proches même, ses ministres – lui glissent entre les mains, comme si l'un des outils qu'il manie dans sa forge et sa menuiserie lui échappait au moment où il voudrait l'utiliser.

Il se replie sur lui-même, comme s'il voulait ainsi que le flux des critiques, des attaques, passe sur lui, sans l'entraîner.

Il en veut à Calonne qui devant l'Assemblée de notables, pour justifier ses réformes, cette égalité devant l'impôt, qu'il veut établir, dresse un véritable réquisitoire contre la monarchie, les ordres de la noblesse et du clergé qui en sont les colonnes.

Fallait-il que Calonne dise :

« Les abus qu'il s'agit aujourd'hui d'anéantir pour le salut public ce sont les plus considérables, les plus protégés, ceux qui ont les racines les plus profondes et les branches les plus étendues. Tels sont les abus dont l'existence pèse sur la classe productive et laborieuse, les abus des privilèges pécuniaires, les exceptions à la loi commune, et tant d'exceptions injustes qui ne peuvent affranchir une partie des contribuables qu'en aggravant le sort des autres. »

Il parle de « raison », de « justice », d'« intérêt national », s en prend ouvertement aux privilégiés de la noblesse, n'épargne pas le clergé, « les ecclésiastiques sont par leur naissance, citoyens et sujets », insiste-t-il. Il dénonce le nombre effrayant des « agents du fisc », prêche pour ce nouvel impôt, la subvention territoriale, critique la gabelle, et s'adresse directement à l'opinion, diffusant, le 31 mars, un *Avertissement* que commentent les journalistes à sa solde.

« On paiera plus sans doute, mais qui ? demande-t-il. Ceux-là seulement qui ne payaient pas assez ; ils paieront ce qu'ils doivent... Des privilèges seront sacrifiés, la justice le veut, le besoin l'exige, vaudrait-il mieux surcharger encore les non-privilégiés, le peuple ? Il y aura de grandes réclamations… On s'y est attendu ; peut-on faire le bien général sans froisser quelques intérêts particuliers ? Réforme-t-on sans qu'il y ait des plaintes ? »

On n'a jamais entendu un ministre du roi parler ainsi, prendre le parti du peuple, non pas au nom de la compassion, mais au nom de l'égalité et de la justice.

Les notables s'indignent :

« Nous prenez-vous pour des moutons de nous réunir pour avoir notre sanction à une besogne toute digérée ? »

Ils condamnent Calonne, son *Avertissement*, « indigne de l'autorité royale qui ne doit jamais parler au peuple que par les lois et non par une espèce d'écrit qui n'a aucun caractère… ».

Surtout, les notables se présentent comme les défenseurs de la liberté et du droit, face à un pouvoir avide de pressurer le royaume.

« Monsieur de Calonne, dit l'un des membres de l'Assemblée, veut encore saigner la France, et il demande aux notables s'il faut la saigner au pied, au bras ou à la jugulaire. »

Et l'opinion est à ce point travaillée par l'esprit des Lumières, l'hostilité au mode de gouvernement absolutiste, que tout discours qui se réclame de la liberté et exige la représentativité des assemblées est entendu.

Mieux ou pis, toute assemblée – et d'abord les parlements, qui ne rassemblent que des privilégiés – vaut mieux que le pouvoir exécutif.

Et l'on entend à nouveau réclamer la convocation des États généraux, et le doublement du nombre des députés du tiers état, et, revendication décisive, le vote par tête et non par ordre.

Louis n'en veut pas.

Il reproche à Calonne ses propos excessifs, ses charges contre les ordres privilégiés.

Ce contrôleur général des Finances pense, parle et écrit, comme un pamphlétaire de la « secte philosophique » !

Voilà ce que disent les proches du roi, et d'abord Marie-Antoinette, qui pousse Louis à se débarrasser de Calonne.

Et le roi, une fois encore, se dérobe au face-à-face avec son ministre.

Calonne qui veut voir le roi s'entend répondre par le premier valet de chambre, que Sa Majesté a défendu de le laisser entrer.

Et le 8 avril 1787, au nom du roi, on vient réclamer à Calonne sa démission.

Le 30 avril, Louis accepte, pressé par la reine, de nommer contrôleur général des Finances l'archevêque de Toulouse, Loménie de Brienne, qui fut proche de Turgot, qu'on dit habile, capable de se concilier « le suffrage des sociétés dominantes ».

Mais Louis XVI sait que Loménie de Brienne est l'un de ces prélats de cour plus libertin qu'homme pieux.

Si Louis cède, c'est que la situation se dégrade, qu'il faut agir vite.

L'Assemblée de notables vient de remporter une victoire avec le renvoi de Calonne. Elle est confortée dans son refus des réformes.

L'opinion réclame le retour de Necker.

Les parlements sont dressés sur leurs ergots, prêts à défendre bec et ongles leurs droits face au roi, en fait à protéger contre toute réforme leurs privilèges, forts de l'appui que leur apporte l'opinion.

Et d'abord ces milliers de clercs de la basoche, diplômés et crevant de faim, ces libellistes, ces gazetiers, ces « journalistes », et tout ce monde qui gravite dans chaque province, autour des parlements.

Dans ce milieu-là, celui des avocats, celui de la franc-maçonnerie, des sociétés de pensée, on a lu Voltaire, applaudi Beaumarchais et les « patriotes » d'Amérique, comme ceux de Hollande.

Et on déteste l'Autrichienne, *Madame Déficit*, dont le cœur est à Vienne, capitale des Habsbourg, la plus absolutiste des dynasties européennes.

Cette « fermentation des esprits » autour des parlements gagne le milieu des artisans, des boutiquiers qui ont le sentiment qu'ils sont « tondus » au bénéfice de ces « marquis » qui festoient avec l'Autrichienne et qui ne se sont « donné que la peine de naître ».

Et il y a tous ceux, le peuple innombrable, qui s'agenouillent devant le roi, si bon.

Ces « sujets »-là ne se nourrissent que de pain, or il est de plus en plus cher, en ces années 1787-1789, parce que les blés ont souffert du froid, que le grain est rare, et son prix de plus en plus élevé.

Et pendant ce temps-là, dit-on de plus en plus fort, la reine achète un collier de plusieurs centaines de milliers de livres, par l'intermédiaire d'un de ces cardinaux qui osent invoquer le Christ, ce pauvre crucifié.

Et les prêtres, ce bas clergé qui connaît, côtoie et même partage la misère des humbles, se sentent plus proches de ces pauvres manouvriers que du cardinal de Rohan ou de Loménie de Brienne, archevêque de Toulouse, libertin devenu chef du Conseil des finances, par la grâce du roi et la volonté de l'Autrichienne.

Louis, même s'il ressent la difficulté de la situation, ne mesure pas cette évolution de l'opinion.

Elle est comme une forêt sèche dont les sous-bois commencent à brûler, et qu'un coup de vent peut embraser.

Marie-Antoinette soupçonne encore moins que son époux, malgré les calomnies, les injures, les caricatures, les pamphlets qui la prennent chaque jour pour cible, l'étendue et la profondeur de la réprobation et même de la haine qu'elle suscite.

Elle est donc plus surprise que Louis lorsque, recevant avec Louis Loménie de Brienne, ils l'entendent formuler le vœu de se voir adjoindre Necker, et d'être autorisé à préparer la convocation des États généraux.

Louis est stupéfait, mais aussi terrifié.

« Quoi, Monsieur l'Archevêque, vous nous croyez donc perdus ? Les États généraux ? Mais ils peuvent bouleverser l'État et la royauté ! Et Necker ! Tout ce que vous voudrez hors ces deux moyens. La reine et moi sommes tout prêts aux réformes et aux économies. Mais de grâce, n'exigez ni Monsieur Necker, ni les États généraux. »

Mais il suffit de quelques semaines pour que le roi se rende compte, avec effroi, que l'idée de la convocation des États généraux progresse vite et s'impose peu à peu. Loménie de Brienne n'a rien obtenu de l'Assemblée de notables, devant laquelle il a repris l'essentiel du plan de Calonne. Mais les notables exigent d'abord que le contrôleur général des Finances soit surveillé par un Comité ; autant dire que le roi perd la maîtrise des finances.

Inacceptable pour Louis XVI. Et le 25 mai 1787, le roi dissout l'Assemblée de notables, ce qui aussitôt renforce dans l'opinion le désir de la convocation des États généraux. Ils rassemblent, dit La Fayette, « les représentants authentiques de la nation ».

Et dans les gazettes on n'hésite pas à écrire :

« Pourquoi le roi ne serait-il pas en tutelle ?... Il faut rappeler quelquefois les chefs des nations à leur première institution et leur apprendre qu'ils tiennent le pouvoir de ces peuples qu'ils traitent souvent en esclaves ! »

Ces gazetiers sont pour la plupart payés par telle ou telle coterie, et celle du duc d'Orléans est la plus puissante. Le duc est cousin du roi, mais ambitieux, jaloux, les souverains l'ont maintes fois blessé, et il se présente en homme des Lumières.

Et « ses » gazetiers critiquent le roi, la reine, le pouvoir monarchique, mais en même temps ils soutiennent les parlementaires, écrivent : « Les notables ont montré que la nation existait encore. »

Louis qui imagine qu'il va pouvoir faire enregistrer les édits réformateurs par le Parlement de Paris, en usant, si besoin est, comme il en a le droit souverain, d'un « et de justice », qui impose l'enregistrement, ne mesure pas, une fois encore, l'évolution de l'opinion.

Durant les mois de mai et de juin, le Parlement refuse d'enregistrer l'édit créant l'impôt dit de « subvention territoriale » et il déclare « que seule la nation réunie dans ses États généraux peut consentir un impôt perpétuel ».

Le 6 août, le roi convoque à Versailles un lit de justice. Il fait chaud dans la salle où s'entassent les parlementaires.

L'enregistrement des édits est obligatoire, mais pendant que se déroule la séance, le roi s'endort, ronfle parfois, donnant l'image, en cette période tendue, cruciale, d'un souverain à la fois méprisant et impotent.

Mais le 7 août, le Parlement de Paris déclare nul le lit de justice de la veille.

Le 10 août, il décide l'ouverture d'une information criminelle contre les « déprédations » commises par Calonne. Manière de montrer sa résolution, d'avertir les ministres qu'ils ne sont plus intouchables – et derrière eux le roi – et de les inviter ainsi à la modération et au respect des prérogatives parlementaires.

Calonne – bien que l'arrêt du Parlement ait été cassé – est inquiet et décide de se réfugier en Angleterre : contraint à émigrer par une assemblée de privilégiés, qui lui reprochent d'avoir au nom du roi voulu réformer le royaume !

Accablé, le roi lit les rapports des « mouches », ces informateurs du lieutenant général de police que traquent les clercs de la basoche, qu'ils poursuivent et rouent de coups, sous les applaudissements d'une foule de plusieurs milliers de personnes qui viennent acclamer les parlementaires, chaque fois qu'ils dénoncent les édits comme contraires « aux droits de la nation » ou décident d'annuler l'enregistrement de ces édits en lit de justice.

Les manifestants crient : « Vive les pères du peuple ! Point d'impôts ! »

Louis XVI est envahi par l'indignation.

Le Parlement doit plier, pense-t-il par saccades, et il écoute Loménie de Brienne qui lui demande d'exiler les parlementaires à Troyes.

Puis le roi est saisi par le doute. Il craint les conséquences de cette épreuve de force, et cependant toute sa conception de l'autorité monarchique l'incite à agir.

Il est divisé et lui qui recherche l'effort physique pour se rassurer, se sent tout à coup las, sans qu'il ait besoin de chevaucher ou de forger. Il a l'impression que son corps puissant et lourd l'accable.

Il somnole pour fuir les maux de tête, les brûlures d'estomac, tous ces symptômes qu'il ne connaissait pas. Il acquiesce, sans même pouvoir examiner à nouveau toutes les suites de sa décision, à la proposition de Brienne.

Il signe les lettres de cachet aux parlementaires afin qu'ils les reçoivent dans la nuit du 14 au 15 août.

Il ne sait pas que certains parlementaires ont menacé Brienne, l'avertissant :

« Prenez garde, ce n'est plus une guerre parlementaire que vous allumez, mais une guerre civile. »

Pourtant, les parlementaires quittent Paris, mais arrivés à Troyes ils réaffirment qu'ils ne changeront pas d'avis.

« Seuls les États généraux peuvent sonder et guérir les plaies de l'État et octroyer les impôts. »

Plus grave, Paris s'enflamme.

Le 17 août, le jour où les comtes d'Artois et de Provence se rendent au Palais de Justice pour y faire enregistrer les édits, la foule envahit les bâtiments, encercle les frères du roi criant : « À Bicêtre ! À Bicêtre ! » et s'adressant au comte de Provence – hostile aux choix de Louis XVI – lui lance : « Courage, Monsieur, vous êtes l'espoir de la nation. »

La garde tire. Il y a des morts et des blessés.

Les magistrats de la Cour des aides – la salle où ils délibèrent est occupée par les manifestants – déclarent, comme ceux de la Chambre des comptes, qu'il faut réunir les États généraux.

Des bandes de jeunes gens parcourent les rues, envahissent les boutiques, saccagent la maison d'un commissaire de police qui a arrêté deux manifestants, rouent de coups les colporteurs qui crient le texte des édits, insultent les gardes françaises.

On affiche des placards :

« Dans huit jours il nous faut le Parlement ou le feu. »

Le roi, la reine, le comte d'Artois sont insultés. On distribue des pamphlets injurieux contre les souverains, et d'abord cette Autrichienne, cette *Madame Déficit*.

Une estampe représente le couple royal à table avec cette légende :

« Le roi boit, la reine mange, et le peuple crie ! »

En province, des manifestations ont lieu autour des parlements, et les magistrats envoient des adresses au roi exigeant le « rappel du Parlement ».

Louis veut échapper à ce cauchemar qui lui révèle un royaume qu'il n'avait pas imaginé.

Il laisse d'abord Brienne rétablir l'ordre à Paris et faire évacuer le Palais de Justice, mais en même temps il veut donner des signes d'apaisement, séduire cette opinion éclairée, la détacher des parlements.

Un édit de tolérance rend leur état civil aux protestants. On examine la situation des juifs du royaume et on envisage leur émancipation.

Mais chaque geste déclenche la réaction hostile d'une partie de l'opinion : l'Assemblée du clergé de France adresse des remontrances au roi.

Il faut donc négocier avec le Parlement de Paris, mettre fin à son exil, retirer la subvention territoriale, et promettre la convocation des États généraux, pour 1792.

Quant au Parlement, il accepte d'enregistrer un édit sur l'impôt du vingtième.

Des manifestations de joie, des affrontements violents avec les gardes françaises accueillent le retour des parlementaires à Paris.

Mais leur arrangement avec le roi est jugé par les plus déterminés comme une capitulation et une lâcheté. Le Parlement à leurs yeux s'est déconsidéré.

« Il nous faut une barrière au retour des abus, dit-on. Il nous faut les États généraux. »

Et certains ajoutent : « Une assemblée nationale. »

Quant à la reine, elle s'exclame :

« Je croyais avoir épousé un roi de France, je vois mon erreur, je n'ai épousé qu'un roi d'Angleterre. »

Et à la Cour, on partage sa déception.

Le roi, désemparé, constate que personne n'est satisfait. L'agitation n'a pas cessé. La crise financière s'aggrave.

Puisqu'on a renoncé à la subvention territoriale, il faut lever des emprunts, dont l'un de 420 millions. Et le Parlement doit l'enregistrer en séance royale.

Elle a lieu le 19 novembre 1787, à Paris.

Le roi s'exprime avec fermeté :

« Je veux tenir cette séance, dit-il, pour rappeler à mon Parlement des principes dont il ne doit pas s'écarter. Ils tiennent à l'essence de la monarchie et je ne permettrai pas qu'ils soient menacés ou altérés. »

Et après avoir écouté les réponses des parlementaires, il conclut que conformément aux règles d'une séance royale, il n'y aura pas de vote :

« Il est nécessaire d'établir les emprunts portés par mon édit.

« J'ai promis les États généraux pour 1792, ma parole doit vous suffire. J'ordonne que mon édit soit enregistré. »

Il se lève, s'apprête à partir au milieu des murmures.

Tout à coup, le duc Philippe d'Orléans lance, debout, d'une voix furieuse mais hésitante :

« C'est illégal ! »

Il insiste pour qu'on spécifie que c'est du commandement du roi – son cousin – que l'édit est enregistré.

Louis, le visage empourpré par la surprise, l'émotion, bredouille :

« Cela m'est égal, vous êtes le maître. »

Puis d'une voix plus forte :

« C'est légal parce que je le veux. »

Louis est indigné par la « trahison » de Philippe d'Orléans. Et Marie-Antoinette est plus encore que Louis scandalisée par le comportement du duc d'Orléans qui semble vouloir s'imposer comme le chef des adversaires de la politique royale. Il faut sévir, insiste-t-elle.

Le roi s'y résout.

Le duc d'Orléans sera exilé dans son château de Villers-Cotterêts, et deux parlementaires qui semblent avoir agi de concert avec lui seront emprisonnés à la citadelle de Doullens.

Une députation du Parlement tentera le lendemain de faire revenir le roi sur ses décisions.

« Je ne dois compte à personne de mes résolutions, leur répond Louis XVI. Chacun est intéressé à la conservation de l'ordre public, et l'ordre public tient essentiellement au maintien de mon autorité. »

Mais la foule, à la sortie du Parlement, avait porté le duc d'Orléans en triomphe.

Et les parlementaires à Paris et en province affirmaient que « la liberté individuelle était la plus sacrée des propriétés ».

Le parlement de Rennes déclarait :

« Les abus tolérés et l'oubli des règles amènent le mépris des lois, et le mépris des lois prépare la chute des Empires. »

10.

Louis se tait. Il écoute la reine puis Loménie de Brienne qui l'exhortent à chaque séance du Conseil d'en haut à briser cette fronde parlementaire, cette vraie rébellion qui d'un bout à l'autre du royaume, au nom de la liberté individuelle, de la défense du droit, veut en fait entraver le pouvoir royal, plier l'autorité monarchique.

Il écoute Marie-Antoinette qui siège désormais au Conseil. Elle l'incite à la fermeté :

« Si on différait, on aurait moins de moyens pour conserver et maintenir l'autorité du roi. »

Louis baisse la tête. Il a le sentiment angoissant que quoi qu'il décide et fasse, il ne pourra ressaisir les rênes qui, sans qu'il sache à quel moment précis, lui ont échappé.

Peut-être était-ce en 1774, quand, peu après son accession au trône, il avait sur les conseils de Turgot annulé la réforme Maupeou.

Et maintenant, quatorze ans plus tard, le garde des Sceaux Lamoignon propose des mesures qui reprennent pour l'essentiel ce que Maupeou avait réussi à imposer.

Aujourd'hui, ce sont les parlements qui chaque jour veulent arracher un pan du pouvoir royal.

Ils viennent de déclarer les « lettres de cachet illégales, contraires au droit public et au droit naturel ». Elles violeraient « les droits du genre humain, les principes fondamentaux de la société, les plus vives lumières de la raison, les plus chers intérêts du pouvoir légitime, les maximes élémentaires de la morale et les lois du royaume ».

Évidemment, Louis va interdire aux parlements de délibérer sur ce sujet. Mais il sait que les parlementaires reprendront leurs assauts.

Et il est las, épuisé d'avoir ainsi à remonter ce rocher, qui roulera de nouveau le long de la pente.

Il se sent impuissant. Il a envie de pleurer, comme lorsqu'il lit ces lettres qu'on lui adresse et dans lesquelles on lui révèle comment la reine continue de voir le comte Axel Fersen, qu'elle logerait même au château de Versailles, et on l'invite à débusquer l'amant.

Il est face à son épouse aussi impuissant que face aux parlements, ou bien à la maladie qui frappe sa famille, le plus âgé de ses fils. Et l'une de ses filles est morte.

Mais le plus douloureux à accepter, c'est cette haine de plus en plus violente, impudente, et qui s'exprime ouvertement.

Les auteurs qui ont écrit sur les murs de Paris « Parlements à vendre, ministres à pendre, couronne à louer » semblent assurés de l'impunité.

Comme ceux qui ont accroché sur la loge de la reine au Théâtre des Italiens un écriteau : « Tremblez tyrans, votre règne va finir. »

Tyrans ?

Alors qu'on signale que les gardes françaises, les soldats d'autres unités ont reçu l'ordre de leurs officiers de ne pas réagir avec vigueur face aux émeutiers qui les assaillent.

Ils ont ainsi laissé brûler des corps de garde, et ils ont reçu sans bouger insultes, pavés, bouteilles, bûches. Et quand le maréchal Biron, qui commande les troupes à Paris, donne l'ordre de dégainer et de tirer – il y aura des morts, peut-être une cinquantaine –, le Parlement ouvre une enquête sur la violence des émeutiers et celle des forces royales. Comme si l'une valait l'autre.

Comment laisser faire ce Parlement de Paris qui le 4 mai 1788 publie une déclaration des *Lois fondamentales du royaume*, et répète qu'en matière de subsides, les États généraux doivent être consultés préalablement, qu'en somme le roi n'est que l'un des pouvoirs qui se partagent le gouvernement de l'État, et qu'il est sous le contrôle du Parlement et des États généraux ?

Louis devant de telles prétentions se sent atteint dans sa légitimité.

C'est bien une révolution qu'entreprennent les parlements.

Que veulent-ils, une « révolution d'Amérique », qui donne naissance à une Constitution ?

Louis reçoit Malesherbes qui l'invite à prendre la tête de ce mouvement qui entraîne le royaume.

« Concevez la Constitution de votre siècle, dit d'une voix pressante Malesherbes, prenez-y votre place et ne craignez pas de la fonder sur les droits du peuple. Votre nation vous voyant à la hauteur de ses vœux, n'aura plus qu'à perfectionner votre ouvrage avant de le sanctionner. C'est ainsi que vous maîtriserez un grand événement en l'accomplissant vous-même. »

Mais il entend aussi la reine, le comte d'Artois, leurs proches qui l'incitent à entreprendre une grande réforme, équivalente à celle de Maupeou, et qui réduirait les pouvoirs des parlements. Et il est lui-même intimement convaincu qu'il ne doit pas laisser les parlementaires démanteler le pouvoir royal.

« La monarchie ne serait plus qu'une aristocratie de magistrats aussi contraire aux droits et aux intérêts de la nation qu'à ceux de la souveraineté, dit-il. Je dois garantir la nation d'un pareil malheur. »

Il approuve donc la décision du garde des Sceaux Lamoignon de lancer une grande ordonnance sur l'administration de la justice.

On supprime des tribunaux, des offices au Parlement de Paris.

On crée une Cour plénière présidée par le roi.

Et, mesure propre à répondre aux désirs des esprits *éclairés*, on abolit l'« interrogatoire sur la sellette » et la « question préalable », autrement dit la torture.

« Vous venez d'entendre mes volontés », dira Louis XVI, dans un lit de justice, après avoir annoncé ces édits et la mise en vacance des parlements.

« Plus mes volontés sont modérées, plus elles seront fermement exécutées ; elles tendent toutes au bonheur de mes sujets. »

Louis n'imaginait pas le degré de révolte déjà atteint par l'opinion et la résistance qu'allaient organiser les parlementaires.

Ils crient au coup d'État.

À Paris, ils refusent de désigner aux troupes les deux parle mentaires qu'elles sont chargées d'arrêter :

« Nous sommes tous Duval d'Eprémesnil et Goislard de Monsabert », crient-ils face aux soldats.

Et ce n'est qu'après une trentaine d'heures que les deux magistrats se livreront. Une foule mêlée, composée de clercs mais surtout d'artisans, de laquais, de domestiques, d'habitants du faubourg Saint-Antoine auxquels s'ajoutent vagabonds et miséreux, applaudit les magistrats qui s'opposent aux soldats.

Une partie de la population parisienne (mais il en va de même à Pau ou à Dijon, à Rennes, à Besançon, à Toulouse ou à Grenoble), même si elle ignore les causes de l'affrontement entre les magistrats et le pouvoir royal, choisit toujours de s'opposer à lui et de plus en plus violemment.

Et les officiers, nobles, pactisent souvent avec les parlementaires, et les sous-officiers, pleins de ressentiment contre une monarchie qui leur interdit s'ils sont roturiers tout avancement, ne sont guère ardents à rétablir l'ordre.

Le pouvoir royal est ainsi paralysé, divisé : le duc d'Orléans attise l'incendie, par l'intermédiaire de ces hommes de plume qui publient articles et libelles, pamphlets.

Louis craint plus que jamais d'être impuissant devant cette montée de la révolte, du mépris et de la haine.

Il pleure, hésite. Peut-être faut-il reculer, une nouvelle fois.

Louis sent que le pouvoir est ébranlé : des provinces, la Bretagne, le Dauphiné sont au bord de l'insurrection.

Les parlementaires se rassemblent, contestent les édits royaux. Les nobles se réunissent et s'opposent au roi, le suppliant de désavouer les édits.

Les officiers tolèrent les manifestations violentes, et laissent les émeutiers assaillir leurs troupes.

Le « peuple », qui subit la hausse du prix du pain, se joint aux émeutiers.

C'est ce que rapportent au roi les intendants, eux-mêmes souvent complaisants avec les parlementaires.

À Grenoble, les parlementaires réunis illégalement déclarent que si les édits étaient maintenus, « le Dauphiné se regarderait comme entièrement dégagé de sa fidélité envers son souverain ».

« Il faut enfin apprendre aux ministres ce que peut une nation généreuse qu'ils veulent mettre aux fers. »

Le commandant de la province, le duc de Clermont-Tonnerre, transmet le 7 juin 1788 aux parlementaires les ordres d'exil qu'il a reçus.

Aussitôt la nouvelle connue, les boutiques ferment, des cortèges se forment, les quarante et une corporations de métiers se rendent au siège du parlement, les paysans et les vendeuses du marché s'agglomèrent au cortège. La population des faubourgs, des Savoyards, des montagnards, accourent.

Les soldats sont bombardés de tuiles. On leur a ordonné de ne pas faire usage de leurs armes.

Clermont-Tonnerre cède, autorise les parlementaires à se réunir au terme de cette « journée des Tuiles » qui a mis en lumière un juge royal, Mounier, et un jeune avocat, Barnave.

Quelques semaines plus tard, le 21 juillet, au château de Vizille, propriété du riche industriel Périer, représentants du tiers état, de la noblesse et du clergé, se réunissent sans autorisation royale. Ils décident de convoquer les états de la province, de réclamer la réunion des États généraux, avec doublement des députés du tiers, le vote par tête et non par ordre. Et l'admission des roturiers à tous les emplois.

L'assemblée invoque « la protection du roi, de la loi et de la nation en faveur de tous les citoyens dont on attaquera la liberté par des lettres de cachet et d'autres actes de pouvoir arbitraire ».

C'est bien dans une perspective nationale, que se placent les représentants du Dauphiné.

Et se confirment ainsi le renforcement et la présence, sur tout le territoire du royaume, de « patriotes » qui composent un « parti national ».

C'est ce qui inquiète Louis XVI et la Cour.

Aux renseignements que rapportent les « mouches » qui arpentent les rues, se promènent sous les arcades du Palais-Royal, s'installent chez le restaurateur Massé, écoutent les conversations dans les cafés, et les orateurs qui haranguent les clients au café de Foy, au café du Caveau, s'ajoute la prolifération des pamphlets. Une centaine paraissent chaque mois.

Les brochures s'entassent sur les tables des ministres et sur celles du Roi.

Des philosophes – Condorcet –, des avocats – Barnave, Danton –, des nobles – Mirabeau –, des publicistes – Brissot, l'abbé Sieyès – publient et acquièrent ou confirment leur notoriété.

Les Sentiments d'un républicain de Condorcet, et surtout *Qu'est-ce que le tiers état ?*, de Sieyès, connaissent une large diffusion.

Sieyès s'interroge :

« Qu'est-ce que le tiers état ? – Tout. – Qu'a-t-il été jusqu'à présent dans l'ordre politique ? – Rien. – Que demande-t-il ? – À devenir quelque chose. »

Camille Desmoulins, qui fut élève au collège Louis-le-Grand dans la même classe que Robespierre, est l'auteur d'un opuscule enflammé, *La France libre*.

Mirabeau édite à Aix *Le Courrier de Provence*, Volney, a Rennes, *La Sentinelle du peuple*.

Des clubs se sont constitués. Le *club de Valois* est sous l'influence du duc d'Orléans, le *club des Trente* rassemble Mirabeau, La Fayette, Talleyrand, Sieyès, le duc de La Rochefoucauld-Liancourt. *La Société des amis des Noirs*, de Brissot et de l'abbé Grégoire, fait campagne pour l'abolition de l'esclavage.

On évoque une « démocratie royale », ou une monarchie aristocratique à l'anglaise, et même la République.

Certains « enragés » rappellent qu'on ne compte que cent mille privilégiés pour vingt-cinq millions de Français.

Cette immense majorité, disent-ils, ne peut se faire entendre que lors d'États généraux. Et tous ces « patriotes » demandent l'élection des représentants aux États, qui doivent être convoqués, non pas en 1792, comme Loménie de Brienne et le roi l'ont annoncé, mais dès l'année prochaine, en 1789.

Louis, les ministres, constatent d'ailleurs qu'ils ne peuvent imposer leurs décisions.

Les parlementaires sont hostiles, l'armée divisée et rétive à maintenir l'ordre. Les impôts directs ne rentrent plus, le pain est cher, l'emploi rare, les vagabonds nombreux dans le cœur même des villes.

Le désordre s'installe : émeutes, pillages, rassemblements, et l'opinion est de plus en plus critique.

Il faut desserrer, dénouer ce garrot qui étouffe le pays, et la seule possibilité est d'accepter la convocation rapide des États généraux, dans l'espoir de rassembler autour du roi le tiers état.

« Les privilégiés ont osé résister au roi, dit Lamoignon, avant deux mois il n'y aura plus ni parlements, ni noblesse, ni clergé. »

Le roi s'inquiète, même s'il approuve, le 8 août, la convocation des États généraux pour le 1er mai 1789.

Mais la monarchie française peut-elle exister sans ordres privilégiés ?

La situation est d'autant plus périlleuse que l'État, après avoir raclé les fonds dans toutes les caisses existantes – celles des hôpitaux, des Invalides, des théâtres, des victimes de la grêle… –, est contraint, le 16 août 1788, de suspendre ses paiements pour six semaines.

C'est la banqueroute, l'affolement dans l'opinion, la confirmation qu'on ne peut plus faire confiance à ce gouvernement.

Et le roi doit accepter ce qu'il avait refusé : le rappel de Necker et le renvoi de Brienne.

Cela doit, pense-t-il, rassurer l'opinion.

« Voilà bien des années que je n'ai pas eu un instant de bonheur », dit Louis en recevant Necker.

Necker répond :

« Encore un peu de temps, Sire, et vous ne parlerez plus ainsi ; tout se terminera bien. »

Réussira-t-il ?

Necker a l'appui de la reine.

« Je tremble, dit-elle, de ce que c'est moi qui le fais revenir. Mon sort est de porter malheur ; et si des machinations infernales le font encore manquer ou qu'il fasse reculer l'autorité du roi, on m'en détestera davantage. »

Mais ordre est donné aux gardes françaises et suisses de rétablir l'ordre, en ouvrant le feu sur ces manifestants qui brûlent le mannequin de Brienne, obligent les boutiques à fermer.

On relève plusieurs morts, mais à la fin septembre, l'ordre est rétabli.

La confiance revient.

Les effets royaux à la Bourse augmentent en quelques jours de trente pour cent. Necker avance au Trésor royal, sur sa fortune personnelle, deux millions. Il obtient des avances des banquiers, des notaires, et l'État peut reprendre ses dépenses, jusqu'aux États généraux.

Mais ces « miracles » qui rendent Necker encore plus populaire n'apaisent pas les débats qui divisent l'opinion.

Ceux qu'on appelle les *aristocrates* – le comte d'Artois, plusieurs princes du sang – veulent que les États généraux se réunissent dans la forme de 1614 : pas de doublement du nombre des députés du tiers, et chaque ordre (tiers état, noblesse, clergé) siégeant dans une chambre séparée.

Les aristocrates refusent une assemblée unique : ce serait le début d'une révolution, disent-ils.

Les *patriotes* sont d'un avis opposé : ils réclament le doublement du tiers état, le vote par tête et la chambre unique.

Le 5 décembre, le Parlement accepte le doublement mais ne se prononce ni sur le vote par tête ni sur l'assemblée unique. L'opinion s'enflamme et la popularité du Parlement s'évanouit.

Devant cet avenir incertain, l'attente anxieuse du pays est immense. À tout instant, parce que la misère tenaille, le pain est toujours plus cher, si la déception succède à l'espérance, la colère peut embraser les foules.

Necker le sait, et le 27 décembre 1788, devant le Conseil d'en haut, en présence du roi et de la reine, il plaide pour le doublement du tiers, acte de justice, répète-t-il. Les souverains l'acceptent.

Et pour apaiser l'opinion, le *Résultat du Conseil* est aussitôt imprimé et répandu dans toute la France.

On peut y lire :

« Les députés aux États généraux seront au moins au nombre de mille.

« ... Le nombre des députés du tiers état sera égal à celui des deux autres ordres réunis et cette proportion sera établie par les lettres de convocation. »

L'élection se fera par bailliage et les curés pourront être députés du clergé.

Les patriotes exultent. Ce « bas clergé » des curés partage souvent les opinions du tiers état.

Dans toutes les provinces, on remercie le roi de sa décision.

Il est le « Dieu tutélaire » et Necker son « ange ».

Pourtant, il ne s'est prononcé ni sur l'assemblée unique, ni sur le vote par tête.

Mais l'espoir est grand.

On ne doute pas que la justice et la raison l'emporteront au cours de cette année électorale qui commence.

Demain, c'est 1789.

DEUXIÈME PARTIE

Janvier 1789-17 juillet 1789
« Ce peuple paraît marcher de lui-même »

« Il n'y a plus d'obéissance nulle part
et on n'est même pas sûr des troupes. »

NECKER, février 1789

11.

Louis, depuis que cette année 1789 a commencé de s'écouler, vit dans une angoisse qui le paralyse.

La mort est là, qui s'approche.

Il ne peut rien contre elle. Elle a choisi sa proie et même un roi ne peut la lui disputer.

Et cet agonisant c'est un enfant de huit ans, Louis-Joseph, le dauphin, dont la naissance avait été pour Louis une flambée de joie, l'assurance donnée par Dieu que la dynastie allait se prolonger, légitime et éternellement renouvelée.

Mais ce fils n'est plus qu'un corps souffrant, déformé.

Il a murmuré à Louis et à Marie-Antoinette que sa mort sera prochaine, qu'il attend cette délivrance, qu'il l'espère même.

Louis et Marie-Antoinette ont pleuré. Mais les larmes n'empêchent pas la mort de se saisir d'un enfant, fût-il fils de roi.

Louis voudrait se recroqueviller sur cette douleur, ce désespoir. Mais à chaque minute, il est arraché à son angoisse intime par ces événements qui se succèdent, qui font de la quinzième année de son règne une année cruciale.

Et une autre angoisse, politique, nourrie de l'angoisse intime, le saisit.

Il s'interroge : et si la mort annoncée du dauphin était le présage noir de la mort de la monarchie ?

Il tente de se persuader que son fils cadet, âgé de quatre ans, vigoureux, est désormais le successeur désigné. Mais l'aîné avait porté l'espoir.

Et il va mourir.

Pour Louis, c'est comme si un voile de deuil couvrait tout le royaume. Et que le roi était aussi impuissant que le père.

Et pourtant, il a accordé ce que l'opinion réclamait.

Les élections pour les représentants aux États généraux vont se dérouler dans tous les bailliages.

Scrutin à un tour pour la noblesse et le clergé, à deux ou trois degrés pour les paysans et dans les villes.

À Paris, un régime particulier exige que l'électeur possède soit un office ou une maîtrise, soit un grade universitaire, ou paie un impôt de capitation de six livres, ce qui limitera le nombre d'électeurs à cinquante mille sur six cent mille habitants.

On se défie de la capitale.

On a vu entrer, venant de toute l'Île-de-France, « un nombre effrayant d'hommes mal vêtus, et d'une figure sinistre », paysans affamés, chassés par la disette, vagabonds déguenillés, armés de grands bâtons.

Ils côtoient les dizaines de milliers d'ouvriers, sans emploi, jetés à la rue par la fermeture des ateliers.

Le pain est si cher qu'il dévore tout l'argent d'une famille, qui ne peut plus acheter autre chose, ni chaussures, ni vêtements, ni meubles. Et les échoppes, les ateliers périclitent.

On compte cent vingt mille indigents à Paris.

Et cette situation fait craindre des violences.

Et la disette, qui fait de Paris, en ce début d'année 1789, une ville affamée, frappe tout le pays.

L'hiver 1789, après une année de sécheresse et des averses soudaines de grêle, qui ont saccagé les récoltes, est d'une rigueur extrême : 18 degrés au-dessous de zéro au mois de janvier 1789. La Seine gèle à Paris et au Havre.

Et on manque partout de grain.

Les foules se rassemblent devant les boulangeries.

« Chaque boutique est environnée d'une foule à qui l'on distribue le pain avec la plus grande parcimonie. Ce pain est en général noirâtre, terreux, amer, donne des inflammations de la gorge et cause des douleurs d'entrailles », écrit un témoin.

Les autorités ne peuvent maîtriser la situation.

Les convois de grain sont attaqués par des bandes menées par des femmes, qui sont en tête de toutes ces manifestations qui tournent au pillage, au saccage des maisons des riches, des châteaux ou même des couvents soupçonnés de receler du grain

Necker avoue qu'il est terrorisé chaque nuit à l'idée – un cauchemar – que Paris pourrait manquer de pain pendant vingt-quatre heures. Et il imagine ce qui peut se produire, alors même que les troupes chargées de maintenir l'ordre sont elles-mêmes mal nourries.

Le pain manque aussi aux soldats, et il est aussi terreux que celui vendu si cher dans les boulangeries.

Necker ne cache pas au roi, au vu des dépêches qu'il reçoit des intendants et des subdélégués qui les assistent, « qu'il n'y a plus d'obéissance nulle part, et qu'on n'est pas même sûr des troupes ».

Les villageois forcent, ici et là, les laboureurs et les fermiers qui ont apporté des grains au marché à les vendre à bas prix.

Toutes les provinces du royaume sont touchées par cette épidémie de révolte. La Bretagne, la Normandie, le Languedoc, la Provence.

« Je renouvelle à Monsieur Necker, écrit le commandant militaire des provinces du centre, un tableau de l'affreuse situation de la Touraine et de l'Orléanais. Chaque lettre que je reçois de ces deux provinces est le détail de trois ou quatre émeutes à grand-peine contenues par les troupes et la maréchaussée. »

Des villes créent des « milices bourgeoises » pour tenter de protéger marchés, boutiques, demeures des représentants de l'autorité.

Personne n'échappe à cette colère accumulée, comme si la révolte était devenue universelle, comme l'avait été durant des siècles la résignation.

À Manosque, l'évêque qui visite le séminaire est accusé de favoriser un accapareur.

On le lapide. On lui crie :

« Nous sommes pauvres, vous êtes riche, nous voulons tout votre bien. »

Dans certaines localités, on installe une municipalité « insurrectionnelle », qui met à contribution tous les gens aisés.

C'est la faim, la disette, la peur de la famine qui sont la « poudre » de ces explosions, mais l'étincelle est politique.

La convocation des États généraux, le doublement du nombre des députés du tiers état, semblent ouvrir enfin devant les « infortunés » une brèche, dans laquelle ils ont le sentiment que le roi les invite à s'engouffrer.

On pille, on saccage les boulangeries, les domiciles des « riches », des « gros », au cri de « Vive la Liberté ! Vive le Roi ! ».

Avec effroi, Louis prend conscience de cette situation, dont la reine, le comte d'Artois, les aristocrates affirment qu'elle est provoquée par cette concession faite aux revendications du tiers état, à ce droit de vote quasi universel institué pour la désignation des représentants aux États généraux.

Ils critiquent ces assemblées électorales, où tout le monde intervient, ou l'on adopte des « cahiers de doléances », dont les modèles sont écrits à Paris, dans les clubs.

Et c'est bien le roi qui a accepté ce débat national. Et, tête baissée, Louis doit reconnaître que le règlement fixant les conditions de la campagne pour les États généraux, publié le 24 janvier, outre qu'il fixe à vingt-cinq ans l'âge auquel on peut voter, précise :

« Sa Majesté a désiré que des extrémités de son royaume et des habitations les moins connues chacun fût assuré de faire parvenir jusqu'à Elle ses vœux et ses réclamations. »

Et, voici que les sujets qui ne se rebellaient que par saccades, séparées les unes des autres dans l'espace et le temps, s'emparent dans un mouvement d'ensemble de la parole.

La campagne pour les élections aux États généraux unifie la révolte en même temps que le royaume.

Et l'idée prévaut que le roi lui-même justifie cette révolte.

Louis s'en inquiète.

Les mots qu'il a laissé prononcer par Necker, ceux qu'il a approuvés en organisant les élections, se sont transformés en pierres lancées contre les privilégiés et donc aussi contre lui.

Necker avait dit :

« Le vœu du tiers état, quand il est unanime, quand il est conforme aux principes d'équité, s'appellera toujours le vœu national. Le temps le consacrera, le jugement de l'Europe l'encouragera et le souverain ne peut que régler dans sa justice ou devancer dans sa sagesse, ce que les circonstances et les opinions doivent amener d'elles-mêmes. »

C'était accorder au tiers état un rôle éminent, exprimant « le vœu national », et donc, réduire en fait la place des ordres privilégiés !

Cela a pu apparaître comme une manœuvre habile destinée à affaiblir les aristocrates et le haut clergé hostile aux réformes.

Mais à la lueur de l'incendie allumé par les révoltes, Louis a la gorge serrée par l'angoisse, la crainte de s'être laissé entraîner trop loin.

Il lit l'article écrit dès janvier 1789 par le publiciste protestant Mallet du Pan, qui s'est réfugié en France après la révolution genevoise de 1782.

« Le débat public, écrit Mallet du Pan, a changé de face. Il ne s'agit plus que très secondairement du roi, du despotisme et de la Constitution, c'est une guerre entre le tiers état et les deux autres ordres, contre lesquels la Cour a soulevé les villes. »

Mais si le tiers état l'emporte, Louis a la conviction que son pouvoir sera réduit, peut-être même annihilé.

Et Louis s'affole quand il lit encore – et son entourage lui rapporte des informations convergentes – dans les dépêches des intendants « qu'ici c'est une espèce de guerre déclarée aux propriétaires et à la propriété ». « Dans les villes comme dans les campagnes, le peuple continue de déclarer qu'il ne veut rien payer, ni impôts, ni droits, ni dettes. »

L'analyse des événements faite par un commandant des troupes est encore plus inquiétante et accroît le désarroi de Louis.

« Ce n'est pas une émeute isolée comme d'ordinaire, écrit l'officier. Les mêmes erreurs sont répandues dans tous les esprits... Les principes donnés au peuple sont que le roi veut que tout soit égal, qu'il ne veut plus de seigneurs et d'évêques, plus de rang, point de dîmes et de droits seigneuriaux. Ainsi ces gens égarés croient user de leur droit et suivre la volonté du roi. »

Louis a le sentiment qu'on l'a utilisé, trompé, et qu'on a déformé sa pensée.

Comment, à quel moment, à quelle occasion, faire entendre ce qu'il souhaite vraiment, même s'il est écartelé entre des orientations nombreuses ?

Il veut bien que ses sujets espèrent que les États généraux vont opérer « la régénération du royaume ».

Mais il récuse l'idée selon laquelle « l'époque de la convocation des États généraux doit être celle d'un changement entier et absolu dans les conditions et dans les fortunes ».

Et comment ne serait-il pas effrayé, bouleversé, par les conséquences de ce mensonge, de cette illusion, qui est « une insurrection aussi vive que générale contre la noblesse et le clergé » ?

Louis et les aristocrates mettent en cause ces membres des clubs, des loges maçonniques, des sociétés de pensée, qui publient des centaines de pamphlets, s'agglutinent dans les cafés, les librairies.

« Chaque heure produit sa brochure, constate l'Anglais Arthur Young qui parcourt la France dans cette année 1789. Il en a paru treize aujourd'hui, seize hier et quatre-vingtdouze la semaine dernière. Dix-neuf sur vingt sont en faveur de la liberté. » « La fermentation passe toute conception », ajoute Young.

À Mirabeau, Volney, Brissot, Camille Desmoulins, s'ajoutent de nouveaux publicistes, tel Marat.

Les candidats aux États généraux s'adressent à leurs électeurs. Mirabeau lance un *Appel à la Nation provençale*, et Robespierre s'adresse à la *Nation artésienne.*

Et dans ou devant les cafés, les orateurs interpellent la foule qui se presse, ainsi sous les arcades du Palais-Royal :

« Puisque la bête est dans le piège, s'écrie Camille Desmoulins, qu'on l'assomme... Jamais plus riche proie n'aura été offerte aux vainqueurs. Quarante mille palais, hôtels, châteaux, les deux cinquièmes des biens de la France seront le prix de la valeur. Ceux qui se prétendent conquérants seront conquis à leur tour. La nation sera purgée. »

Cette violence, les *cahiers de doléances* ne l'expriment pas.

On veut la « régénération du royaume ».

On veut la justice, l'égalité, la liberté.

On respecte le roi. Mais on condamne le despotisme. On réclame une Constitution.

Plus d'intendants, de subdélégués, ces agents du despotisme, ces leveurs d'impôts !

Plus de privilèges. « La nation et le roi. »

Ces assemblées ont élu 1 139 députés : 291 du clergé (parmi lesquels 208 curés et l'évêque d'Autun Talleyrand) ; 270 de la noblesse - mais 90 sont des « libéraux » : le duc de La Rochefoucauld, La Fayette –, dont 154 militaires ! Et 578 du tiers état, dont la moitié sont avocats – ainsi Robespierre –, hommes de loi, notaires, des savants et écrivains – Bailly, Volney –, 11 sont nobles tel Mirabeau, et 3 prêtres tel Sieyès...

Parmi les nobles, au grand scandale de Louis et de Marie-Antoinette un prince du sang s'est fait élire : le duc Philippe d'Orléans.

Le roi, Necker, les aristocrates, les patriotes examinent ce millier d'élus dont la plupart sont des inconnus.

La majorité d'entre eux – si l'on ajoute aux députés du tiers les nobles libéraux et les curés – sont favorables aux réformes, influencés par les idées du parti patriote.

Mais cette majorité pourra-t-elle se manifester ?

Il faudrait que les mille cent trente-neuf députés délibèrent dans la même salle, forment une assemblée unique, et votent par « tête » et non par ordre.

Et ces hommes seront soumis au grand vent des événements, des émotions et des révoltes dans les campagnes et les rues.

Et à la fin du mois d'avril, la tempête souffle à Paris.

La ville est parcourue depuis des semaines par des bandes de pauvres, de vagabonds, d'artisans et de compagnons sans emploi.

Les « mouches » rapportent des propos inquiétants de femmes qui ne peuvent plus acheter le pain trop cher.

« Il est indigne de faire mourir de faim le pauvre, dit l'une. On devrait aller mettre le feu aux quatre coins du château de Versailles. »

Un agent du lieutenant général de police souligne que « la maréchaussée est découragée, la résolution du peuple est étonnante ; je suis effrayé de ce que j'ai vu et entendu... Le peuple affamé n'est pas loin de risquer la vie pour la vie. »

Et ce qui se passe à Paris est comme l'exacerbation de ce qui a lieu dans les provinces.

Ici, « les laquais eux-mêmes dévorent les pamphlets à la porte des palais », et « le peuple s'est follement persuadé qu'il était tout et qu'il pouvait tout, vu la prétendue volonté du roi sur l'égalité des rangs ».

Et il suffit, rue du Faubourg-Saint-Antoine, le samedi 25 avril, que la rumeur se répande que Reveillon, électeur, patriote, fabricant de papier peint a dit : « Un ouvrier ayant femme et enfant peut vivre avec quinze sous par jour », pour qu'on le brûle en effigie. On crie qu'il faut « mettre tout à feu et à sang chez lui ». Et l'on s'en prend aussi à Henriot, fabricant de salpêtre, qui aurait approuvé ce propos.

Peu importe que Reveillon soit un ancien ouvrier, qu'il donne vingt-cinq sous par jour à ses trois cent cinquante ouvriers, qu'il les paie même en période de chômage, la révolte déborde.

La foule se rassemble faubourg Saint-Antoine, faubourg Saint-Marceau.

On brise, on pille, on incendie la maison d'Henriot, parce que la maison de Reveillon est protégée.

Le mardi 28, les manifestants sont des milliers, menaçants, retenant les carrosses, insultant leurs occupants, les contraignant à crier : « Vive le tiers état ! »

Le carrosse de Philippe d'Orléans est arrêté. Le duc, acclamé, offre sa bourse, et lance :

« Allons mes amis du calme, de la paix, nous touchons au bonheur. »

Mais la maison de Reveillon est envahie, saccagée par un millier de pillards, qui détruisent et volent, sous les regards d'une foule de cent mille personnes, qui gênent les mouvements des troupes, cavaliers du Royal-Cravate, gardes françaises, gardes suisses, accueillis par des volées de tuiles, de pavés.

Les incendiaires résistent, entraînent la foule dans leurs affrontements avec les troupes, qui chargent, ouvrent le feu. On relève plusieurs centaines de blessés, et l'on dénombre près de trois cents morts, certains témoins évoquent neuf cents victimes. Et les rapports du lieutenant général de police, vingt-cinq.

En cette fin du mois d'avril 1789, à la veille de l'ouverture des États généraux, Paris est ensanglanté.

Et le dauphin va mourir.

12.

Louis voudrait oublier ce sang répandu au faubourg Saint-Antoine, ces violences qui ne cessent pas dans les provinces, et, plus que tout, le corps et le visage de son fils où la mort déjà a enfoncé ses griffes.

Il le faudrait parce que ce samedi 2 mai 1789, au château de Versailles, les députés se présentent, individuellement, en une interminable file, au roi, debout entre ses deux frères.

Mais Louis ne peut rien oublier. Et même le souvenir de ce mois de mai 1774, il y a presque jour pour jour quinze années, quand on lui annonça la mort de Louis XV, et qu'il sentit ce poids écrasant du pouvoir qu'il lui fallait supporter, et la panique qui l'avait saisi, ce sentiment d'abattement et d'impuissance, lui reviennent, si présents, si forts, si douloureux.

Car on ne peut pas remonter le cours du temps. Ce qu'il a fait ou subi, ce qu'il aurait dû faire et qu'il n'a pas eu l'audace d'entreprendre ou de poursuivre, sont devenus les traces et les traits de son règne.

Et il doit faire face à ces cinq cent soixante-dix-huit députés du tiers état, vêtus de noir, dont il devine l'impatience, la colère et l'humiliation, car voilà « trois mortelles heures » qu'ils attendent, massés derrière des barrières.

Et avant eux, s'avancent dans leurs costumes chamarrés, portant grand chapeau, les députés de la noblesse, suivis par les évêques, les cardinaux, et seuls les curés en noir rompent ce long défilé d'or et de soie, de violet et de pourpre.

Le roi les regarde ces hommes noirs s'incliner devant lui, et il ne cille pas.

Il se contente de lancer un « Bonjour bonhomme » au « père » Gérard, un député du tiers qui a revêtu son costume de paysan breton.

Il regagne épuisé ses appartements, et retrouve ses frères, la reine, leur entourage, ces aristocrates qui, chaque jour désormais, l'invitent à la fermeté.

Ils lui disent qu'il faut, le lundi 4 mai, jour de la grande procession dans les rues de Versailles, de l'église Notre-Dame jusqu'à la cathédrale Saint-Louis, puis le mardi 5 mai, salle des Menus-Plaisirs lorsqu'il s'adressera, avant le garde des Sceaux Barentin et le ministre Necker, aux députés rassemblés, affirmer l'autorité du roi.

Il invitera ces roturiers du tiers à respecter les ordres privilégiés. Et la seule manière de ne pas laisser remettre en cause l'autorité monarchique, c'est de refuser une délibération commune des trois ordres, ce qui donnerait naissance à une Assemblée nationale et à une Constitution.

Et il faut aussi ne pas céder sur la question du vote par tête.

Louis écoute. Il partage ces vues. Mais comment les imposer ?

Il se contente d'approuver d'un hochement de tête puis, en compagnie de Marie-Antoinette, il se rend au chevet de son fils.

Et le lundi 4 mai, au milieu d'une foule de badauds qui a envahi les rues de Versailles et occupe toutes les fenêtres, Louis dans son grand costume du Saint-Esprit, et la reine parée de tous ses bijoux, les membres de la famille royale, les princes du sang, se dirigent vers la cathédrale Saint-Louis.

Les députés du tiers sont loin du roi. Ceux de la noblesse et du clergé l'entourent. Et c'est le même contraste des couleurs : le noir du vêtement austère des députés du tiers, le rouge, le violet, les ors et le panache blanc de ceux du clergé et de la noblesse.

Dans la cathédrale, nobles et clercs ont leurs bancs marqués, et les députés du tiers sont sur les bas-côtés.

L'évêque de Nancy La Fare présente au roi « les hommages du clergé, les respects de la noblesse, et les humbles supplications du tiers état ».

Humiliation ! Même si l'évêque dans son sermon condamne le luxe de la Cour, invite à renoncer aux privilèges, dénonce la misère des campagnes, et prêche la patience et la soumission.

Comment oublier que durant la traversée de la ville, le tiers état a été acclamé, le roi, applaudi, mais que le duc d'Orléans défilant au milieu des députés a été ovationné ?

Et lorsque passe la reine, on lui crie « Vive le duc d'Orléans ! », puis c'est le silence qui l'accompagne.

Louis après cette procession solennelle, entouré des siens, de Necker, prépare son discours du lendemain, le corrige, le prononce plusieurs fois jusque tard dans la nuit.

Il a eu le sentiment angoissant, lors de la procession, puis à la cathédrale, qu'il vivait, avec la famille royale, peut-être leur dernière manifestation de la splendeur du rituel de l'autorité monarchique.

Et il dépend de son discours, des conséquences qu'il aura, que ce qu'il craint ne se réalise.

Et tout en étant décidé à affronter son destin, il a peur qu'il ne soit déjà tracé, et qu'un discours ne puisse pas arrêter la roue qui tourne inexorablement.

Lorsqu'il entre à une heure de l'après-midi, dans la salle des Menus-Plaisirs, ce 5 mai, accompagné de la reine qui prendra place à sa droite, et des ministres qui s'installeront derrière lui, il sait que les députés sont là depuis huit heures du matin, pour répondre à l'appel de leur nom.

Les députés du clergé et de la noblesse sont assis sur les côtés droit et gauche de l'immense salle, ceux du tiers forment une masse vive, au fond face au roi. Son trône, placé sur une estrade, est surmonté d'un dais violet aux fleurs de lys d'or.

Louis commence à lire d'une voix ferme, presque rude.

Il veut affirmer son pouvoir souverain, fixer des bornes à ce mouvement qui l'a emporté jusqu'ici, à ces députés qui en sont l'expression.

« Une inquiétude générale, un désir exagéré d'innovations, dit-il, se sont emparés des esprits et finiraient par égarer totalement les opinions, si on ne se hâtait de les fixer par une réunion d'avis sages et modérés... Les esprits sont dans l'agitation mais une assemblée de représentants de la nation n'écoutera sans doute que les conseils de la sagesse et de la prudence. »

Le discours du garde des Sceaux est à peine écouté, et celui de Necker tant attendu déçoit. Le ministre si populaire parle longtemps, sa voix s'épuise. Il fait lire la conclusion de son discours.

On applaudit, certes, on crie « Vive le roi ! », et on acclame même la reine.

Dans l'entourage du roi, on se rassure : même Necker a paru admettre l'existence des trois ordres, et ni le roi ni ses ministres n'ont fait allusion à une Assemblée unique, à une Constitution, ni naturellement au vote par tête.

Louis se tait, mais il a la certitude que rien n'est joué.

Il lui suffit de lire ce nouveau journal, dont les crieurs lancent le titre dans les rues, le *Journal des États généraux*, publié par Mirabeau, pour savoir que le tiers état ne renoncera pas à obtenir le vote par tête, et la délibération en Assemblée unique et non par ordre.

Mirabeau critique Necker, les « longueurs insupportables de son discours, ses répétitions sans nombre, ses trivialités dites avec pompe »...

Il faut faire taire Mirabeau, dit Necker, interdire ce *Journal des États généraux*. C'est fait le 7 mai. Mais Mirabeau change de titre, publie *Une lettre du Comte de Mirabeau à ses commettants*, et écrit : « Vingt-cinq millions de voix réclament la liberté de la presse et la Nation et le Roi demandent unanimement le concours de toutes les lumières et un ministre soi-disant populaire ose effrontément mettre le scellé sur nos pensées, privilégier le trafic du mensonge... Non, Messieurs ! »

Et l'on sait que pour Mirabeau, Necker n'est qu'un « charlatan, un roi de la canaille », mais comment empêcher la parution de son journal, alors que Brissot lance *Le Patriote français*, et que d'autres feuilles paraissent ?

C'est sous la surveillance des journaux que vont se dérouler les débats aux États généraux.

L'opinion publique, dont ils sont l'écho et qu'ils orientent, entre dans la salle où délibèrent les députés et elle n'en sortira plus.

On lit avec passion ces journaux, et de nombreux Parisiens font le voyage de Versailles.

Ils sont admis sans difficulté dans la salle commune des États généraux qu'on a laissée au tiers état, l'ordre qui compte le plus de députés.

Ils écoutent les leurs qui, par leur talent ou leur notoriété, s'imposent jour après jour : Mirabeau, Sieyès, Mounier, Barnave.

Parfois c'est un inconnu qui prend la parole, comme ce député d'Arras, l'avocat Maximilien Robespierre, qu'on écoute distraitement, lors de sa première intervention le 18 juin.

Les deux ordres privilégiés se sont retirés dans des salles « séparées », où ils siègent à huis clos, marquant ainsi leur volonté de refuser l'« Assemblée unique » au moment où les députés du tiers choisissent de se nommer « Communes » à l'imitation de l'Angleterre, et dans quelques jours ils se choisiront pour « doyen des Communes » l'astronome Jean Sylvain Bailly, député de Paris.

Louis observe, interroge, écoute.

La reine, le comte d'Artois – les princes – répètent que le tiers, en refusant de vérifier isolément les pouvoirs de ses membres, en demandant aux autres ordres de le rejoindre, s'est mis en état de « sédition ». Le tiers état veut briser la division en ordres.

Il appelle les députés de la noblesse et du clergé à le rejoindre. Il refuse toutes les « transactions ». Il faut donc « le réduire à l'obéissance ».

Mais comment ?

Louis mesure le danger pour le pouvoir royal.

Suffit-il de s'appuyer sur les ordres privilégiés qui, dans leurs salles séparées, ont décidé de vérifier, chacun pour soi, les pouvoirs de leurs députés ?

Mais quarante-sept nobles s'y sont opposés (contre cent quarante et une voix pour) et le clergé est profondément divisé : cent quatorze voix pour rejoindre le tiers, constituer une Assemblée unique, et une courte majorité de cent trente-trois voix pour le maintien de la séparation. Des délégations du tiers état s'en vont tenter de convaincre les « curés » de rejoindre les « Communes ».

Et ce « bas clergé » est tenté. Il ose se dresser contre les prélats : « Les curés de village s'ils n'ont pas les talents des académiciens ont du moins le bon sens des villageois », dit l'un, s'adressant à l'abbé Maury, membre de l'Académie française.

« Ici, Messeigneurs, dit un autre, nous sommes tous égaux. »

Et l'abbé Grégoire, « ami des Noirs », célèbre par son *Mémoire sur l'émancipation des Juifs*, réunit autour de lui, chaque soir, « soixante curés », patriotes.

Et Paris bouillonne, du Palais-Royal au faubourg Saint-Antoine.

Des témoins, pourtant « patriotes », s'inquiètent de la violence des propos qui sont lancés.

On réclame un « carcan sur le Pont-Neuf pour l'abbé Maury ».

On compte sur ses doigts les ennemis de la nation : « deux altesses royales, trois altesses sérénissimes, une favorite... »

Il s'agit des frères du roi, du prince de Condé, du duc de Bourbon, du prince de Conti, et de Madame de Polignac. Et naturellement, la reine est fustigée, couverte d'injures. Le libraire Nicolas Ruault[1], éditeur de Voltaire, esprit éclairé, patriote, s'inquiète : « Si la haine fermente quelque temps encore dans le peuple contre les ordres privilégiés, si l'autorité ne vient pas la calmer ou l'éteindre, il est à craindre que la partie du peuple sans propriété, que cette multitude sans existence civile, sans principes moraux et qu'il est si facile de mettre en mouvement, qui s'y met souvent d'elle-même sur les moindres propos qu'ils entendent au coin des rues et des carrefours, dans les halles et les marchés publics, ne coure de château en château, tout piller et tout détruire. J'ai déjà entendu ces menaces de la populace de Paris dans des groupes qu'on voit se multiplier chaque jour. »

Et Nicolas Ruault ajoute : « Il est fort à souhaiter que le souverain intervienne avec son autorité pour donner la paix à cette assemblée d'hommes libres... »

Mais à la fin mai, les États généraux ne sont pas encore une Assemblée unique.

---

1. *Gazette d'un Parisien sous la Révolution, lettres à son frère*, 1783-1796, Perrin, 1976.

Les trois ordres restent sur leurs positions et lorsque le roi propose des « conférences de conciliation », entre les ordres, le tiers qui craint un piège refuse.

Mirabeau a plaidé qu'en restant immobile le tiers est « formidable à ses ennemis ».

Et le roi est las, désespéré.

Tout se mêle en lui, la déception de voir son peuple se diviser et se rebeller, et chaque jour de constater que la mort envahit le corps du dauphin.

On a transporté l'enfant à Meudon, dans l'espoir qu'il y respire un air plus pur qu'à Versailles.

Louis se rend quotidiennement à son chevet, et c'est comme s'il avait devant lui, devant son fils mourant, la preuve de son impuissance.

Le dauphin meurt le 4 juin.

Selon l'étiquette, les souverains ne peuvent accompagner leur fils jusqu'à Saint-Denis.

Ils s'installent à Marly, terrassés par le chagrin, désireux de se recueillir.

Mais Louis ne peut ignorer les événements.

Les troubles continuent. On pille des greniers à blé.

Le comte d'Artois, la reine, leurs proches, harcèlent le roi quand ils apprennent que le 17 juin, sur la proposition de l'abbé Sieyès, les Communes du tiers état se constituent en Assemblée nationale.

Cette Assemblée nationale vota aussitôt un décret, assurant *provisoirement* la perception des impôts et le service de la dette publique.

Provisoirement : c'est-à-dire que l'Assemblée menace d'une « grève des impôts », si le roi et les ordres privilégiés refusent de reconnaître cette Assemblée nationale.

Provisoirement : jusqu'à ce que l'Assemblée nationale ait élaboré une Constitution.

Chaque député du tiers se sent porté par cette houle qui balaie le pays.

« Le tiers a pour lui le droit et la force des choses », dit l'abbé Sieyès.

13.

« Assemblée nationale ».

Louis répète ces mots, relit ces récits, ces pamphlets qu'on pose devant lui, et il a l'impression d'être saisi par le vertige comme s'il se trouvait au bord d'un abîme, qu'il était prêt à y être précipité, et il ne peut s'empêcher d'osciller, d'avant en arrière, comme si son corps voulait exprimer l'hésitation et en même temps la frayeur qui ont fondu sur lui.

Les députés du tiers, ces roturiers, ont osé le défier, alors qu'ils n'existent que par lui, qui a bien voulu organiser les élections, réunir les États généraux.

Ses frères, la reine, les princes du sang, les aristocrates, ceux que le peuple appelle les *aristocranes*, exigent qu'on brise ces rebelles, qu'on dissolve même les États généraux.

Le garde des Sceaux Barentin insiste pour que le roi oblige le tiers état à se soumettre :

« Pourquoi tant de complaisance, tant de considération ? dit Barentin au Conseil royal réuni le 19 juin. Il faut du nerf et du caractère, ne pas sévir c'est dégrader la dignité du trône, opposer la modération à l'injure, la faiblesse à la violence, c'est autoriser la violence. »

Louis partage ce sentiment, mais il écoute Necker, qui propose un plan de réformes : le vote par tête, l'égalité devant l'impôt, l'admissibilité de tous les Français aux fonctions publiques, la création d'une Chambre haute, le pouvoir exécutif confié au roi avec droit de veto...

C'est capituler, disent les frères du roi, la reine, le garde des Sceaux.

Louis se tait.

Ont-ils tous oublié que l'ancien garde des Sceaux Lamoignon s'est brûlé la cervelle dans le parc de sa demeure ?

Ne savent-ils pas que dans les rues de Versailles, des bandes venues de Paris pourchassent les députés de la noblesse et du clergé hostiles à la « réunion » avec ceux du tiers ?

L'archevêque de Paris a été poursuivi à coups de pierres. On lui a jeté de la boue, on a injurié l'abbé Maury. On les a insultés en les qualifiant d'*aristocranes.*

À Paris, au Palais-Royal, un orateur a proposé de « brûler la maison de Monsieur d'Esprémesnil, sa femme, ses enfants, son mobilier et sa personne », parce qu'il est hostile à la réunion avec le tiers.

La foule a piétiné, battu, fouetté, tous ceux qui osaient ne pas crier « Vive le tiers état ! », « Vive l'Assemblée nationale ! ».

Une femme qui a proféré des « injures au buste de Necker, a été troussée, frappée jusqu'au sang par les poissardes », dit un espion de police.

On s'en prend aux « uniformes suspects ». Dès que paraît un hussard, on crie : « Voilà Polichinelle, et les tailleurs de pierre le lapident. Hier au soir, deux officiers de hussards, MM. de Sombreuil et de Polignac sont venus au Palais-Royal, on leur a jeté des chaises, et ils auraient été assommés, s'ils n'avaient pris la fuite... »

Et lorsqu'un espion de police a été démasqué : « On l'a baigné dans le bassin, on l'a forcé comme on force un cerf, on l'a harassé, on lui jetait des pierres, on lui donnait des coups de canne, on lui a mis un œil hors de l'orbite, enfin malgré ses prières et qu'il criait merci on l'a jeté une seconde fois dans le bassin. Son supplice a duré depuis midi jusqu'à cinq heures et demie et il y avait bien dix mille bourreaux. »

Parmi cette foule, des gardes françaises, qu'on entoure, qui crient « Vive le tiers état ! ».

« Tous les patriotes s'accrochent à eux. »

Ils ont quitté leurs casernes bien qu'ils y aient été consignés. Le Palais-Royal est un lieu qu'ils ont l'habitude de fréquenter. C'est le rendez-vous des filles, et maintenant celui des patriotes.

« On leur paie des glaces, du vin. On les débauche à la barbe de leurs officiers. »

Que faire, s'interroge Louis, quand on ne dispose plus de la force ?

Quand l'Assemblée du tiers, cette Assemblée qui se veut nationale, délibère de l'aveu même de Bailly, son doyen, sous la surveillance de plus de 600 « spectateurs » qui votent les motions comme des élus, applaudissent, contestent, menacent les quelques rares députés du tiers qui n'ont pas rallié la majorité. Leurs noms sont relevés et la foule les attend à la sortie de la salle.

Que faire ?

Ce 9 juin, Louis ne se prononce pas sur les propositions de Necker.

Mais l'abîme est là devant lui, qui l'effraie et le fascine.

Il apprend que le clergé, par cent quarante-neuf voix contre cent trente-sept, a décidé de rallier le tiers état.

Certains prélats ont donc rejoint les curés qui, avaient-ils dit, « précédés du flambeau de la raison, conduits par l'amour du bien public et le cri de notre conscience, venons nous placer avec nos concitoyens et nos frères ».

Les députés du tiers et ceux du clergé se sont embrassés en pleurant, et la foule crie « Vive les bons évêques ! ».

L'ordre de la noblesse, au contraire, maintient son refus de la réunion.

Les princes du sang royal, la reine, les frères du roi ne cessent de l'inciter à défendre « sa » noblesse qui lui reste fidèle.

Louis voit ce gouffre devant lui, où tout son monde peut s'engloutir.

Il entend ses proches, au Conseil royal du 20 juin, dire que les réformes de Necker vont « ébranler les lois fondamentales de l'État ».

La reine insiste pour que le roi mette fin à cette « révolte ».

Et Louis en convient. Il ne peut pas accepter que la monarchie dont il a hérité sombre.

Qu'on agisse, murmure-t-il, qu'on fasse un premier pas, qu'on donne un signe. Et il ajoute qu'il faut être mesuré et sage.

Il a choisi de faire fermer la grande salle commune aux États généraux où se réunissent les députés du tiers.

Il attend, angoissé, leurs réactions.

Ils trouvent les portes closes, puisque, leur dit-on, les huissiers doivent aménager la salle, pour une séance générale – séance royale pour les trois ordres – prévue pour le 23 juin.

On a, autour du roi, où tout le monde est pour la fermeté et pour la noblesse, critiqué à mots couverts cette mesure équivoque, qui n'ose pas s'avouer pour ce qu'elle est, une tentative d'empêcher l'Assemblée nationale de délibérer.

Le désarroi est grand parmi les députés.

Ils n'osent forcer les portes.

L'un d'eux crie : « Au jeu de paume. »

La salle est proche. On l'occupe. On entoure Bailly.

Sieyès propose de se transporter à Paris. L'émotion est extrême ; le roi, dit-on, prépare un coup d'État contre l'Assemblée.

Il faut avertir le peuple, lancent certains.

Mounier, le député de Grenoble, invite à prêter serment « de ne jamais se séparer et de se rassembler partout où les circonstances l'exigeraient, jusqu'à ce que la Constitution fût établie et affermie sur des fondements solides ».

Dans la salle, c'est l'enthousiasme. On acclame Bailly. On prête serment. On signe à l'unanimité moins une voix, celle du député Martin d'Auch.

On le dénonce au peuple, « attroupé à l'entrée de la salle, et il est obligé de se sauver par une porte dérobée pour éviter d'être mis en pièces ».

Les députés se dispersent dans Versailles, répandent la nouvelle du « coup d'État royal » et du « serment du Jeu de paume ». On les acclame. On se rend à Paris au Palais-Royal.

On insulte les aristocrates, la reine et les princes.

Devant Louis, l'abîme s'est élargi et creusé.

Ses frères et la reine, le garde des Sceaux répètent qu'on ne peut reculer, qu'il faut relever le défi lancé par les députés du tiers état.

Le comte d'Artois fera fermer, demain, la salle du Jeu de paume, au prétexte qu'il doit y jouer sa partie.

Et Louis, d'une voix sourde, annonce au Conseil royal du 21 juin qu'il rejette le plan proposé par Necker, et que la séance royale se tiendra le 23 juin.

Il se redresse, dit fermement qu'elle sera un lit de justice, et qu'il imposera sa volonté.

Et l'inquiétude qui le tenaille est plus douloureuse encore.

Il apprend le 22 juin que l'Assemblée s'est réunie à l'église Saint-Louis dont le curé a ouvert les portes « à la nation ».

Et cent quarante-huit membres du clergé et deux nobles ont rejoint l'Assemblée.

La séance royale du 23 juin s'annonce décisive. Il ne peut pas y renoncer, malgré les propos de Necker, qui refuse d'y participer.

« Elle irritera la nation au lieu de la mettre pour soi », dit le directeur général des Finances.

La grande salle est gardée par de nombreux soldats lorsque les députés y pénètrent, appelés par ordre.

Et le comte d'Artois regarde avec arrogance ces élus du tiers état que la pluie a trempés.

Le roi, aux côtés de son frère, paraît triste et morne.

Mais quand il se met à parler, sa voix, d'abord « tremblante et altérée », se durcit, autoritaire, lorsqu'il déclare que les délibérations tenues par le tiers état, qui prétend être une Assemblée nationale, sont « nulles, illégales, inconstitutionnelles ».

Il avait dit à une députation de la noblesse :

« Je ne permettrai jamais qu'on altère l'autorité qui m'est confiée. »

Et devant les trois ordres, il reste fidèle à cette promesse même s'il consent à l'égalité devant l'impôt, à la liberté individuelle, à la liberté de la presse, à la création d'états provinciaux.

Il accepte le vote par tête mais préserve le vote par ordre quand il est question des « droits antiques et constitutionnels des trois ordres ».

Quant à l'égalité fiscale, il s'en remet « à la volonté généreuse des deux premiers ordres ».

Donc point d'Assemblée nationale, point de Constitution.

Et le roi menace :

« Si vous m'abandonniez dans une si belle entreprise, seul je ferai le bonheur de mes peuples. »

Est-ce l'annonce de la dissolution des États généraux ?

« Je vous ordonne de vous séparer tout de suite et de vous rendre demain matin, chacun, dans vos salles affectées à votre ordre pour y reprendre vos délibérations. »

Le roi se lève, sort. Les fanfares jouent cependant qu'il monte dans son carrosse.

Toute la noblesse le suit, et la majorité l'imite.

Reste la masse noire du tiers état, silencieuse.

Le destin hésite, et Louis ne l'ignore pas.

Le grand maître des cérémonies, le marquis de Dreux-Brézé, s'avance, superbe dans son costume chamarré :

« Sa Majesté, dit-il, prie les députés du tiers de se retirer. »

Un piquet de gardes françaises et de gardes suisses l'a accompagné jusqu'à la porte. On voit luire leurs baïonnettes.

Bailly, pâle, répond que « l'Assemblée en allait délibérer, mais que la nation assemblée ne peut recevoir d'ordres ».

Mirabeau s'approche, tel un lutteur qui va agripper son adversaire :

« Monsieur, lance-t-il, allez dire à votre Maître qu'il n'y a que les baïonnettes qui puissent nous faire sortir d'ici. »

C'est l'épreuve de force.

« Le roi et la reine ressentent une frayeur mortelle, avait noté la veille l'Américain Morris. J'en tire la conclusion qu'on va encore reculer. »

Louis écoute Dreux-Brézé qui raconte d'abord qu'il a dû traverser la cour du palais pour se rendre auprès du roi. Il a vu et entendu la foule, anxieuse, mais déterminée, acclamant le tiers état, et Necker qui annonce qu'il ne démissionnera pas.

La foule a crié : « Monsieur Necker, notre père. Ne nous abandonnez pas. »

« Non, non mes amis, je resterai avec vous », a répondu le ministre.

« La populace qui se permet tout, exige qu'on illumine la ville en l'honneur de cet événement. »

Puis Dreux-Brézé rapporte les propos de Bailly et Mirabeau.

Le roi baisse la tête, bougonne.

« Ils veulent rester, eh bien foutre, qu'ils restent. »

Il est épuisé.

Que peut-il faire puisque « les gardes françaises ont assuré qu'elles étaient tiers état, et ne tireraient que sur les nobles et les ecclésiastiques ; les officiers ne sont plus les maîtres, l'un d'eux a reçu un soufflet d'un soldat ».

Le tiers état reprend donc ses délibérations.

Le 24 juin, la majorité des membres du clergé le rejoint.

Le lendemain, quarante-sept nobles les imitent, et parmi eux Philippe, duc d'Orléans.

On pleure, on s'embrasse, on acclame le cousin du roi, bon patriote.

La réunion du tiers état, du clergé et de ces nobles apparaît être de plus en plus l'Assemblée nationale.

Et le défi qui est lancé au roi est redoublé.

Alors même que le souverain sort affaibli de l'échec de sa première tentative de coup de force.

Que faire ?

Demander à trois régiments d'infanterie et trois régiments de cavalerie de quitter les frontières et de se diriger vers Paris, où ils devront arriver au plus tard le 13 juillet. Et dans l'attente, dissimuler ses intentions.

Louis donne l'ordre à son « fidèle clergé et à sa fidèle noblesse » de se réunir à l'assemblée du tiers état.

On illumine à Versailles, au Palais-Royal.

« La révolution est finie », écrit-on.

Mirabeau, devant l'Assemblée, déclare :

« L'histoire n'a trop souvent raconté les actions que de bêtes féroces, parmi lesquelles on distingue de loin en loin des héros. Il nous est permis d'espérer que nous commençons l'histoire des hommes. »

14.

Comme Mirabeau, Louis voudrait « espérer ».

Et durant quelques instants, il a cru en effet que le peuple satisfait allait se rassembler autour de lui.

Ce soir du 27 juin, la foule réunie dans la cour du château de Versailles a crié « Vive le roi ! », « Vive le tiers état ! », « Vive l'Assemblée ! », et Louis a décidé de s'avancer en compagnie de la reine, sur le balcon.

Il a vu cette foule joyeuse, qui le remerciait d'avoir invité le clergé et la noblesse à se réunir au tiers état, et Louis a été ému aux larmes, embrassant la reine qui pleurait aussi. Et la foule les a acclamés.

Puis Louis est rentré dans le palais et il a été aussitôt entouré par ses proches. La reine a cessé de pleurer et, comme le comte d'Artois et le comte de Provence, elle adjure le roi de rassembler de nouvelles troupes autour de Versailles, et de Paris.

Foulon de Doué, chargé d'approvisionner ces troupes qui arrivent de Metz, de Nancy, de Montmédy, et qui représenteront bientôt trente mille hommes, rapporte que leur présence est d'autant plus nécessaire que les gardes françaises n'obéissent plus aux ordres.

Des compagnies se rebellent, se mêlent au peuple, crient .

« Nous sommes les soldats de la nation, Vive le tiers état ! »

Certains ajoutent :

« Les troupes sont à la nation qui les paie et non au roi qui voudrait les commander. »

Et quand les soldats rentrent dans leur casernement, ils lancent à la foule : « Soyez tranquilles, faites ce qu'il vous plaira ! »

Louis n'a même plus, en écoutant ses frères, la reine, Foulon, le souvenir de ce bref moment d'espoir qu'il a vécu.

Les dépêches qui se succèdent en ce début du mois de juillet sont inquiétantes.

Paris, écrasé par une chaleur extrême, bouillonne. Au Palais-Royal, à toutes les portes de la ville, dans les faubourgs on se rassemble, on manifeste, on roue de coups tous ceux qui refusent d'acclamer le tiers état.

Le duc du Châtelet, colonel commandant des gardes françaises, a fait enfermer dans la prison de l'Abbaye onze soldats, qui ont tenu des propos séditieux, refusé d'obéir.

Et aussitôt plusieurs centaines de personnes ont encerclé l'Abbaye, brisé à coups de pique et de marteau les portes de la prison, libéré non seulement les onze gardes françaises mais tous les autres militaires prisonniers. Les dragons, les cavaliers, les hussards qu'on a envoyés à l'Abbaye pour disperser la foule ont refusé de charger, ont rengainé leurs sabres, ont trinqué avec le peuple, qui criait « À la santé du roi et du tiers état ».

Ils ont répondu en lançant : « Vive la nation ! »

Les dragons disent à l'officier qui les conduit à Versailles : « Nous vous obéissons mais quand nous serons arrivés, annoncez aux ministres que si l'on nous commande la moindre violence contre nos concitoyens, le premier coup de feu sera pour vous. »

Ces soldats comme le peuple se défient des régiments étrangers.

À Versailles, des gardes françaises et des hommes du peuple ont écharpé des hussards parlant allemand au cri de :

« Assommons ces polichinelles, qu'il n'en reste pas un ici. »

On s'indigne en apprenant que le Conseil de guerre suisse a fait pendre deux gardes suisses qui avaient manifesté leur sympathie pour les sentiments patriotiques français.

On constate des désertions parmi les troupes qui ont établi leur camp au Champ-de-Mars.

Et au Palais-Royal, on note la présence aux côtés des gardes françaises d'artilleurs eux aussi acclamés par les femmes, des ouvriers.

Un sergent a lu une « adresse au public » dans laquelle il l'assurait « qu'il n'avait rien à craindre des troupes nationales, que jamais la baïonnette et le fusil ne serviraient à répandre le sang des Français, de leurs frères et de leurs amis ».

Louis après avoir lu ces dépêches a l'impression que son corps est une masse lourde qui l'écrase.

Comme pour l'accabler, on lui a rapporté ces conclusions d'un libraire parisien qui, le 8 juillet, a écrit à son frère :

« On avait cru jusqu'ici que la révolution se ferait sans effusion de sang, mais aujourd'hui on s'attend à quelques coups de violence de la part de la Cour : ces préparatifs, tout cet appareil militaire l'indiquent. On y ripostera sans doute avec autant et encore plus de violence. »

Mais comment éviter cet affrontement, alors que Louis veut préserver l'ordre monarchique qu'on lui a transmis et dont il est le garant ?

Or cet ordre est dans tout le royaume remis en cause.

Les émeutes, les pillages continuent de se produire dans toutes les provinces, en ce début du mois de juillet d'une chaleur qui augmente jour après jour, et avec elle la nervosité, l'inquiétude, la colère contre le prix élevé du pain, sa rareté, contre les menaces que la « cabale » des *aristocranes* ferait peser sur le tiers état.

On a faim. On a peur.

On craint l'arrivée de nouveaux régiments étrangers. Ils prendraient position sur les collines dominant Paris, prêts à bombarder les quartiers de la capitale, le Palais-Royal, les faubourgs.

On assure que le roi est entre les mains de la « cabale », dont le comte d'Artois et la reine sont les animateurs, avec certains ministres, et Foulon qui aurait déclaré, évoquant les plaintes des Parisiens et des paysans : « Ils ne valent pas mieux que mes chevaux et s'ils n'ont pas de pain, qu'ils mangent du foin. »

Louis n'ignore pas ces rumeurs et ces peurs qui troublent le pays, et le dressent contre la monarchie.

Mais le roi ne peut croire que ce peuple qui lui a si souvent manifesté son affection, et le 27 juin encore, soit profondément atteint par cette « fermentation », cette « gangrène » des esprits.

Il faut que le roi lui montre sa détermination. Et Louis approuve les propositions de ses frères et de la reine.

Il doit d'abord ressaisir le glaive, concentrer les troupes étrangères autour de la capitale, afin qu'elles puissent intervenir si nécessaire.

Et briser cette Assemblée nationale qui, le 9 juillet, s'est proclamée Assemblée constituante, et qui la veille a voté une proposition de Mirabeau, demandant au roi d'éloigner les troupes étrangères de la capitale et de Versailles.

Il faut dissimuler ses intentions, répondre que ces régiments suisses et allemands sont là pour protéger l'Assemblée, qu'on pourrait d'ailleurs transférer à Noyon ou à Soissons, où elle serait à l'abri des bandes qui troublent l'ordre à Paris et à Versailles.

Louis ment, mais, pense-t-il, il en a le droit puisqu'il s'agit du bien du royaume dont Dieu lui a confié la charge.

Le moment est proche où le roi abattra sa carte maîtresse : le renvoi de Necker qui sera remplacé par le baron de Breteuil, l'armée étant confiée au duc de Broglie, vieux maréchal de la guerre de Sept Ans, qui sera ministre de la Guerre.

Lors du Conseil des dépêches du samedi 11 juillet, Louis ne révèle rien de ses intentions.

Mais le Conseil clos, il charge le ministre de la Marine, le comte de La Luzerne, de porter à Necker l'ordre de sa démission.

Lettre tranchante demandant à Necker de quitter le royaume. Louis imagine bien en effet que la démission de celui que la foule appelle « notre père » provoquera des troubles.

Mais il ne peut pas penser avec précision au-delà de sa décision.

Il n'est pas capable de prévoir les mesures à prendre.

Ces jours d'angoisse et de choix l'ont épuisé.

L'un des ministres renvoyés avec Necker, le comte de Saint-Priest, notera :

« Le roi était dans une anxiété d'esprit qu'il déguisa en affectant plus de sommeil qu'à l'ordinaire, car il faut savoir qu'il s'endormait fréquemment pendant la tenue des Conseils, et ronflait à grand bruit. »

Le lendemain, dimanche 12 juillet 1789, Paris et la France vont réveiller brutalement le roi Louis XVI.

15.

Dimanche 12 juillet-Lundi 13 juillet

Louis, à Versailles, et les députés aux États généraux sont encore ensommeillés quand ce dimanche 12 juillet 1789, la nouvelle du renvoi de Necker se répand dans Paris.

Il est autour de neuf heures.

La foule est déjà dans la rue, parce que la chaleur stagne dans les soupentes, dans les logis surpeuplés, et les vagabonds, les indigents et les paysans réfugiés dans la ville ont dormi à la belle étoile. Et puis c'est dimanche, le jour où l'on traîne, du Palais-Royal aux Tuileries, des portes de Paris au faubourg Saint-Antoine.

On a chaud. On a soif. On parle fort. On boit dans les estaminets. Et tout à coup, cette rumeur qui court : Necker, le « père du peuple », a été chassé par les aristocrates, la reine, le comte d'Artois, cette cabale qui gouverne le roi.

Ils veulent donc étouffer le peuple, le massacrer, dissoudre l'Assemblée nationale.

Ils vont donner l'ordre aux régiments étrangers qui campent au Champ-de-Mars et sur les collines de tirer sur le peuple, de bombarder la ville comme on le craint depuis près de dix jours.

On avait raison. Ils ont trahi le peuple.

À la fin de la matinée, on se presse au Palais-Royal, place Louis-XV, aux Tuileries.

Des bandes d'« infortunés », de déguenillés dont les visages et les propos attirent et effraient, parcourent les rues.

Au Palais-Royal, vers midi, un homme jeune, un avocat, un journaliste, bondit sur une chaise, lève le bras, commence à parler d'une voix enflammée.

On répète son nom, Camille Desmoulins.

Ils sont plus de dix mille à l'écouter.

Depuis plusieurs heures déjà cette foule s'échauffe, brandit les poings, des piques, ces faux dont on a redressé la lame.

On a fustigé ce comte d'Artois pour qui Necker, aurait-il dit, n'est qu'« un foutu bougre d'étranger ».

Et des agents soldés du duc d'Orléans ont répété dans la foule que ce sont les « abominables conseillers du roi qui ont obtenu le renvoi de Necker ».

Ils veulent « purger » la ville.

Et Desmoulins lance :

« Aux armes ! Pas un moment à perdre ! J'arrive de Versailles : le renvoi de Necker est le tocsin d'une Saint-Barthélemy des patriotes. Ce soir, tous les bataillons suisses et allemands sortiront du Champ-de-Mars pour nous égorger ! Il ne nous reste qu'une ressource, c'est de courir aux armes ! »

« Aux armes ! » reprend-on.

Camille Desmoulins arrache des feuilles de marronnier, les accroche à son chapeau.

Cette cocarde verte sera le signe de ralliement de tous ceux qui veulent empêcher le massacre des patriotes.

« Aux armes ! Aux armes ! » crie-t-on en s'élançant.

On se rend au cabinet de cire de Curtius. On lui emprunte les bustes de Necker et du duc d'Orléans. Un cortège se forme, d'hommes et de femmes qui arborent la cocarde verte et se dirigent vers les Tuileries.

Place Vendôme, ils lapident un détachement du Royal-Allemand qu'ils refoulent, et, en brandissant les deux bustes, en criant « Aux armes ! », ils arrivent place Louis-XV.

Le cortège s'arrête, face à des dragons du Royal-Allemand, commandés par le prince de Lambesc.

Les cavaliers commencent à avancer vers la foule qui hésite, reflue vers les terrasses des Tuileries, trouve là des pierres, des blocs déposés en vue de la construction d'un pont sur la Seine.

On s'abrite, on lance des cailloux sur les dragons.

Lambesc charge, blesse d'un coup de sabre un vieillard.

Fureur, rage contre « le sanguinaire Lambesc ». On résiste aux charges.

On pousse des cris de joie quand les gardes françaises arrivent place Louis-XV et tirent sur les dragons.

Un dragon est renversé, fait prisonnier, malmené.

Lambesc hésite, craint qu'on ne relève le pont tournant, l'empêchant ainsi de reculer, de passer sur la rive gauche.

Il se dégage, en chargeant, puis évacue la place.

On exulte. On crie qu'il faut se saisir du prince de Lambesc, qu'il faut « l'écarteler sur-le-champ ».

On retourne au Palais-Royal. On pille les armureries, on bouscule, frappe les passants qui n'arborent pas la cocarde verte.

On s'arrête devant les guinguettes, les estaminets, les cabarets.

On raconte « la bataille » contre le Royal-Allemand. Les victimes (un blessé !) dans les récits se multiplient, font naître l'effroi et la fureur. Et quand on voit surgir des cavaliers du Royal-Allemand qui patrouillent dans les faubourgs et le long des boulevards, les gardes françaises présents dans les cortèges les attaquent, les tuent.

À Versailles aussi le peuple est dans la rue, et les députés protestent contre le renvoi de Necker.

Il « fallait en châtier les auteurs », « de quelque état qu'ils puissent être », dit l'abbé Grégoire, et l'archevêque de Vienne lui-même, au nom de l'Assemblée, déclare au roi « que l'Assemblée ne cesserait de regretter l'ancien ministre et qu'elle n'aurait jamais confiance dans les nouveaux ».

Louis répond avec une fermeté qui surprend le prélat.

« C'est à moi seul, dit-il, à juger de la nécessité des mesures à prendre. Et je ne puis à cet égard apporter aucun changement. »

Quant à la présence de troupes dans Paris, il ajoute :

« L'étendue de la capitale ne permet pas qu'elle se garde elle-même. »

Louis a appris que, commandés par le baron de Besenval, les régiments suisses ont quitté le Champ-de-Mars, et, après un long détour par le pont de Sèvres, atteint les Champs-Élysées. Ils n'ont pas rencontré de manifestants et ont regagné leurs campements.

Louis peut s'abandonner à ce sommeil qui l'envahit.

Mais Paris ne dort pas.

« Toutes les barrières depuis le faubourg Saint-Antoine jusqu'au faubourg Saint-Honoré, outre celles des faubourgs Saint-Marcel et Saint-Jacques, sont forcées et incendiées » dans la nuit du 12 au 13 juillet. Les émeutiers espèrent que la destruction des octrois fera baisser le prix du grain et du pain, qui est à son niveau le plus élevé du siècle.

La ville est ainsi « ouverte », et « la multitude y entre » dès le début de la matinée du lundi 13 juillet.

Les hommes (des « brigands », disent les bourgeois qui se sont calfeutrés chez eux) armés de piques et de bâtons pillent les maisons, crient qu'ils veulent « des armes et du pain ».

Ils dévalisent les boulangeries, les marchands de vin, dévastent le couvent de Saint-Lazare, brisent la bibliothèque, les armoires, les tableaux, le cabinet de physique et dans les caves défoncent les tonneaux, trouvent du grain dans les réserves. Ils obligent les passants à boire.

On découvrira dans les caves du couvent une trentaine de pillards, noyés dans le vin.

Les « bourgeois » – qui furent les électeurs aux États généraux – veulent faire cesser ce pillage, craignent le désordre, la destruction de tous les biens.

Ils se réunissent, décident de créer une garde nationale, milice bourgeoise de 48 000 hommes qui défendra Paris contre les pillards, les brigands et les régiments étrangers.

Le prévôt des marchands Flesselles est désigné pour présider une Assemblée générale de la Commune.

Il faut des armes pour la milice. « Paris, dit Bailly qui sera maire de la ville, court le risque d'être pillé. » « En pleine rue, des créatures arrachaient aux femmes leurs boucles d'oreilles et de souliers. »

La milice s'organise, se donne une cocarde aux couleurs de Paris, rouge et bleu.

On achète aux « vagabonds les armes dont ils se sont emparés ». On arrête et même on pend quelques brigands. Mais au même moment, la foule brise les portes des prisons, libère ceux qui sont détenus pour « dettes, querelles, faits de police… elle y laisse les prévenus de vol, de meurtres et autres crimes ».

Et des gardes françaises livrent leurs armes au peuple, puis défilent, boivent avec lui « le vin qu'on leur verse aux portes des cabarets ».

Un témoin, le libraire Ruault, note :

« Aucun chef ne se montre dans ce mouvement tumultueux. Ce peuple paraît marcher de lui-même. Il est gai, il rit aux éclats, il chante, il crie "Vive la nation !". Et il engage nombre de spectateurs à devenir acteurs avec lui dans le reste de la scène. »

Mais la crainte des pillages, des brigands, de l'attaque des régiments étrangers est de plus en plus forte.

Les représentants des « électeurs parisiens », en cette fin de journée du lundi 13 juillet, s'en vont aux Invalides demander au gouverneur qu'il leur livre les armes de guerre, plusieurs dizaines de milliers de fusils, conservées dans le bâtiment. Il refuse.

Mais le peuple a déjà acquis l'habitude de prendre ce qu'on ne lui donne pas.

16.

Nous voulons :

C'est le cri qui a traversé la nuit brûlante du 13 au 14 juillet 1789.

Et dans l'aube déjà étouffante, des bandes parcourent les rues. Les hommes sont armés de broches, de piques, de fusils. Certains sont « presque nus ». « Vile populace », murmurent les bourgeois.

Des groupes se forment devant les portes des maisons cossues, celles d'ennemis de la nation et donc du tiers état.

Des hommes exigent qu'on leur ouvre les portes :

« On veut à boire, à manger, de l'argent, des armes. »

Dans la nuit, ils ont pillé le garde-meuble où sont entreposées des armes et des armures de collection. Ils brandissent des sabres, des coutelas, des lances.

Mais ce sont des armes de guerre qu'ils veulent.

« Des armes, des armes, nous voulons des armes », crient-ils devant les Invalides.

Ils sont près de cinquante mille, qui ne se soucient guère des canons qui menacent mais qui sont servis par des invalides, et ceux-ci ne voudront pas tirer sur le peuple !

La foule piétine devant les fossés qui entourent les bâtiments.

Des hommes apparaissent, portant au sommet d'une pique la tête tranchée au coutelas de Flesselles, le prévôt des marchands, président de l'Assemblée des électeurs parisiens, qu'on accuse d'avoir trompé le peuple, en l'envoyant chercher des armes là où elles ne sont pas, à l'Arsenal, aux Chartreux, aux Quinze-Vingts.

On s'y est précipité, on n'a rien trouvé, on a arraché Flesselles à son fauteuil.

« Vous voilà donc, Monsieur le Prévôt, toujours traître à la patrie ! »

On l'a tué d'un coup de pistolet, puis on lui a coupé la tête, et elle dodeline, sanglante, au bout d'une pique.

« Nous voulons des armes ! »

On entend ce cri, au Champ-de-Mars, où sont rassemblés des régiments d'infanterie, de cavalerie, d'artillerie, suisses pour la plupart, commandés par le général baron de Besenval, suisse lui aussi.

Il attend des ordres, hésite, consulte ses chefs de corps : les soldats sont-ils prêts à tirer sur les émeutiers ? Tous répondent par la négative. Et le général baron de Besenval choisit de ne pas faire marcher ses troupes vers les Invalides.

Il se demande s'il ne vient pas de décider du sort de cette journée.

« Des armes, des armes. »

La foule escalade les fossés, défonce les grilles, se précipite dans les caves, guidée par des invalides qui éclairent avec des torches les fusils entassés, dont on s'empare, qu'on se passe de main en main.

On traîne douze pièces de canon, un mortier.

On brandit les fusils.

« Nous voulons de la poudre et des balles », crie-t-on maintenant.

Il y en aurait à la Bastille, la vieille forteresse où le roi enterre sur une simple lettre de cachet ceux qui lui déplaisent.

« À la Bastille ! »

Et ce n'est plus le poing qu'on brandit mais le fusil.

On court à l'Hôtel de Ville où siègent les représentants des électeurs parisiens.

Un millier de personnes envahit la salle où ils délibèrent. Ils sont pressés, menacés. Les baïonnettes effleurent leurs poitrines, et dehors des dizaines de milliers de voix crient : « À la Bastille ! »

Les « électeurs » décident d'envoyer une délégation au gouverneur de la forteresse, le marquis de Launay, afin qu'il distribue de la poudre et des balles aux Parisiens qui doivent armer leur milice bourgeoise.

La garnison de la Bastille compte 82 invalides et 32 soldats suisses. Elle dispose de quelques canons.

Et autour de la forteresse avec ses fossés et ses ponts-levis, et dans les rues voisines, se rassemblent au moins cent mille Parisiens, auxquels se mêlent des gardes françaises, tirant cinq canons.

Il y a la foule spectatrice : elle crie, elle regarde, elle attend, elle se tient à bonne distance, pour éviter les coups de feu s'ils partent des tours hautes de quarante pieds, mais pour l'heure, en cette fin de matinée du mardi 14 juillet, on ne tire pas.

Le gouverneur reçoit des délégations des « électeurs ».

Il ne veut pas donner de munitions, il n'a pas reçu d'ordre, mais il négocie. Il invite les représentants des Parisiens à déjeuner, après leur avoir fait visiter toute la forteresse.

Les députations se succéderont jusqu'à trois heures de l'après-midi.

Mais la situation s'est tendue.

Il y a huit à neuf cents hommes qui veulent conquérir la forteresse. C'est parmi eux qu'on trouve les deux citoyens qui, par le toit d'une boutique proche, parviennent au poste de garde, vide. Ils peuvent actionner la machinerie du premier pont-levis.

Launay a eu beau montrer à la « députation » qu'il fait reculer les canons, boucher les meurtrières, on l'accuse de trahison, d'avoir laissé baisser le pont-levis pour que les « patriotes » s'engouffrent dans la première cour, et là, pris dans la nasse, se fassent mitrailler.

On commence à échanger des coups de feu de part et d'autre. Le millier d'hommes décidés à partir à l'assaut est d'autant plus déterminé qu'il sent derrière lui cette foule qui l'observe et l'encourage.

Il y a même parmi ces curieux « nombre de femmes élégantes et de fort bon air qui avaient laissé leurs voitures à quelque distance ».

Ces hommes, fer de lance de la foule, sont ouvriers ou boutiquiers du faubourg, tailleurs, charrons, merciers, marchands de vin. Et parmi eux, soixante et un gardes françaises, et le sergent Hulin qui fait mettre les cinq canons en batterie, contre les portes et ponts-levis de la Bastille.

Les ponts-levis s'abaissent. La Bastille capitule. On a promis la vie sauve à la garnison.

La foule déferle.

On brise. On tire.

Il y aura quatre-vingt-dix-huit morts et soixante-treize blessés, mais combien durant le siège et l'assaut, et combien après la capitulation dans le désordre que personne ne contrôle ?

Les gardes françaises – Hulin, Élie, entré le premier –, les vrais combattants – Maillard, un ancien soldat, le brasseur du faubourg Saint-Antoine Santerre –, ne peuvent faire respecter les « lois de la guerre ».

C'est Élie qui a donné sa parole d'officier français qu'il « ne serait fait aucun mal à personne ».

Mais comment pourrait-il arrêter le torrent, contenir le désir de se venger, d'abattre ces officiers, ces soldats, ce marquis de Launay ? Plusieurs seront écharpés, dépecés.

Le gouverneur de Launay a reçu un coup d'épée à l'épaule droite. Arrivé dans la rue Saint-Antoine, « tout le monde lui arrachait des cheveux, et lui donnait des coups ».

« On hurle qu'il faut lui couper le cou, le pendre, l'attacher à la queue d'un cheval. »

« Qu'on me donne la mort », crie-t-il. Il se débat, lance un coup de pied dans le bas-ventre de l'un de ceux qui l'entourent. Aussitôt il est percé de coups de baïonnette, traîné, déchiqueté.

« C'est un galeux et un monstre qui nous a trahis : la nation demande sa tête pour la montrer au peuple. »

C'est l'homme qui a reçu le coup de pied, un garçon cuisinier du nom de Desnot, qui est « allé à la Bastille pour voir ce qui s'y passait », qui croit mériter une médaille en « détruisant un monstre ». Avec son petit couteau à manche noir, et son expérience d'homme qui « sait travailler les viandes », Desnot tranche la tête de Launay. On enfonce cette tête au bout d'une fourche à trois branches et on se met en marche.

Rue Saint-Honoré, on accroche à la tête deux inscriptions, pour qu'on sache à qui elle était.

Et sur le Pont-Neuf, on l'incline devant la statue d'Henri IV, en criant : « Marquis, salue ton maître. »

Dans les jardins du Palais-Royal, où l'on a planté les têtes de Flesselles, de Launay et de quelques autres défenseurs de la Bastille, sous les acclamations de la foule, on a dressé des listes de proscription : le comte d'Artois, le maréchal de Broglie, le prince de Lambesc, le baron de Besenval…

Une récompense est promise à qui disposera leurs têtes au café du Caveau.

On porte en triomphe jusqu'à l'Hôtel de Ville les sept prisonniers qu'on a libérés de la Bastille – quatre faussaires, deux fous et un débauché – et déjà, on commence à arracher des pierres à la forteresse.

Elle était dans Paris le visage menaçant de l'ordre et de la force monarchique. Elle doit être détruite, pierre après pierre.

Mais le pouvoir du roi renversé, c'est le désordre qui règne à Paris.

« Nous faisions une triste figure, dit un bourgeois, membre de la milice. Nous ne pouvions contenir la fureur du peuple. Si nous l'eussions trop brusqué, il nous aurait exterminés. Ce n'est pas le moment de lui parler raison. »

Alors les bourgeois mettent la cocarde « bleu et rouge » à leur chapeau, et patrouillent, arrêtant les voitures des nobles qui s'enfuient à la campagne.

« On les visite, on les fouille, on renvoie les nobles dans leurs hôtels. On ne souffre pas qu'ils sortent de la ville. La bourgeoisie ne quittera pas les armes que la Constitution ne soit faite. »

Louis, en cette fin de mardi 14 juillet, n'imagine pas la gravité de ce qui vient de se produire à Paris.

Il est cependant si préoccupé, qu'il n'a pas chassé. Et il a écrit à la date du 14 juillet, sur le carnet où il note ses exploits cynégétiques, le mot « Rien ».

Au même instant à Paris, le libraire Ruault écrit :

« La journée de mardi a tué le pouvoir du roi. Le voilà à la merci du peuple pour avoir suivi les perfides conseils de sa femme et de son frère Charles d'Artois. Ce début de grande révolution annonce des suites incalculables pour les plus prévoyants. »

Louis veut croire qu'il ne s'agit que de l'une de ces émeutes parisiennes, de ces frondes que les rois ont toujours su écraser, ou désarmer.

Et cependant l'inquiétude le ronge, et il la fuit, en se contentant de répondre à une délégation de l'Assemblée qui veut lui faire part de ce qu'elle vient d'apprendre des événements parisiens :

« J'ai donné l'ordre que mes troupes qui sont au Champ-de-Mars se retirassent. »

Puis il bâille, s'enfonce dans ce sommeil où tout se dissout.

Mais à l'aube du mercredi 15 juillet, le grand maître de la Garde-Robe le réveille, et chaque mot que prononce le duc de La Rochefoucauld-Liancourt arrache douloureusement Louis XVI à la somnolence protectrice.

La Bastille est tombée. On a promené des têtes au bout des piques en poussant des cris de cannibales.

« C'est une révolte », balbutie Louis XVI d'une voix sourde.

« Non, Sire, c'est une révolution. »

Louis a l'impression qu'il ne pourra jamais soulever son corps.

Il se redresse lentement.

Il doit bouger, agir.

Il faut se rendre à l'Assemblée, répéter qu'on a pris la décision d'éloigner les troupes de Paris et de Versailles.

« Je compte sur l'amour et la fidélité de mes sujets, dit Louis. Je ne suis qu'un avec ma nation, c'est moi qui me fie à vous. Aidez-moi dans cette circonstance à assurer le salut de l'État... Je ne me refuserai jamais à vous entendre et la communication entre l'Assemblée et moi sera toujours libre... »

Il se retire en compagnie de ses frères, rentre à pied au château, accompagné par les députés des trois ordres.

La foule accourt, crie : « Vive le roi ! »

Louis se rassure, malgré les avertissements de la reine, du comte d'Artois. Il faut, disent-ils, effacer par une victoire et un châtiment exemplaire la révolte de Paris, la prise de la Bastille, la tuerie sauvage qui a suivi.

Il faut imposer partout dans le royaume l'autorité du roi.

Le soir de ce mercredi 15 juillet, Louis écoute le récit de la réception faite par Paris à la députation de l'Assemblée nationale qui s'y est rendue dans l'après-midi.

Plus de cent mille Parisiens, souvent armés, l'ont accueillie. On a crié « Vive la nation ! Vive les députés ! » mais aussi « Vive le roi ! ». Le marquis de La Fayette, président de la députation, a déclaré : « Le roi était trompé, il ne l'est plus. Il est venu aujourd'hui au milieu de nous, sans troupes, sans armes, sans cet appareil inutile aux bons rois. »

Le comte de Lally-Tollendal a ajouté :

« Ce bon, ce vertueux roi, on l'avait environné de terreurs. Mais il a dit qu'il se fiait à nous, c'est-à-dire à vous... »

« Tout doit être oublié, a conclu le comte de Clermont-Tonnerre. Il n'y a pas de pardon à demander où il n'y a pas de coupable... Le peuple français hait les agents du despotisme mais il adore son roi... »

Les acclamations ont déferlé en hautes vagues.

On a proclamé le marquis de La Fayette commandant la milice parisienne, cette « garde nationale », et Bailly, désigné prévôt des marchands, a préféré le titre de maire qui lui a été accordé par acclamation.

L'archevêque de Paris a conduit la députation à Notre-Dame, où l'on a chanté un *Te Deum*.

La cathédrale était pleine.

À la sortie, le peuple a crié qu'il voulait le rappel de Necker. Les députés ont approuvé, affirmé que le vœu du peuple serait exaucé.

Louis sait, le jeudi 16 juillet, qu'il va devoir décider. À l'Assemblée nationale, qui vient de se réunir, le comte Lally-Tollendal a dit sous les acclamations :

« Ce vœu bien prononcé nous l'avons entendu hier à Paris. Nous l'avons entendu dans les places, dans les rues, dans les carrefours. Il n'y avait qu'un cri : "Monsieur Necker, Monsieur Necker, le rappel de Monsieur Necker." Tout ce peuple immense nous priait de redemander Monsieur Necker au Roi. Les prières du peuple sont des ordres. Il faut donc que nous demandions le rappel de Monsieur Necker. »

Un roi doit-il obéir aux ordres du peuple et de l'Assemblée ?

Louis écoute au Conseil qu'il réunit le 16 juillet ses frères et la reine s'indigner de cette injonction, lui demander de refuser le rappel de Necker.

Et puisque les troupes ne sont plus sûres, au dire du maréchal de Broglie, et incapables de reconquérir Paris et de briser cette révolte, cette révolution, il faut quitter Versailles, gagner une place forte, proche de la frontière.

Broglie n'est pas sûr, dit-il, d'assurer la sécurité de la famille royale pendant ce voyage, puis concède qu'on peut se rendre à Metz, mais « qu'y ferons-nous ? »

Le comte de Provence est de l'avis qu'il faut rester à Versailles.

Louis a l'impression qu'il glisse sur une pente, et qu'au bout il y a le gouffre.

Il devrait se mouvoir, s'agripper, échapper à ce destin.

Il voudrait partir avec la reine, ses enfants, ses proches.

Il sait que Marie-Antoinette attend, espère qu'il fera ce choix. Elle a déjà brûlé des lettres, placé tous ses bijoux dans un coffre qu'elle emportera avec elle.

Mais il ne peut pas.

Il consulte du regard les ministres qui participent au Conseil. Certains lui annoncent qu'ils démissionnent. Breteuil au contraire veut conserver son poste.

Louis détourne la tête, dit qu'il va rappeler Necker, renvoyer les régiments dans leurs garnisons.

Il voit, il sent le désespoir de la reine.

Mais il n'a pas la force de choisir le départ, c'est-à-dire le combat. Ce choix de rester est celui de la soumission au destin, à la volonté des autres.

Lui aussi, comme l'Assemblée, il est aux ordres du peuple.

Et, par instants, il pense même que c'est son devoir de roi.

Il transmet ses décisions à l'Assemblée qui se félicite de la sagesse du roi, du départ des troupes et du rappel attendu par toute la nation de Necker.

Mais le peuple veut voir, entendre le roi.

Louis se rendra donc à Paris, demain vendredi 17 juillet 1789.

Peut-être sera-ce le jour de sa mort ?

Il s'y prépare, donne à son frère, comte de Provence, le titre de lieutenant général du royaume.

Puis il parcourt le château de Versailles, que les courtisans ont déserté. Beaucoup, comme le comte d'Artois et sa famille, les Polignac, Breteuil, Broglie, Lambesc, le prince de Condé et les siens, tous ceux qui savent qu'ils sont inscrits sur les listes de proscription, ont choisi d'émigrer. Ils ont déjà quitté Versailles.

Les pas de Louis résonnent dans les galeries désertes.

Louis regagne ses appartements. Il va dormir.

C'est le vendredi 17 juillet. Il roule vers Paris.

Il n'est accompagné que de quelques nobles – les ducs de Villeroy et de Villequier, le comte d'Estaing – et de trente-deux députés tirés au sort.

Les gardes du corps sont sans armes.

Mais la milice bourgeoise de Versailles qui accompagne le carrosse royal jusqu'à Sèvres, comme la milice bourgeoise de Paris qui le reçoit, sont sous les armes.

Le peuple à la porte de Paris crie « Vive la nation ! ».

Et Bailly le maire, en remettant les clés à Louis, déclare :

« J'apporte à Votre Majesté les clés de sa bonne ville de Paris. Ce sont les mêmes qui ont été présentées à Henri IV. Il avait reconquis son peuple, ici c'est le peuple qui a reconquis son roi… Sire, ni votre peuple ni Votre Majesté n'oublieront jamais ce grand jour, c'est le plus beau de la monarchie, c'est l'époque d'une alliance auguste, éternelle, entre le monarque et le peuple. Ce trait est unique, il immortalise Votre Majesté… »

On traverse Paris.

Le peuple en armes ne crie pas « Vive le Roi ! ».

Louis voit tous ces visages, ces piques, ces fusils.

Il entre dans l'Hôtel de Ville sous une voûte d'épées entrelacées.

On lui remet la nouvelle cocarde où le blanc de la monarchie est serré entre le bleu et le rouge de Paris.

On l'accroche à son chapeau.

« Vous venez promettre à vos sujets, lui dit le représentant des électeurs de Paris, que les auteurs de ces conseils désastreux ne vous entoureront plus, que la vertu, trop longtemps exilée, restera votre appui. »

Louis murmure : « Mon peuple peut toujours compter sur mon amour. »

Au même moment, à Saint-Germain-en-Laye, un meunier soupçonné d'accaparement de grains est conduit sur la place, jugé, condamné à mort. Et un garçon boucher lui tranche le cou, au milieu des hurlements de satisfaction !

Et dans la salle de l'Hôtel de Ville de Paris, Louis XVI sourit vaguement, écoutant les discours qu'on lui adresse. Le maire Bailly, d'un coup de pied, a écarté le petit carreau de velours sur lequel il devrait selon l'étiquette s'agenouiller. Et il parle au roi debout.

Un témoin, Lindet, pourtant adversaire de la Cour, se sent humilié par l'atmosphère de cette réception : « La contenance niaise et stupide du roi faisait pitié », se souviendra-t-il.

Mais Louis est rassuré.

Une voix au fond de la salle a lancé « Notre roi, notre père », et les applaudissements ont crépité, puis les cris de « Vive le roi ! ».

Louis peut rentrer à Versailles, bercé par le balancement du carrosse.

Il est dix heures du soir.

La reine, en larmes, l'accueille. On l'entoure, on se laisse aller, après la peur, à la joie des retrouvailles.

Le roi est vivant, rien n'est perdu.

Mais l'ambassadeur des États-Unis à Paris, Thomas Jefferson, qui a assisté à la réception de Louis XVI à l'Hôtel de Ville, écrit :

« C'était une scène plus dangereuse que toutes celles que j'ai vues en Amérique et que celles qu'a présentées Paris pendant les cinq derniers jours. Elle place les États généraux hors de toute attaque et on peut considérer qu'ils ont carte blanche…

« Ainsi finit une amende honorable telle qu'aucun souverain n'en avait jamais fait, ni aucun peuple jamais reçu. »

Un autre Américain, Gouverneur Morris, précise crûment :

« L'autorité du roi et de la noblesse est entièrement détruite. »

Louis, dans ses appartements de Versailles, s'est endormi.

TROISIÈME PARTIE

18 juillet 1789-octobre 1789
« Mes amis, j'irai à Paris avec ma femme et mes enfants »

« Voilà le peuple : quand lassé de ses maux
il lève la tête avec ferveur contre les despotes,
il ne lui suffit pas de secouer le joug, il le leur fait porter
et devient despote lui-même. »

LOUSTALOT
Les Révolutions de Paris, août 1789

17.

Louis se réveille dans la chaleur stagnante et accablante qui écrase cette deuxième quinzaine de juillet 1789.

Une vapeur grise recouvre les bassins et les bosquets du parc de Versailles.

Tout est silence comme dans un tombeau.

Les valets sont absents, et quand ils s'approchent, leur désinvolture ironique frôle le mépris et l'arrogance. Les courtisans ont déserté le château. Les princes ont choisi d'émigrer.

Louis se lève, se rend chez la reine.

Dans l'hostilité et la haine, ou l'abandon qui les entourent, et dont il craint qu'ils n'engloutissent sa famille, Louis se sent proche de Marie-Antoinette et de leurs deux enfants.

Et dans la tourmente c'est en leur compagnie qu'il trouve un peu de paix. Il doit rassurer et instruire ses enfants.

Et il ne souhaite pas que le dauphin connaisse un jour le malheur de régner.

C'est un cauchemar que la vie de roi, quand brusquement le peuple change de visage, et ne manifeste plus ni amour ni reconnaissance, mais une fureur sauvage.

On rapporte à Louis, que dès le 15 juillet à l'aube, six cents maçons ont commencé à démolir la Bastille.

Et de belles dames « achètent la livre de pierres de la Bastille aussi cher que la meilleure livre de viande ».

Louis a dû accepter de décorer de la croix de Saint-Louis « les vainqueurs de la Bastille », et de montrer sa gratitude quand on lui a annoncé que sur les ruines du « château diabolique » on allait élever sa statue.

Un député du Dauphiné, Mounier, a dit : « Il n'y a plus de roi, plus de parlement, plus d'armée, plus de police. »

Le maire de Paris, Bailly, a murmuré : « Tout le monde savait commander et personne obéir. »

« Ce qu'on appelle la Cour, constate un témoin, ce reste d'hommes du château de Versailles est dans un état pitoyable. Le roi a le teint couleur de terre ; Monsieur – son frère comte de Provence – est pâle comme du linge sale. La reine, depuis que le cardinal de Rohan a pris place à l'Assemblée nationale, éprouve de fréquents tremblements dans tous ses membres ; vendredi elle est tombée sur sa face dans la grande galerie. »

Et chaque jour, à Paris, des violences, des pillages, des assassinats, la hantise du « complot aristocratique », et de l'arrivée d'une armée conduite par le comte d'Artois.

Les bourgeois se terrent, et les plus courageux d'entre eux patrouillent dans la milice-Garde nationale, mais le plus souvent sont impuissants à protéger ceux que le peuple veut châtier, sans jugement.

Et cette « fièvre chaude agite toute la France, écrit le libraire Ruault. Cela ne doit point étonner, mais doit effrayer. Quand une nation se retourne de gauche à droite pour être mieux, ce grand mouvement ne peut se faire sans douleur et sans les cris les plus aigus. »

Et c'est dans tout le pays la « Grande Peur ».

La disette serre toujours l'estomac, excite comme une ivresse, et la colère et la rage se mêlent à la panique.

Comme des traînées de poudre qui enflammeraient tous les villages et les villes de la plupart des provinces, les rumeurs se répandent.

Un nuage de poussière dû au passage d'un troupeau de moutons, qui envahit l'horizon, et aussitôt les paysans se rassemblent. On fait sonner le tocsin. On se persuade que des bandes de brigands sont en marche, qu'ils vont ravager les récoltes, brûler les greniers, piller, violer, tuer.

Ou bien on décrète que les meuniers, les fermiers, les nobles accaparent les grains pour en faire monter les cours, affamer le peuple, mettre en œuvre cc « pacte de famine » qui permettra aux princes de prendre leur revanche.

Il faut donc se dresser contre ce « complot aristocratique ». Et la rumeur enfle ! Le comte d'Artois et son armée sont en marche, répète-t-on.

La panique – et la réaction de fureur préventive et défensive qu'elle suscite – contamine la Franche-Comté, la Champagne, le Maine, les régions de Beauvais et de Nantes.

Limoges, Brive, Cahors, Montauban, sont touchés. On s'arme de faux dont la lame emmanchée verticalement fait office de pique. On s'empare de fusils. On menace – on tue souvent – tous ceux qui ont détenu l'autorité municipale.

On force les portes des prisons. On libère les prisonniers. On exige la taxation du grain.

Personne ne résiste, ni les soldats, qui souvent incitent les émeutiers à donner l'assaut.

« On n'osait pas, avoue Bailly évoquant la situation à Paris, mais cela vaut pour toutes les provinces, résister au peuple qui huit jours auparavant avait pris la Bastille. »

Et bien téméraire ou naïf celui qui tente de maîtriser, puis d'étouffer cette épidémie, de combattre cette « fièvre chaude ».

« Je donnais des ordres qui n'étaient ni suivis ni entendus, poursuit Bailly. On me faisait entendre que je n'étais pas en sûreté. »

Chaque « notable », quelle que soit son attitude, sait qu'il risque sa vie.

« Dans ces temps malheureux, il ne fallait qu'un ennemi et une calomnie pour soulever la multitude. Tout ce qui avait eu le pouvoir jadis, tous ceux qui avaient gêné et contenu les émeutiers étaient sûrs d'être poursuivis. »

Comme les paysans ne rencontrent jamais ces brigands, ces troupes du comte d'Artois, ces aristocrates contre lesquels on s'était armé, on attaque les demeures seigneuriales, les châteaux, les gentilhommières pour devancer la réaction de ces « privilégiés ».

On assiège, on entre de force, on brise, on pille, on incendie. On disperse et brûle les « terriers », ces documents qui énumèrent les droits féodaux et seigneuriaux.

Plus d'impôts, de taxes ! Plus de privilèges !

On s'arroge le droit de chasser, interdit que depuis des siècles les paysans, au risque de leur vie, tentaient de violer.

On chasse dans les forêts seigneuriales, et souvent on les saccage. On chasse dans les blés, et on piétine les épis.

Dans les villes, on dévaste d'abord les hôtels de ville.

À Strasbourg, six cents va-nu-pieds ont envahi le bâtiment. Aussitôt « c'est une pluie de volets, de fenêtres, de chaises, de tables, de sofas, de livres, de papiers, puis une autre de tuiles, de planches, de balcons, de pièces de charpente ».

On brûle les archives publiques, les lettres d'affranchissement, les chartes de privilèges, dans les caves on défonce les tonneaux. Un étang de vins réputés, de cinq pieds de profondeur, se forme ainsi où plusieurs pillards se noient. Pendant trois jours la dévastation continue. Les soldats laissent les émeutiers sortir chargés de butin. Les maisons de nombreux magistrats sont saccagées du grenier à la cave.

Quand les bourgeois obtiennent des armes et rétablissent l'ordre, on pend un des voleurs, mais on change tous les magistrats, on baisse le prix du pain et de la viande.

Rien ne résiste à ces milliers d'hommes qui dans tout le royaume sont poussés par « une grande peur », une soif de vengeance et de révolte. Et qui, parce qu'ils ont pillé les arsenaux, disposent de dizaines de milliers de fusils : en six mois, quatre cent mille armes seront passées aux mains du peuple :

« Cet amour des armes est une épidémie du moment qu'il faut, écrit un bourgeois breton, laisser s'atténuer. On veut croire aux brigands et aux ennemis et il n'y a ni l'un ni l'autre. »

Mais c'est le temps des soupçons.

À Paris, à chaque pas dans la rue, « il faut décliner son nom, déclarer sa profession, sa demeure et son vœu… On ne peut plus entrer dans Paris ou en sortir sans être suspect de trahison. »

C'est le temps des violences et des vengeances. Meuniers et marchands de grain sont pendus, décapités, massacrés.

Des patriotes, des hommes imprégnés de l'esprit des Lumières, s'inquiètent.

Jacques Pierre Brissot, qui fut enfermé deux mois à la Bastille en 1784 pour avoir écrit un pamphlet contre la reine, puis qui a gagné les États-Unis en 1788 pour voir fonctionner un régime républicain et qui lance un journal, *Le Patriote français*, écrit en août 1789 :

« Il existe une insubordination générale dans les provinces, parce qu'elles ne sentent plus le frein du pouvoir exécutif. Quels en étaient les ressorts ? Les intendants, les tribunaux, les soldats. Les intendants ont disparu, les tribunaux sont muets, les soldats sont contre le pouvoir exécutif et pour le peuple. La liberté n'est pas un aliment que tous les estomacs puissent digérer sans préparation. »

Mirabeau, dans *Le Courrier de Provence*, ne peut admettre comme certains le murmurent que « le despotisme valait mieux que l'anarchie ».

C'est là, dit-il, un « principe faux, extravagant, détestable ».

Mais il ajoute :

« Qui ne le sait pas ? Le passage du mal au bien est souvent plus terrible que le mal lui-même. L'insubordination du peuple entraîne des excès affreux, en voulant adoucir ses maux il les augmente ; en refusant de payer il s'appauvrit ; en suspendant ses travaux il prépare une nouvelle famine. Tout cela est vrai, trivial même. »

Mais certains membres de l'Assemblée nationale sont amers, hostiles, pessimistes pour l'avenir de la nation.

L'un dit qu'on vit depuis le 14 juillet sous le règne de la terreur.

Un autre s'exclame : « Il n'y a plus de liberté, même dans l'Assemblée nationale... La France se tait devant trente factieux. L'Assemblée devient entre leurs mains un instrument passif qu'ils font servir à l'exécution de leurs projets.

« Si on ne bâtit promptement une Constitution, cette nation aimable, ce peuple sensible et loyal, deviendra une horde de cannibales jusqu'à ce qu'elle ne soit plus qu'un vil troupeau d'esclaves. »

Mais comment résister à ces hommes dont certains, assure-t-on, sont « animés » par une fureur qui surpasse celle des « Iroquois » ?

Ils s'emparent le 28 juillet de Foulon de Doué, qui a soixante-quatorze ans. Les paysans l'ont débusqué, caché dans le fond d'une glacière, dans un château à Viry. On lui a mis une botte de foin sur la tête – n'a-t-il pas dit que le peuple s'il manquait de pain devrait manger de l'herbe ? –, un collier de chardons au cou et de l'herbe plein la bouche.

On a arrêté son gendre, l'intendant Bertier de Sauvigny. On les a, l'un puis l'autre, conduits à l'Hôtel de Ville.

Bailly et La Fayette ont supplié, pour que le jugement de Foulon soit régulier. qu'on l'enferme dans la prison de l'Abbaye.

Un homme, « bien vêtu », s'écrie : « Qu'est-il besoin de jugement pour un homme jugé depuis trente ans ? »

Le peuple hurle : « Point d'Abbaye, pendu, pendu, qu'il descende. »

On l'arrache à la milice bourgeoise, on le pend, la corde casse, on le pend de nouveau, puis on tranche sa tête, on la plante au sommet d'une pique.

Bertier est massacré alors qu'il est à terre. Sa tête et son cœur sont portés à l'Hôtel de Ville, et présentés à La Fayette qui, en signe de protestation et de dégoût, démissionne, mais que les « électeurs » supplient de rester à la tête de la milice bourgeoise.

Puis on rapporte le cœur et la tête au Palais-Royal. Et on fait s'embrasser les deux têtes ensanglantées, celle du beau-père et celle du gendre.

« Je me promène un peu sous les arcades du Palais-Royal, en attendant ma voiture », raconte l'Américain Morris qui vient de « prendre un dîner pour trois. Le prix du dîner est de quarante-huit francs, café et tout compris.

« Tout à coup on amène en triomphe la tête et le corps de Monsieur Foulon, la tête sur une pique, et le corps nu traîné par terre. Cette horrible exhibition est ensuite promenée à travers les différentes rues. Son crime est d'avoir accepté une place dans le ministère. Ces restes mutilés d'un vieillard de soixante et dix ans sont montrés à son gendre, Bertier, intendant de Paris, qui est lui-même et tué et coupé en morceaux. La populace promène ces débris informes avec une joie sauvage. Grand Dieu ! Quel peuple ! »

À Versailles, Louis et Marie-Antoinette apprennent, glacés, ces assassinats.

Que peuvent-ils devant cette vague de violence, de vengeance, de révolte, mêlée d'espoir, qui déferle ?

Même un journaliste royaliste comme Rivarol semble s'incliner devant la fatalité quand il écrit, dans son *Journal politique et national* :

« Que répondre à un peuple armé qui vous dit : “Je suis le maître” ?

« Quand on a déplacé les pouvoirs ils tombent nécessairement dans les dernières classes de la société puisque, au fond, c'est là que réside dans toute sa plénitude la puissance exécutive. Tel est aujourd'hui l'état de la France... »

D'autres s'indignent de ces commentaires. Et Barnave, le député du Dauphiné, lance :

« On veut nous attendrir, Messieurs, en faveur du sang répandu à Paris, ce sang était-il donc si pur ? »

Un journaliste patriote, Loustalot, va dans le même sens, quand il écrit dans *Les Révolutions de Paris* :

« Je sens ô mes concitoyens combien ces scènes révoltantes affligent votre âme. Comme vous j'en suis pénétré, mais songez combien il est ignominieux de vivre et d'être esclave. »

Et Gracchus Babeuf, qui est commissaire à terriers et qui a pu ainsi connaître l'état des privilèges, fait porter dans une lettre qu'il écrit à sa femme, à la fin de juillet, la responsabilité de cette justice cruelle rendue par le peuple aux « Maîtres ».

Ils ont usé des « supplices de tous genres : l'écartèlement, la roue, les bûchers, le fouet, les gibets, les bourreaux multipliés partout nous ont fait de si mauvaises mœurs !

« Les maîtres au lieu de nous policer nous ont rendus barbares parce qu'ils le sont eux-mêmes.

« Ils récoltent et récolteront ce qu'ils ont semé car tout cela, ma pauvre petite femme, aura des suites terribles : nous ne sommes qu'au début. »

18.

Louis lit ces journaux, ces pamphlets qui appellent au châtiment des « aristocrates ».

On y dresse des listes de proscription, sous le titre *La Chasse aux bêtes puantes*. On édite des estampes hideuses, *Les Têtes coupées et à couper* pour en finir avec *l'hydre aux 19 têtes*.

Certains de ces pamphlets retranscrivent les prêches de l'abbé Fauchet qui, en l'église Saint-Jacques de la Boucherie, a été jusqu'à dire : « C'est l'aristocratie qui a crucifié le fils de Dieu. » Et l'abbé a prononcé l'oraison funèbre des citoyens morts à la prise de la Bastille pour la défense de la patrie.

Louis est fasciné, mais il n'éprouve du dégoût, et un sentiment profond de mépris et d'humiliation aussi, qu'en parcourant les quatre-vingt-onze pages, in-octavo, intitulées *Essais historiques sur la vie de Marie-Antoinette*.

Propos graveleux qui, en ces jours de la fin juillet et du début août 1789, où Louis se sent si proche de la reine, où il la côtoie, comme un mari, où il la voit, mère aimante et courageuse, le révulsent.

Marie-Antoinette a su faire bonne figure à Necker, qui est enfin arrivé à Versailles, le 29 juillet.

Il a refusé de devenir le ministre principal, se contentant du poste de ministre des Finances.

« Il me semble que je vais entrer dans un gouffre », a-t-il dit, ajoutant : « Tout est relâché, tout est en proie aux passions individuelles. »

Peut-on lui faire confiance ? Il a répondu à la reine qui soulignait qu'il devait au roi son rappel, que « rien ne l'obligeait à la reconnaissance, mais que son zèle pour le roi était un devoir de sa place ».

Il est populaire. La foule l'a acclamé, tout au long de son voyage de retour.

Il a été courageux, lorsque, reçu à l'Hôtel de Ville de Paris, il a plaidé en faveur de la libération du général baron de Besenval, et demandé qu'on déclare l'amnistie.

Le comité des électeurs de Paris l'a approuvé, mais la foule a protesté avec une telle violence, que le comité s'est rétracté. Cependant Louis voit, dans la prise de position de Necker, dans l'approbation que les électeurs lui ont manifestée, le signe que quelque chose change dans le pays.

Peut-être ceux qui lancent les appels au meurtre, qui calomnient, qui exaltent la violence et la révolte, le refus des lois, qui approuvent la jacquerie et entretiennent la Grande Peur, sont-ils allés trop loin.

Louis se laisse, par instants, emporter par l'espoir que le pire ait eu lieu, contrairement à ce que craignent ou espèrent ces journalistes, ces orateurs du Palais-Royal, qui critiquent même l'Assemblée nationale.

L'un de ces journalistes, Marat, ancien médecin dans les écuries du comte d'Artois, après avoir publié en Angleterre, et s'être présenté comme physicien et philosophe, va jusqu'à écrire dans le journal qu'il vient de lancer, *L'Ami du peuple* : « La faction des aristocrates a toujours dominé dans l'Assemblée nationale et les députés du peuple ont toujours suivi aveuglément les impulsions qu'elle leur donne. »

Mais ces violences, physiques et verbales, rencontrent pour la première fois depuis des semaines une opposition.

Les villes se sont donné des milices bourgeoises.

En Bourgogne, la garde bourgeoise est intervenue contre des bandes de paysans, près de Cluny. À Mâcon, on a condamné à mort vingt pillards.

À l'Assemblée, certains députés dénoncent à mi-voix les « canailles », les « sauvages », les « cannibales ». Et l'un d'eux, Salomon – député du tiers état d'Orléans –, au nom de la nécessité de mettre fin à la jacquerie demande une répression féroce contre les émeutiers.

Et l'Assemblée charge son comité de Constitution de lui proposer les meilleurs moyens de rétablir l'ordre.

Le 4 août à la séance du soir, le député Target, avocat, élu du tiers état de Paris, propose au nom de ce comité de voter un arrêté :

« L'Assemblée nationale considérant que, tandis qu'elle est uniquement occupée d'affermir le bonheur du peuple sur les bases d'une Constitution libre, les troubles et les violences qui affligent différentes provinces répandent l'alarme dans les esprits et portent l'atteinte la plus funeste aux droits sacrés de la propriété et de la sûreté des personnes...

« L'Assemblée déclare que les lois anciennes subsistent et doivent être exécutées jusqu'à ce que l'autorité de la nation les ait abrogées ou modifiées... Que toutes les redevances et prestations doivent être payées comme par le passé, jusqu'à ce qu'il en ait été autrement ordonné par l'Assemblée. »

Louis lit et relit ce texte.

Il lui semble que le royaume aspire au retour à l'ordre et au droit.

Et qu'il a, dans cette nouvelle période, d'élaboration de la Constitution, de l'établissement de nouvelles règles et d'une Déclaration des droits, souhaitées par les députés, une partie à jouer, des prérogatives à défendre. Et il peut le faire avec succès. La Fayette et Mirabeau répètent qu'ils sont respectueux du roi, qu'ils veulent préserver son autorité.

Ils font savoir, discrètement, qu'ils sont prêts à donner des conseils au roi.

C'est le signe que les « patriotes » se divisent, que des courants se dessinent, dans l'Assemblée.

Louis sait qu'il peut s'appuyer sur les monarchistes, fidèles à la tradition, comme l'abbé Maury, ou dans la presse l'abbé Royou qui a créé et rédigé le journal *L'Ami du roi*.

Il y a les monarchiens, Malouet et Mounier, ces anglomanes qui souhaitent une monarchie à l'anglaise.

Mirabeau et La Fayette voudraient une monarchie nouvelle, à inventer, qui emprunterait à l'esprit des Lumières sa philosophie, une sorte de système américain mais présidé par un roi héréditaire.

Et puis il y a ces députés du tiers, que tente la République, ce Robespierre qui commence à intervenir à l'Assemblée, et ces journalistes, Brissot et son journal *Le Patriote français*, l'avocat Danton, ou ce Camille Desmoulins et son journal *Les Révolutions de France et de Brabant*, qui avec franchise dévoile ses mobiles : « À mes principes s'est joint le plaisir de me mettre à ma place, de montrer ma force à ceux qui l'avaient méprisée, de rabaisser à mon niveau ceux que la fortune avait placés au-dessus de moi. Ma devise est celle des honnêtes gens : point de supérieur. »

Ceux-là, Louis n'ignore pas qu'ils sont des ennemis, mus par l'ambition, les frustrations, le désir de revanche, et l'espoir d'une révolution qui irait jusqu'au bout des principes de justice et d'égalité.

Et ceux-là lorsqu'ils parlent au Palais-Royal sont entendus, parce qu'à Paris, le pain est rare.

Il faut se « lever au petit matin pour avoir un petit morceau ». Il vaut quatre sous la livre et un ouvrier gagne entre trente et quarante sous par jour.

Nombreux sont ceux qui chôment, parce que les étrangers, les privilégiés ont quitté la ville – deux cent mille passeports délivrés entre le 14 juillet et le 10 septembre – et il n'y a plus d'emplois pour ceux qui les servaient, fabriquaient vêtements, bijoux et meubles de prix.

On trouve parfois à manier la pioche, mais à vil prix, dans les ateliers de charité.

« J'ai vu, dit Bailly, des merciers, des marchands, des orfèvres, implorer d'y être employés à vingt sous par jour. »

Des cordonniers, des perruquiers sans emploi, des centaines de domestiques sans maître, se retrouvent chaque jour, qui sur la place Louis-XV, qui près du Louvre, d'autres au Palais-Royal.

Il y a aussi les déserteurs, qui arrivent à Paris par bandes. On en compte en septembre 1789 près de seize mille.

Ces infortunés, ces assistés, ces affamés, ces indigents, applaudissent quand Camille Desmoulins leur lance : « Je suis le procureur général de la lanterne », et qu'il désigne les responsables, ces aristocrates, suspects d'organiser un complot. Et s'il se trompe de têtes, peu importe !

« Nous sommes dans les ténèbres, dit-il. Il est bon que les chiens aboient même les passants, pour que les voleurs ne soient pas à craindre. »

Et Marat ajoute : « C'est le gouvernement qui accapare les grains pour nous faire acheter au poids de l'or un pain qui nous empoisonne. »

Le Palais-Royal, c'est à leurs yeux la véritable Assemblée nationale.

C'est ici qu'on a sauvé la nation, les 12 et 13 juillet, et non à Versailles où siège une Assemblée encombrée par « six cents députés du clergé et de la noblesse ».

Ces députés-là savent pour la plupart que le peuple les soupçonne, et que l'ordre ne peut être rétabli que si des concessions satisfont ces hommes en armes que la Grande Peur a fait se lever depuis la mi-juillet.

Dans la nuit du 4 au 5 août, les nobles libéraux – le vicomte de Noailles et le duc d'Aiguillon – puis les membres du clergé, les représentants des provinces et des villes abandonnent leurs privilèges. Dans les jours qui suivent, l'Assemblée décide l'abolition du régime féodal, l'égalité devant l'impôt, la suppression des dîmes.

En fait, l'Assemblée annulait seulement les charges seigneuriales qui « avilissent l'homme » – servitude, banc à l'église, armoiries –, les droits réels devaient être rachetés...

Mais l'enthousiasme empêche de s'attarder à ces différences pourtant capitales.

À l'Assemblée, « on pleurait. On s'embrassait. Quelle nation ! Quelle gloire, quel honneur d'être français ! »

À trois heures du matin, le 5 août, Lally-Tollendal s'écrie :

« Que l'union du peuple couronne l'union de tous les ordres, de toutes les provinces, de tous les citoyens ! Que l'Assemblée proclame Louis XVI restaurateur de la liberté française. »

Les députés scandent : « Vive le roi ! Vive Louis XVI, restaurateur de la liberté française ! »

Le 10 août, afin de rétablir l'ordre, l'Assemblée arrête que les municipalités peuvent requérir l'armée. Les officiers à la tête de leurs troupes devront jurer de rester fidèles « à la nation, au roi, à la loi ».

Puis, le 26 août, l'Assemblée adopte en préambule à la Constitution la Déclaration des droits de l'homme et du citoyen.

« L'oubli et le mépris des droits de l'homme sont les seules causes des malheurs publics », énonce le préambule, placé sous les « auspices de l'Être suprême ».

C'est l'esprit des Lumières, le déisme des philosophes qui s'exprime ici.

« Le but de toute association politique est la conservation des droits naturels et imprescriptibles de l'homme. Ces droits sont la liberté, la propriété, la sûreté et la résistance à l'oppression. »

« Les hommes naissent et demeurent libres et égaux en droits. Les distinctions sociales ne peuvent être fondées que sur l'utilité commune. »

« Nul ne doit être inquiété pour ses opinions, même religieuses, pourvu que leur manifestation ne trouble pas l'ordre public établi par la loi. »

Mirabeau s'emporte. Il regrette qu'on ne « prononce pas sans équivoque la liberté religieuse ».

D'autres s'inquiètent qu'il n'y ait pas de droit d'association, ni de réunion, de pétition. Mais la plupart s'enthousiasment devant « les tables de la loi » de la révolution.

La Déclaration n'est pas seulement une arme contre l'arbitraire du régime monarchique. Elle a un caractère universel. Elle peut s'appliquer à toutes les sociétés humaines.

Et Barnave applaudit, déclare : « La Déclaration des droits de l'homme et du citoyen est notre catéchisme national. »

Louis a suivi jour après jour l'élaboration et le vote des arrêtés du 4 août, et de la Déclaration des droits. Il reste à élaborer la Constitution. Mais d'abord, il peut approuver ou refuser les décrets du 4 août.

Il sait par certains députés que les « monarchiens » – Mounier, Lally-Tollendal, Malouet – et les « patriotes » – le triumvirat, Barnave, Lameth, Duport – se sont rencontrés à l'initiative de La Fayette chez l'ambassadeur américain Jefferson pour une tentative de conciliation.

Les monarchiens estiment que l'Assemblée leur est favorable, qu'ils peuvent imposer dans la Constitution une deuxième chambre, peuplée de sénateurs à vie, et donner au roi un droit de veto sur les lois.

Ils oublient les « patriotes du café de Foy », cette « assemblée » du Palais-Royal, qui menacent de marcher sur Versailles si l'on donne au roi un droit de veto.

On discute. On tergiverse entre députés. On se sépare en « droite » et « gauche » pour ou contre le veto.

Le roi, habilement, ne publiera les décrets du 4 août « que si on lui accorde un droit de veto, fût-il suspensif, pour une durée de deux législatures ». Et la publication ne vaut pas acceptation pour le roi !

L'accord se fait pourtant le 22 septembre.

« Le gouvernement est monarchique, le pouvoir exécutif est délégué au roi pour être exercé sous son autorité par des ministres. »

Il dispose d'un droit de veto suspensif.

L'article 1 de la Constitution affirme : « Le gouvernement français est monarchique. Il n'y a point en France d'autorité supérieure à la loi ; le roi ne règne que par elle et ce n'est qu'en vertu des lois qu'il peut exiger l'obéissance. »

Mais à Troyes, le 9 septembre, le maire a été mis à mort par le peuple, qui l'accusait d'être un accapareur de grain. Mais le 12 à Orléans, dix mille chômeurs se rassemblent, dévastent l'hôtel de ville, et l'émeute dure quatre jours, faisant quatre-vingts morts.

Mais Robespierre écrit : « Le veto royal est un monstre inconcevable en morale et en politique. »

Mais le libraire Ruault, membre de la garde nationale, note :

« Aujourd'hui on fait grand bruit du veto... Les ouvriers, les porte-faix, disent, au coin des rues, que le roi ne doit point avoir de veto. Il faut être témoin de tout ce qui se fait, et de tout ce qui se dit ici, parmi le petit peuple, pour savoir combien il est facile de le mettre en mouvement avec des paroles qu'il n'entend point ou qu'il entend à sa manière et de le porter aux plus cruelles et aux plus criminelles actions. Si ce veto était refusé au roi, il ne serait plus que le cheval de Caligula ou la botte de Charles XII. Nous serions livrés au despotisme de 8 à 900 démocrates, mille fois plus dangereux qu'un seul despote avec ses 3 ou 4 ministres... »

« Plus de classes qui nous divisent, nous sommes tous frères », a cependant proclamé dans son sermon à Notre-Dame l'abbé Fauchet, en bénissant les drapeaux de la garde nationale parisienne.

C'était le 27 septembre.

Mais Louis, dès le 5 août au matin, quelques heures après que l'Assemblée nationale l'a proclamé « restaurateur de la liberté française » et que le clergé et la noblesse ont renoncé à leurs privilèges, écrit à l'archevêque d'Arles :

« Je ne consentirai jamais à dépouiller mon clergé, ma noblesse... Je ne donnerai pas la sanction à des décrets qui les dépouilleraient ; c'est alors que le peuple français pourrait m'accuser d'injustice et de faiblesse. Monsieur l'Archevêque, vous vous soumettrez aux décrets de la Providence ; je crois m'y soumettre en ne me livrant point à cet enthousiasme qui s'est emparé de tous les ordres mais qui ne fait que glisser sur mon âme. »

19.

Louis, en ces derniers jours de septembre 1789, chasse. Et ses longues chevauchées dans les forêts aux chaudes couleurs d'automne le rassurent.

Il se sent vigoureux. Il éperonne, il tire sur les rênes, il cabre sa monture. Il force des sangliers et des cerfs. Il les abat d'une main qui ne tremble pas.

Et dans le crépuscule, d'un pas lent, il passe entre les pièces alignées côte à côte sur l'herbe humide.

Elles sont plusieurs dizaines. Il s'arrête devant les plus puissantes qu'il a parfois lui-même affrontées le coutelas à la main. Comme il l'a toujours fait.

Il lui semble un instant même que rien n'a changé, que rien ne changera, que rien ne doit changer.

Il l'a écrit à l'archevêque d'Arles, il y a deux mois : les événements ont glissé sur son âme.

Il est toujours le roi, décidé à enfoncer sa tête dans les épaules quand la tempête souffle, mais à ne rien céder ; sinon en apparence.

D'ailleurs, la Providence est la grande ordonnatrice, et il ne sert à rien de vouloir échapper à sa loi.

Il rentre au château.

Le régiment de Flandre, fidèle, est arrivé le 23 septembre à Versailles. Cela aussi desserre cette angoisse qui par moments l'étouffait.

Peut-être, comme il l'espère depuis de nombreuses semaines, les choses rentrent-elles dans l'ordre ?

Necker a réussi à faire accepter une contribution extraordinaire, patriotique, qui représenterait le quart du revenu et du capital de chaque citoyen, et c'est un discours de Mirabeau qui, le 26 septembre, a convaincu l'Assemblée de voter ce nouvel impôt.

Louis a dû reconnaître le talent de ce tribun, dont il se méfie, et Marie-Antoinette encore plus que lui.

Mais le peuple aime Mirabeau, l'appelle « notre bonne petite mère », et les députés ont tremblé quand Mirabeau a évoqué « la hideuse banqueroute, elle menace de consumer, vous, vos propriétés, votre honneur... Gardez-vous de demander du temps, le malheur n'en accorde jamais... »

L'Assemblée s'est levée et a voté le décret créant l'impôt à l'unanimité.

Peut-être pourra-t-on échapper à ce gouffre des finances royales, cause de tous les maux depuis deux siècles, a dit Mirabeau.

Mais peut-il se fier à cet homme qui serait au service et à la solde du duc d'Orléans, ou de Monsieur, le comte de Provence ?

Et c'est lui pourtant qui ne cesse de proposer des plans à Louis pour sauver la monarchie. Son intermédiaire est le comte de La Marck, un grand seigneur et grand propriétaire terrien en Flandre française et autrichienne, partisan de la révolution qui secoue Bruxelles, et député de la noblesse aux États généraux.

Louis le reçoit. Mirabeau se fait pressant, n'hésitant pas à dire, en cette fin septembre : « Oui, tout est perdu, le roi et la reine périront et, vous le verrez, la populace battra leurs cadavres. »

Louis redevient sombre. La joie de la chasse se dissipe.

Il y a tant de conjurations qui se trament contre lui. Celle du duc d'Orléans, celle du comte de Provence, et celle de La Fayette, promu général de la garde nationale, *Gilles César*, ainsi que l'appelle Mirabeau.

Mirabeau qui aspire sans aoute à remplacer Necker. Et La Fayette voudrait devenir lieutenant général du royaume, le trône ayant été dévolu au dauphin, un enfant de quatre ans. Et Louis se demande même si le comte de Provence, son propre frère, n'a pas les mêmes ambitions !

Et c'est pourquoi Louis hésite chaque fois qu'on lui propose de quitter Versailles – de *s'enfuir*, pour dire le mot juste –, de gagner Metz ou Rouen. Et l'on profiterait alors de son départ, de ce qu'il ressent comme un abandon de ses devoirs, de son peuple, pour prononcer sa déchéance au bénéfice du dauphin et d'un lieutenant général.

Mais Louis chaque fois est tenté de céder, de répondre, en partant, au vœu de la reine. Elle voudrait le convaincre de fuir, mais elle restera auprès de lui, s'il demeure en France.

Et cependant, depuis le 25 septembre, elle voit, elle écoute Axel Fersen, qui s'est installé à Versailles, et voudrait que Marie-Antoinette échappe à ces poissardes, à ces « enragés du Palais-Royal » qui la haïssent.

Mais Louis a confiance. Marie-Antoinette fera face, comme lui. Et ce jeudi 1er octobre 1789, Louis est satisfait. Il a tué deux cerfs, dans les bois de Meudon. Et ce soir, les officiers des gardes du corps ont invité à dîner les officiers du régiment de Flandre, et le banquet de deux cent dix convives se tiendra dans la salle de l'Opéra du château.

Lorsque le roi, la reine et le dauphin paraissent dans leur loge, on les acclame.

La reine porte le dauphin dans ses bras et, accompagnée du roi, elle fait le tour de la longue table en fer à cheval.

On scande : « Vive le roi ! », « Vive la reine ! », « Vive le dauphin ! »

On chante : « Ô Richard ! Ô mon roi l'univers t'abandonne ! »

Plus tard, des officiers escaladent la loge royale. Puis, quand la famille royale s'est retirée, les officiers se rassemblent dans la cour de Marbre, au pied des appartements royaux. Deux ou trois d'entre eux grimpent jusqu'au balcon doré.

« C'est ainsi, Sire, qu'on monte à l'assaut, nous nous vouons à votre service seul », disent-ils

Un officier crie : « À bas les cocardes de couleur, que chacun prenne la noire, c'est la bonne ! »

Il s'agit de la cocarde autrichienne. La reine paraît enchantée.

Le samedi 3 octobre, les officiers de la garde nationale refusent l'invitation que leur lancent les officiers du régiment de Flandre. Le dimanche 4, les dames de la Cour distribuent des cocardes blanches : « Conservez-la bien, c'est la seule bonne, la triomphante. »

Et à ceux qui l'acceptent elles donnent leur main à baiser.

Les gardes nationaux rejettent l'offre.

La reine est heureuse, le regard plein de défi.

Louis se tait.

Comme Marie-Antoinette et les dames de la Cour, comme tous ceux présents à ce banquet, il a été emporté par l'enthousiasme, l'ardeur des officiers, leur ivresse, mais quand il a vu certains officiers, des gardes du corps et du régiment de Flandre, arracher les cocardes tricolores et les fouler aux pieds, crier « Foutre de l'Assemblée ! », il a été dégrisé.

Il a eu la certitude que le destin inexorablement venait une nouvelle fois de les entraîner tous vers leur perte. Et qu'il ne lui restait plus qu'à être fidèle à ses engagements sacrés de souverain, choisi par Dieu.

Dieu déciderait.

Et Louis s'est tu.

Il n'a pas été surpris, quand, dès le samedi 3 octobre, puis le dimanche 4, on lui a rapporté qu'au Palais-Royal, dans les districts parisiens des Cordeliers, du faubourg Saint-Antoine, la tempête s'était levée, pour répondre aux défis du banquet.

On siégeait en permanence. Un jeune avocat, Danton, aux Cordeliers, faisait voter que tout citoyen sous peine d'être accusé de trahison envers la patrie devait porter la cocarde tricolore.

Il affirmait que « la patrie est dans la plus forte crise », puisque Paris est affamé, que la Cour prépare la fuite du roi, que le monarque refuse de sanctionner les arrêtés du 4 août, la

Constitution et la Déclaration des droits de l'homme et du citoyen.

Le journal de Loustalot, *Les Révolutions de Paris*, celui de Desmoulins, *Les Révolutions de France et de Brabant*, et surtout *L'Ami du peuple* de Marat, « qui a fait autant de bruit que les trompettes du jugement dernier », appellent à la riposte.

Il faut marcher sur Versailles, exiger du roi qu'il approuve les décrets, la Constitution, la Déclaration des droits de l'homme et du citoyen.

Il faut désarmer le régiment de Flandre, les gardes du corps, contraindre la famille royale à vivre sous la surveillance du peuple de Paris.

« Tous les citoyens doivent s'assembler en armes », écrit Marat.

« Ô Français ! Peuple libre et frivole, ne pressentirez-vous donc jamais les malheurs qui vous menacent ? Vous endormirez-vous donc toujours sur le bord de l'abîme ? »

« Portons enfin la cognée à la racine ! » lance encore Marat.

« Il faut, précise Loustalot, un second accès de révolution. »

On dit que de l'argent est distribué, pour attiser la révolte, organiser une manifestation de femmes, qui marcheraient sur Versailles en réclamant du pain, et cela s'est fait déjà aux temps anciens en 1775, pendant la guerre des Farines.

On envoie des filles, pour « travailler » à Versailles les soldats du régiment de Flandre.

Et sans même avoir besoin d'y être invitées, les femmes se rassemblent.

Elles veulent du pain. Elles s'indignent de ces banquets offerts par cette Autrichienne, de la cocarde noire, celle de cette drôlesse couronnée, qui a été arborée.

Et autour de ces portières, de ces couturières, de ces poissardes, de ces femmes sans souliers et de ces autres bien mises, révoltées aussi, s'agglomèrent des mendiantes, des vagabondes, des filles, et aussi, dit-on, des hommes grimés en femmes, qui crient le plus fort : « Du pain et à Versailles ! »

Maillard, l'un des « vainqueurs de la Bastille », bat le tambour. On se met en route et peu importe s'il pleut.

Et on cherche à entraîner, après des heures de palabres, le général La Fayette réticent.

On dit qu'il faut amener à Paris « toute la sacrée boutique ».

Le tocsin sonne. On presse La Fayette, « plus mort que vif », de choisir « Versailles ou la lanterne ».

Il se met enfin en route avec quinze mille gardes nationaux, suivis de quinze mille volontaires armés de fusils et surtout de piques.

Il pleut sur la route, mais le lundi 5 octobre 1789, en fin d'après-midi, ces femmes, ces volontaires, ces gardes nationaux approchent de Versailles.

Louis chasse du côté de Châtillon.

Il pleut à verse mais il abat bête sur bête, quatre-vingts pièces. Un cavalier surgit, crotté, fourbu, annonce que le peuple de Paris marche sur Versailles.

Il faut arrêter la chasse, rentrer au château, écrire dans son Journal : « Lundi 5 octobre : interrompu par les événements. »

C'est le destin qui roule, entraîne.

Louis n'a pas voulu fuir. Il a refusé d'accepter les décrets.

Il a lu le discours de ce jeune député Maximilien Robespierre qui, à la tribune de l'Assemblée, a déclaré :

« La réponse du roi est contraire aux droits de la nation. Ce n'est pas au roi à censurer la Constitution que la nation veut se donner. Il faut donc déchirer le voile religieux dont vous avez voulu couvrir les premiers droits de la nation. »

Et les femmes de Paris, trempées, jupons boueux, arrivent, pénètrent en force dans l'Assemblée, crient : « À bas les calotins », invectivant les prêtres, interrompant les orateurs.

Elles veulent entendre Mirabeau, « notre bonne petite mère »

Elles crient : « Assez de phrases ! Du pain ! »

Elles hurlent :

« Voyez comme nous sommes arrangées, nous sommes comme des diables, mais la bougresse nous le paiera cher. Nous l'emmènerons à Paris, morte ou vive. »

Le roi va recevoir une députation de l'Assemblée et ces Parisiennes.

Et l'une des femmes – elle a dix-sept ans – qui doit parler au souverain s'évanouit. Le roi lui donne à boire. Il est bienveillant. Les femmes ressortent conquises.

On leur crie : « Coquines, elles sont vendues à la Cour, elles ont reçu vingt-cinq louis, à la lanterne. »

Les gardes du corps les arrachent à la furie de leurs compagnes. Elles retrouvent le roi qui leur promet par écrit de faire venir des blés de Senlis et de Noyon, puis elles repartent avec Maillard dans les voitures que le roi leur a fait donner. Mais ce n'est qu'une poignée : les autres continuent d'assiéger le château, l'assemblée ne se calmant que peu à peu, quand arrivent les gardes nationaux, les volontaires et La Fayette. Le général se présente au roi. Les courtisans l'insultent, le traitent de Cromwell, mais La Fayette assure le roi de sa fidélité, lui garantit la protection des gardes nationaux.

Il faut, dit-il, et le président de l'Assemblée, Mounier, insiste aussi, sanctionner les décrets pour calmer ce peuple de Paris. Et le roi, larmes aux yeux, écrit : « J'accepte purement et simplement les articles de la Constitution et la Déclaration des droits. »

Dehors, les femmes crient, l'une dit qu'elle veut les cuisses de Marie-Antoinette et l'autre ses tripes.

On danse, on chante : « Nous avons forcé le bougre à sanctionner. »

Elles réclament du pain. On leur en apporte avec du vin. Puis la fatigue, l'ivresse, la première victoire obtenue, l'arrivée des gardes nationaux, semblent apporter le calme.

Autour du roi, on a connu des instants de panique, discuté de projets de fuite. Mais Louis a refusé, murmurant qu'il ne pouvait pas être un « roi fugitif ». Et il a répété, comme écrasé par son destin, en secouant la tête : « Un roi fugitif, un roi fugitif. »

Il ne le peut pas. Il ne le veut pas.

Il est épuisé. Le silence s'est établi autour du château, Louis dit qu'on peut aller se reposer. Et il se couche.

Et, dans Versailles, La Fayette rassuré en fait de même.

Mais à six heures du matin, les tambours du peuple réveillent les femmes. Elles se rassemblent sur la place, face au château, avec des hommes armés. Puis la foule se divise en colonnes, insulte les gardes du corps. Les grilles sont fermées, et tout à coup, l'une de ces colonnes trouve les grilles de la chapelle ouvertes, non gardées.

Elle s'y engouffre.

Elle court dans les escaliers, brise les portes, tue les gardes du corps, s'enfonce dans les corridors, saccage, cherche et trouve les appartements de la reine.

« Nous voulons couper sa tête, arracher son cœur, fricasser ses foies, et cela ne finira pas là. »

« Sauvez la reine », crie un garde du corps, abattu à coups de crosse, laissé pour mort.

La reine, réveillée, fuit affolée avec ses enfants.

Le roi la cherche, la trouve enfin.

Ils s'enlacent. Ils entendent les hurlements, ces aboiements comme lorsque les chiens traquent le gibier blessé. Ils sont des proies, pour la première fois de leur vie.

« Mes amis, mes chers amis, sauvez-moi », répète la reine.

Les gardes du corps se battent, sont désarmés. On lève la hache sur eux, mais des grenadiers des gardes françaises les arrachent aux femmes, aux hommes sauvages.

Le bruit se répand : « Le duc d'Orléans, en frac gris, chapeau rond, une badine à la main, se promenait d'un air gai au milieu des groupes qui couvrent la place d'Armes et la cour du château. »

Qui l'a vu ? On entend des cris : « Notre père est avec nous, Vive le duc d'Orléans ! »

Deux gardes du corps sont jetés à terre. On tranche leurs têtes, on trempe ses mains dans le sang des victimes, puis on plante les têtes au bout des piques.

On a réveillé La Fayette, il accourt. On entend la foule qui crie « À Paris, à Paris ».

Il faut céder au peuple, dit-il, accepter de se rendre à Paris, d'y demeurer.

Les gardes nationaux fraternisent avec les gardes du roi, les protègent.

Le roi apparaît au balcon, puis la reine avec ses enfants, et la foule crie : « Pas d'enfant. »

Un homme met la reine en joue mais ne tire pas.

Des insultes fusent. Elle rentre, reparaît avec La Fayette. La foule s'apaise.

Le roi promet : « Mes amis, j'irai à Paris avec ma femme et mes enfants. »

On crie : « Vive le roi ! », « Vive le général ! » et même « Vive la reine ! ».

Les députés décident que l'Assemblée suivra le roi à Paris.

À une heure, ce mardi 6 octobre 1789, le cortège de plus de trente mille hommes et femmes s'ébranle vers Paris.

Les gardes nationaux, chacun portant un pain au bout de sa baïonnette, ouvrent la marche, devant des chariots de blé et de farine entourés de femmes et de forts des halles.

On porte des piques, des branches de peuplier. Puis viennent des femmes à califourchon sur les chevaux des gardes nationaux, et les gardes du corps désarmés encadrés de gardes nationaux, et enfin, le régiment de Flandre, les Suisses.

Puis le roi, la reine, le dauphin, leur fille, Madame Royale, la sœur cadette de Louis XVI, Madame Élisabeth, et la gouvernante, Madame de Tourzel.

Et cent députés de l'Assemblée, et la foule et la garde nationale.

Il pleut et on patauge dans la boue qui gicle.

On chante : « Nous ramenons le boulanger, la boulangère et le petit mitron. »

Des femmes s'approchent du carrosse royal, veulent voir « la sacrée boutique » et surtout « la sacrée coquine », cette reine qui est « la cause de tous les maux que nous souffrons », et qu'il « aurait fallu écarteler », et dont on avait promis « qu'elle serait égorgée et qu'on ferait des cocardes avec ses boyaux ».

Mais, puisqu'elle sera à Paris, on l'empêchera de nuire. Et qu'elle regarde ces têtes coupées, celles de deux gardes du corps, brandies au bout des piques, comme un emblème.

On les incline. On rit.

On s'est arrêté chez un perruquier de Sèvres pour les faire poudrer et friser.

La famille royale s'installe aux Tuileries. L'Assemblée siégera dans le bâtiment du Manège, tout proche de là.

Le 10 octobre, elle décrétera que Louis XVI ne s'appellera plus « roi de France et de Navarre », mais « par la grâce de Dieu et la loi constitutionnelle de l'État, roi des Français ».

Et un député du tiers état de Paris, le docteur Guillotin, propose un nouveau mode d'exécution de la peine capitale, une machine efficace, qui tranchera le cou des condamnés, selon le principe d'égalité.

Louis subit avec le double sentiment de ne pouvoir arrêter la marche inexorable vers l'abîme, et la certitude qu'il ne faillira pas à ses principes sacrés.

C'est sa fatalité, de paraître se soumettre, d'y être contraint et d'être au fond de soi indestructible. Et d'ignorer la peur même quand il cède à l'angoisse. Il observe les événements comme s'il n'en était que le jouet et non l'acteur.

Il apprend que plus de cent députés donnent leur démission.

Il lit sous la plume de Mallet du Pan que « c'est le fer à la main que l'opinion dicte aujourd'hui ses arrêts. *Crois ou meurs*, voilà l'anathème que prononcent les esprits ardents et ils le prononcent au nom de la liberté. La modération est devenue crime. »

Il reçoit le comte de La Marck, qui propose au nom de Mirabeau un projet de fuite à Rouen, car « Paris sera bientôt un hôpital certainement et peut-être un théâtre d'horreurs ».

Mirabeau veut persuader « le roi et la reine que la France et eux sont perdus si la famille royale ne sort pas de Paris ».

« Je m'occupe d'un plan pour les en faire sortir », ajoute Mirabeau.

Mais Louis ne veut pas être « un roi fugitif ».

Il partage le sentiment du député Malouet : « La révolution depuis le 5 octobre fait horreur à tous les gens sensés de tous les partis, mais elle est consommée, irrésistible. »

Alors, comment s'y opposer ?

Louis sait que certains l'accusent de ne pas se battre. Il accepte qu'on porte sur lui ce jugement sévère.

Il connaît celui de Mirabeau qui le décrit « indécis et faible, au-delà de tout ce qu'on peut dire, son caractère ressemble à ces boules d'ivoire huilées qu'on s'efforcerait vainement de retenir ensemble ».

Ceux-là, qui le jugent, ignorent ce qu'il ressent.

L'horreur, quand il a appris que les émeutiers qui ont pénétré dans la chambre de la reine se sont acharnés sur son lit, « déchirant les draps à coups d'épée » et, ajoute un témoin, « quelques-uns pissèrent dedans, d'autres firent pis encore ».

Ce déferlement de haine accable Louis, mais ceux qui le jugent ne se fient qu'aux apparences. Ils ignorent qu'il n'est pas homme à plier.

Le 12 octobre, il confie à l'abbé de Fontbrune une lettre pour le roi d'Espagne.

Il a écrit :

« Je me dois à moi-même, je dois à mes enfants, je dois à ma famille et à toute ma maison de ne pouvoir laisser avilir entre mes mains la dignité royale qu'une longue suite de siècles a confirmée dans ma dynastie…

« J'ai choisi Votre Majesté, comme chef de la seconde branche pour déposer en vos mains la protestation solennelle que j'élève contre tous les actes contraires à l'autorité royale, qui m'ont été arrachés par la force depuis le 15 juillet de cette année, et, en même temps, pour accomplir les promesses que j'ai faites par mes déclarations du 23 juin précédent. »

Dieu et les hommes, quoi qu'il advienne, entendront un jour sa protestation, son refus.

QUATRIÈME PARTIE

Octobre 1789-30 septembre 1791
« Bougre de Capet ! »

« Sire, ne vous flattez pas de donner le change aux patriotes clairvoyants. Vous ne pouvez être à leurs yeux que ce que sont les despotes. La sottise des rois est de se croire des êtres d'une nature supérieure à celle des autres hommes, ils ont même la folie de prétendre que le ciel les a faits pour commander... »

Jean-Paul MARAT
L'Ami du peuple, décembre 1790

20.

Louis, en ces dernières semaines du mois d'octobre 1789, parcourt le palais des Tuileries où il doit vivre désormais. Il sort, fait quelques pas sur les terrasses qui surplombent les jardins.

Marie-Antoinette et le dauphin s'y trouvent déjà.

Les femmes, des gardes nationaux, des artisans, tout ce peuple avide et curieux, les ont réclamés. Il s'exclame et gronde, injurie, puis les femmes demandent à la reine qu'elle leur donne les rubans et les fleurs de son chapeau. La reine s'exécute.

Il en est chaque jour ainsi.

Le peuple ne se lasse pas. Il veut voir, surveiller, interpeller, menacer, acclamer aussi. Et Louis a le sentiment que ce palais est comme un navire échoué, une épave autour de laquelle viennent rôder les naufrageurs.

Les gardes du corps ont été remplacés par des gardes nationaux. Louis ne craint pas pour sa personne, mais pour la reine et le dauphin.

Il a vu l'enfant se cacher dans les bras de sa mère. Il l'a entendu dire : « C'est bien vilain ici, maman. » Et Marie-Antoinette a répondu : « Louis XIV y vivait bien. » Mais le Grand Roi avait voulu échapper au Paris de la Fronde, s'éloigner de la multitude, il avait construit Versailles.

Et Marat, dans *L'Ami du peuple*, a bien mesuré la révolution dans la Révolution que représentent le retour du roi à Paris et l'installation de l'Assemblée nationale dans cette salle du Manège du palais. Il a écrit : « C'est une fête pour les Parisiens de posséder enfin leur roi. »

« Posséder », ce mot comme un carcan, un joug : le roi est devenu le sujet de ses sujets, qui ont refusé de le rester.

Ils sont là, autour du palais, prêts à piller l'épave.

Ils remplissent les tribunes de la salle des séances de l'Assemblée. Ils interviennent dans les discussions. On dit même que des « bandes soudoyées » sont payées, endoctrinées dans les cafés du Palais-Royal, pour empêcher le vote de telle ou telle motion, applaudir tel orateur.

Ces quelques centaines d'hommes et de femmes imposent ainsi leur loi aux députés réunis dans cette salle du Manège.

« Les députés sont au Manège, plaisante-t-on, mais les écuyers sont au Palais-Royal. »

Et dans les tribunes on se dresse, on proteste, dès que l'Assemblée veut condamner des actes de violence.

Or des voitures de grains sont encore pillées, le 20 octobre, faubourg Saint-Antoine, et une émeute éclate à Senlis, faisant vingt-quatre morts.

Brissot rapporte dans *Le Patriote français* : « On a encore l'affligeant spectacle de boulangers assiégés par une foule considérable de peuple. »

Le 21 octobre, un boulanger du quartier de Notre-Dame, François, qui chaque jour fait plus de six fournées, est accusé de cacher du pain, de préparer des petits pains frais pour les députés. La foule l'arrache aux gardes nationaux, qui tentent de le protéger.

Une femme crie au procureur de l'Hôtel de Ville : « Vous faites toujours esquiver nos ennemis mais votre tête répond de la sienne. »

On entraîne François. On le pend, à la lanterne, place de Grève, et sa tête est tranchée, et promenée par les rues au bout d'une pique.

Bailly, au nom de la Commune de Paris, obtient de l'Assemblée qu'elle vote une loi martiale permettant de disperser les attroupements.

Des drapeaux rouges seront portés dans toutes les rues, et aux carrefours. L'un d'eux sera suspendu à la principale fenêtre de l'Hôtel de Ville.

« À ce signal tous les attroupements, avec ou sans armes, deviendront criminels et devront être dispersés par la force. »

Robespierre est intervenu pour s'opposer à cette loi.

« Quand le peuple meurt de faim, il s'attroupe, dit-il. Il faut donc remonter à la cause des émeutes pour les apaiser. »

Il parle d'un complot pour affamer Paris. Il condamne la loi martiale qui risque d'étouffer la liberté.

Marat s'indigne :

« Insensés, s'écrie-t-il, croyez-vous que c'est un bout de toile rouge qui vous mettra à couvert des effets de l'indignation publique ? »

Dans ce numéro des 10 et 11 novembre 1789 de *L'Ami du peuple*, Marat justifie l'émeute, la violence, les morts qu'elles provoquent.

« Est-il quelque comparaison à faire entre un petit nombre de victimes que le peuple immole à la justice dans une insurrection et la foule innombrable de sujets qu'un despote réduit à la misère ou qu'il sacrifie à sa fureur ?… Que sont quelques gouttes de sang que la populace a fait couler dans la révolution actuelle pour recouvrer sa liberté… auprès des torrents qu'en a fait répandre la coupable ambition d'un Louis XIV ? »

Il ajoute :

« La philosophie a préparé, commenté, favorisé, la révolution actuelle, cela est incontestable. Mais des écrits ne suffisent pas. Il faut des actions. C'est donc aux émeutes que nous devons tout… »

Il se moque des « cœurs sensibles qui ne voient que l'infortune de quelques individus victimes d'une émeute passagère » et qui oublient « la foule opprimée, massacrée pendant des siècles entiers ».

Il veut « verser de l'eau-forte dans les blessures », « afin de réveiller le peuple contre ceux qui lui donnent de l'opium ».

Et la loi martiale ne peut avoir été proposée que par « un ennemi du bien public... ».

Cette apologie de l'émeute choque, scandalise, inquiète Bailly, certains districts de la Commune de Paris.

Bailly fait saisir les presses sur lesquelles on imprime *L'Ami du peuple*. Marat est même arrêté, mais relâché presque aussitôt sur intervention de La Fayette.

C'est que les oppositions politiques se sont exacerbées, et les ambitions des uns et des autres avivées, parce que chacun comprend qu'on est entré dans une nouvelle période. Il s'agit d'organiser le nouveau régime et non plus de se contenter de la Déclaration des droits de l'homme, et des articles principaux d'une Constitution.

Et sur chaque question évoquée à l'Assemblée, les opinions des députés divergent.

On craint Mirabeau. On sait qu'il a rencontré La Fayette. Qu'il voudrait être ministre, conseiller le roi, la reine, ou devenir le mentor de Monsieur, comte de Provence, frère du roi.

L'Assemblée vote une disposition selon laquelle un député ne peut être ministre, façon d'écarter Mirabeau !

Et Marie-Antoinette dit, hautaine, au comte de La Marck qui lui propose une fois de plus un « plan » de Mirabeau pour sauver la famille royale en préparant leur fuite :

« Nous ne serons jamais assez malheureux, je pense, pour être réduits à la pénible extrémité de recourir à Mirabeau ! »

Autre débat, quand l'Assemblée décide que ne pourront voter que les *citoyens actifs* qui paient une contribution directe et ont plus de vingt-cinq ans, et ne sont pas domestiques... Quant aux autres, les *passifs*, ils sont exclus du vote.

« Il n'y a certainement de vrais citoyens que les propriétaires », dit un constituant.

Le suffrage sera à plusieurs degrés et ne pourront être élus à l'Assemblée que ceux qui paient une contribution de un marc d'argent.

Robespierre s'insurge : « Cela revient à déclarer, dit-il, que l'homme qui a cent mille livres de rente est cent mille fois plus citoyen que l'homme qui n'a rien ! »

On l'accuse de susciter le désordre, et même d'être, affirme la presse royaliste – *L'Ami du roi, Les Actes des apôtres* –, le neveu du… régicide Damiens !

Nouvelle opposition lors du vote sur la proposition de l'évêque d'Autun, Talleyrand, de la mise à la disposition de la nation des biens du clergé – l'État prenant à sa charge le salaire des membres du clergé : nouvelles fractures dans le pays.

Le haut clergé s'arc-boute, refuse de laisser déposséder l'Église de ses biens.

« Vénérables cultivateurs, écrit l'évêque de Tréguier, si aujourd'hui on envahit les propriétés des premiers ordres de l'État, qui vous garantit les vôtres pour l'avenir ? »

Mais l'État a besoin d'argent : les biens de l'Église devenus *biens nationaux* serviront à gager les *assignats* – bons du Trésor – avec lesquels l'État paiera ses dettes.

Le royaume est ainsi bouleversé de fond en comble en quelques mois.

Les parlements, les provinces disparaissent. On crée les départements, administrés par un Conseil général élu, et de même, chaque ville, bourg, paroisse, soit quarante mille communautés d'habitants, aura une municipalité.

Louis a l'impression que le sol de son royaume se dérobe sous ses pas.

Une nation surgit, différente, violente, rétive, enthousiaste aussi, faite d'assemblées multiples qui débattent, discutent, contestent, s'attroupent, et la loi martiale n'y fait rien.

Il observe, écoute. Il s'enferme en lui-même devant ces bouleversements, désorienté, comme si tout le paysage en place depuis des siècles bougeait.

Il préfère se taire, muet face à ceux qui l'interrogent, espérant des réponses qu'il ne sait pas, ne veut pas, ne peut pas donner.

« Quand on parle d'affaires à cet être inerte, dit l'un de ses ministres, il semble qu'on lui parle de choses relatives à l'empereur de Chine. »

Et ce qui arrive en effet, lui paraît étrange, incompréhensible et – de là naît l'angoisse – inéluctable.

Qui sont, que pensent ces députés qui se réunissent rue Saint-Honoré, non loin des Tuileries, dans l'ancien couvent des Jacobins ? Ils se regroupent sous le nom de *Société des Amis de la Constitution*, qu'on appelle bientôt *club des Jacobins*, qui a de nombreuses filiales en province et où l'on rencontre aussi bien Sieyès que Mirabeau, La Fayette, Barnave que Robespierre, et c'est ce dernier qui, le 31 mars 1791, en sera élu président.

Mais il existe aussi dans le quartier des Écoles, place du Théâtre-Français, autour de l'avocat Danton, le *club des Cordeliers*.

Louis a le sentiment que dans cette « machinerie » nouvelle, ni lui ni ses partisans ne peuvent trouver leur place.

On lui rapporte que dans l'Assemblée, les monarchistes « n'écoutent pas, rient, parlent haut », interviennent peu souvent, et maladroitement, s'inquiètent des menaces que depuis les tribunes on leur lance.

« Nous vous recommanderons dans vos départements », leur crie-t-on. Et en effet l'on s'attaque à leurs châteaux et leurs propriétés.

L'Américain Morris écrit de ces « aristocrates » : « Ils sortent de la salle, lorsque le président pose la question, et invitent les députés de leur parti à les suivre, ou leur crient de ne point délibérer, par cet abandon, les clubistes devenus la majorité décrètent tout ce qu'ils veulent. »

« Impossible, confie Mounier, qui a été élu président de l'Assemblée, avant de se retirer en Dauphiné puis d'émigrer, que ces députés de la noblesse et du clergé retardassent l'heure de leur repas. »

Ils quittent l'Assemblée vers cinq heures, et les députés « patriotes » font passer aux « chandelles » les motions qu'ils désirent, assurés d'avoir la majorité.

Louis ne sait ainsi comment agir. Tout change si vite. Il ne se confie pas. Il ne donne pas sa confiance, sinon à la reine, dont il mesure l'amour qu'elle porte à ses deux enfants, l'attachement qu'elle lui manifeste, la résolution qu'elle montre.

« Quand elle lui parle, raconte le général Besenval, dans les yeux et le maintien du roi il se manifeste une action, un empressement que rarement la maîtresse la plus chérie fait naître. »

À qui d'autre pourrait-il se fier ?

Son frère, le comte d'Artois, a émigré à Turin, et rassemble autour de lui les nobles qui veulent détruire ce nouveau régime, et rétablir la monarchie dans tous ses droits sacrés.

Son cousin le duc d'Orléans a lui aussi émigré, mais à Londres, et il mène sa politique, continue d'entretenir des liens avec La Fayette. Quant au comte de Provence, Louis sait que ce frère est dévoré d'ambition.

Le comte de Provence complote, finance l'un de ses proches, le marquis de Favras, qui a recruté des gardes nationaux « soldés », en les payant, pour qu'ils assassinent La Fayette, Bailly et Necker, la nuit de Noël 1789.

Favras est démasqué, arrêté, mais le comte de Provence réussit, en se présentant à l'Hôtel de Ville, à détourner les soupçons.

Mirabeau l'a conseillé, mais est aussi déçu. Le comte est d'une prudence lâche, égoïste, soucieux non de la monarchie et du royaume, mais de son destin personnel.

« La reine le cajole et le déjoue, confie Mirabeau. Elle le traite comme un petit poulet qu'on aime bien à caresser à travers les barreaux d'une mue, mais qu'on se garde d'en laisser sortir et lui se laisse traiter ainsi. »

Le comte abandonne le marquis de Favras qui, condamné à mort, ne livrera aucun secret.

On conduira Favras à Notre-Dame pour faire amende honorable. Il sera accueilli place de Grève par des insultes et des cris. Et lorsqu'on lui passe la corde au cou, la foule hurle : « Saute, marquis ! »

L'arrestation puis l'exécution de Favras, pour crime de « lèse-nation », justifient les inquiétudes et les soupçons.

Les journaux monarchistes, *L'Ami du roi*, *Les Actes des apôtres*, le talent de l'un de leurs journalistes, Rivarol, la violence de leurs propos exaspèrent les « patriotes ».

« Les aristocrates ne paraissent point battus, comme après le 14 juillet, on croit qu'il se trame encore quelque infamie », note Madame Roland, épouse patriote d'un inspecteur général du commerce et des manufactures, qui tient salon patriotique.

On a arrêté un fermier général, Augeard, proche de la reine, accusé d'avoir préparé la fuite du roi, à Metz. On s'est scandalisé de son acquittement comme de celui du général Besenval.

Dans les provinces on signale des attroupements d'« aristocrates », les protestations des membres des parlements, du haut clergé.

« La guerre civile est dans les cerveaux. Dieu veuille qu'elle n'aille pas plus loin », écrit le libraire Ruault.

Et la misère et la peur de la disette accablent toujours le « bas peuple », ces citoyens passifs qui dans les villes forment souvent soixante pour cent de la population masculine, et qui sont exclus de la vie de la cité, et ont le sentiment de n'être que des « machines de travail », ainsi que les qualifie Sieyès.

Il y a ces heurts, dans l'armée et la marine, entre les officiers « aristocrates » et les soldats de plus en plus rétifs.

À Toulon, l'amiral d'Albert de Rioms ordonne le châtiment des marins qui portent la cocarde tricolore, et les menace de faire tirer la troupe contre eux. C'est l'émeute, et l'amiral sera emprisonné.

Robespierre condamne cet amiral qui a voulu « armer les soldats contre les défenseurs de la patrie ».

Et le Conseil général de Toulon le félicite : « Continuez bon citoyen à éclairer la nation sur ses véritables droits. Bravez l'opinion de ces hommes vils et ignorants... »

Ainsi, en cette fin d'année 1789, des affrontements ont lieu chaque jour.

Le 5 décembre, les bois de Vincennes et de Boulogne sont dévastés et pillés par des paysans des villages proches de Paris qui manquent de bois.

La répression est sévère.

Mais certains crient à l'injustice, dénoncent l'inégalité des conditions, et Marat attise le feu, menace :

« Si les peuples ont brisé le joug de la noblesse, ils briseront de même celui de l'opulence. Le grand point est de les éclairer, de leur faire sentir leurs droits, de les en pénétrer et la révolution s'opérera infailliblement sans qu'aucune puissance humaine puisse s'y opposer. »

Ces propos inquiètent les patriotes, respectueux du droit de propriété, qui composent la majorité qui a séparé les citoyens actifs des citoyens passifs.

Ils sont partisans de l'égalité des droits, non des fortunes. Mais ils restent des patriotes, préoccupés des « complots aristocratiques ».

Et aux Tuileries, la reine est anxieuse. Axel Fersen chaque fois qu'il la rencontre la met en garde sur les dangers que court la famille royale.

Et Marie-Antoinette fait part au roi de ses craintes, de l'angoisse qu'elle éprouve, du sentiment qu'elle a d'être ici, dans ce palais des Tuileries, au cœur de Paris, surveillée par le peuple comme une prisonnière.

Elle dit :

« Il faudra bien s'enfuir : on ne sait pas jusqu'où iront les factieux ; le danger augmente de jour en jour. »

21.

Louis ne répond pas à Marie-Antoinette quand, déterminée mais la voix nouée par l'émotion, elle lui parle de la nécessité de fuir ce palais des Tuileries, qui est en effet comme une prison, et dont les « enragés du Palais-Royal » peuvent en entraînant le peuple forcer l'entrée.

Et ce qui s'est passé à Versailles le 6 octobre montre que cette populace ne respecte pas le caractère sacré de la famille royale.

Louis ne l'ignore pas.

Il a tremblé pour la reine et le dauphin. Il lit les journaux, les pamphlets qui invitent à « purger » la nation, l'Assemblée, les municipalités des « nobles et des prélats » et aussi des « plébéiens ineptes et corrompus ». C'est Marat qui dans chaque numéro de son journal recommande la vigilance, contre les « noirs complots qui vont former un orage affreux ». « Déjà il gronde sur nos têtes », dit-il.

Ce Marat est devenu populaire. La municipalité de Paris l'a poursuivi, arrêté, mais il s'est réfugié en Angleterre, et il est revenu

Et il interpelle le roi :

« Répondez-moi, Louis XVI ! Qu'avez-vous fait pour que le ciel fît un miracle en votre faveur, vous fasse différent de ce que sont les rois, des despotes ?... L'histoire n'est remplie que de leurs forfaits... Je vous juge par votre conduite passée. Je vous juge par vous-même… Ne vous flattez pas de donner le change aux patriotes clairvoyants. »

Louis a ces propos en tête lorsqu'il reçoit le comte Axel Fersen qui réussit à pénétrer discrètement dans le palais des Tuileries, et qui, presque chaque nuit, se rend au château de Saint-Cloud quand la famille royale est autorisée à y séjourner.

Louis connaît les sentiments de Fersen à l'égard de la reine. Mais peut-être à cause de cela, il croit au dévouement de ce noble suédois, qui répète « qu'il n'y a qu'une guerre extérieure ou intérieure qui puisse rétablir la France et l'autorité royale ».

Louis ne s'y résout pas, et c'est aussi pourquoi il ne veut pas fuir.

Il veut attendre encore.

Mille signes montrent que nombreux sont les députés qu'inquiètent l'anarchie, les désordres, les jacqueries qui continuent d'ensanglanter plusieurs régions : le Quercy, le Périgord, la Corrèze, la Bretagne.

Les bourgeois de la capitale, comme le libraire Ruault, garde national, patriote, constatent que « Paris se remplit de pauvres et de mendiants qui accourent de toutes les villes et les campagnes. Cela inquiète tous les habitants. » Les citoyens actifs ne veulent pas être menacés, entraînés par les citoyens passifs. Et au club des Jacobins, ces derniers ne sont pas admis.

Et Marat condamne cette « assemblée d'imbéciles qui se vantent d'être frères et qui excluent de leur sein les infortunés qui les ont affranchis ».

Louis pressent qu'il y a là un ferment de profonde division des « patriotes ». On ne suit pas Marat ou Robespierre, qui pensent que « l'égalité des droits comporte celle des jouissances ».

Marat va jusqu'à écrire, interpellant les députés :

« Votre fameuse *Déclaration des droits* se réduit, en dernière analyse, à conférer aux riches tous les avantages, tous les honneurs du nouveau régime. Ce serait donc en faveur des seuls heureux du siècle que s'est opérée la glorieuse révolution… Mais qu'aurons-nous gagné à détruire l'aristocratie des nobles si elle est remplacée par l'aristocratie des riches ? »

Cette « supplique de dix-huit millions d'infortunés » effraie la majorité des patriotes.

Louis s'en convainc, quand il reçoit de nouvelles avances de Mirabeau qui veut arracher le pays à l'anarchie, et propose de réviser la Constitution, de « rétablir le pouvoir exécutif dont la plénitude doit être sans restriction et sans partage dans la main du roi ».

Et en même temps, Mirabeau refuse l'idée d'une « contre-révolution », comme celle dont rêve le comte d'Artois.

Depuis Turin, le frère du roi tente de soulever le sud de la France, en ravivant les haines qui opposent protestants et catholiques.

Tout s'y prête. Le refus par l'Assemblée – quatre cent quatre-vingt-quinze voix contre quatre cents – de déclarer le catholicisme religion d'État.

La décision de dépouiller l'Église de ses biens, de les « nationaliser », de les vendre.

L'interdiction des vœux monastiques. La dissolution des ordres religieux et, pour finir, le vote d'une *Constitution civile du clergé* (12 juillet 1790) qui fait élire les curés et les évêques par les citoyens actifs.

Et puisque les membres du clergé sont salariés par l'État, exiger d'eux un serment à la nation, à la loi, au roi, et le respect de la Constitution. Et la lecture à l'église des décrets et des lois !

Déjà de nombreux curés et évêques annoncent qu'ils ne seront pas des prêtres « jureurs », qu'ils choisiront d'être « réfractaires », puisque le pape n'a pas été consulté sur cette « Constitution civile ».

Et les curés qui ont tant apporté au tiers état passent pour une bonne part d'entre eux à la réserve, voire à la condamnation de la révolution.

Ils s'indignent que le pasteur Rabaut Saint-Étienne ait été élu président de l'Assemblée au mois de mars, et qu'il déclare :

« Le clergé n'est plus un ordre ! Il n'est plus un corps, il n'est plus une république dans l'Empire… Les prêtres pourront marcher à la cadence de l'État. Il ne reste plus qu'à les marier. »

Un incendie vient d'être allumé, et les envoyés du comte d'Artois l'attisent, dans ces provinces où les guerres de religion, la révocation de l'édit de Nantes, les persécutions ont laissé des traînées sanglantes.

À Toulouse, la procession qui rappelle et chante l'extermination des albigeois donne naissance à une émeute entre « aristocrates » et « patriotes ».

On se bat entre catholiques et protestants à Montauban. À Nîmes, on comptera quatre cents morts. À Avignon, on revendique le rattachement du comtat à la nation après avoir battu les « papistes ».

Puis, les paysans des Cévennes, armés de piques, de fusils et arborant la cocarde tricolore, descendent de leurs villages pour mater les « noirs », les aristocrates et les « calotins ».

Louis sent qu'il y a pour la monarchie une partie à jouer. Le chaos, l'anarchie, les jacqueries, la misère, le regain des haines religieuses, la misère et ces ateliers de charité qu'il faut créer, les troubles qui se produisent dans tous les corps de troupes et qui opposent officiers « aristocrates » et gradés roturiers, alliés aux soldats patriotes, tout cela peut faire que le peuple enfin retourne vers son roi.

Mais il faut agir habilement, et d'abord dissimuler, convaincre que l'on accepte et soutient ce qui a été accompli.

Louis n'éprouve aucun trouble à l'idée de cacher sa pensée.

Il est le roi. Son devoir sacré est de préserver son autorité, afin de sauver sa dynastie, son royaume, d'y ramener l'ordre et la paix.

Et il veut le faire avec sagesse, en n'ayant recours à la force que s'il n'y a pas d'autres voies.

Il accepte la proposition de Necker, de se rendre à l'Assemblée, d'y prononcer un discours que son ministre lui prépare.

Les députés s'empressent autour de lui, le 4 février 1790.

« Je défendrai, je maintiendrai la liberté constitutionnelle dont le vœu général d'accord avec le mien a consacré les principes », dit-il.

On doit en finir avec les violences.

« Éclairer sur ses véritables intérêts le peuple qu'on égare, ce bon peuple qui m'est si cher et dont on m'assure que je suis aimé quand on vient me consoler de mes peines. »

On l'acclame. Il poursuit.

« Ne professons tous à compter de ce jour, je vous en donne l'exemple, qu'une seule opinion, qu'un seul intérêt, qu'une seule volonté, l'attachement à la Constitution et le désir ardent de la paix, du bonheur et de la prospérité de la nation. »

Les députés prêtent serment à la loi, à la nation, au roi. Ils scandent « Vive le roi ! », le raccompagnent au palais, où Marie-Antoinette leur présente le dauphin.

Seuls, les aristocrates sont stupéfaits et hostiles.

Le roi, pensent-ils, a brisé son sceptre, en acceptant cette Constitution.

Mais Louis a le sentiment d'avoir réussi à convaincre.

« Vive Dieu, mon cher ami, écrit le libraire Ruault à son frère, et Vive le bon roi Louis XVI, qui vient de se placer hier au rang des princes justes. Sa visite à l'Assemblée nationale étouffe ou doit étouffer tous les germes de la division, des opinions et des intérêts. Il s'est mis volontairement à la tête de la Constitution. Taisez-vous maintenant petits et grands aristocrates, brûlez vos brochures et vos plans de contre-révolution. Revenez, fugitifs, vous serez en sûreté par toute la France. Nous compterons trois bons rois dans notre histoire, Louis XII, Henri IV et Louis XVI. Il faudra célébrer chaque année cette rare épiphanie, pour moi je ne révère plus que celle-là. »

Peut-être le regard du peuple a-t-il changé. Louis veut le croire.

Il se montre chaleureux avec les gardes nationaux, qui assurent « trente heures de service au château des Tuileries ».

L'un d'eux écrit : « J'y ai vu Marie-Antoinette de très près. J'ai assisté même à son dîner. Elle se porte bien et j'ai été émerveillé de sa bonne contenance. Le roi se promène à grands pas dans le jardin ; il fatigue aisément les plus lestes et les fait suer de tout leur corps, car il fait très chaud. Le petit dauphin est beau comme un ange ; il a une figure très gracieuse, franche et ouverte ; il saute et gambade le long des terrasses et joue avec tous les enfants qu'il rencontre. »

Mais l'illusion qu'entre la famille royale et le peuple, de nouveaux liens apaisés se sont tissés dure peu. Et Louis comme la reine n'en sont pas dupes.

Pourtant il faut donner le change, quitte à troubler les monarchistes fidèles. Il faut apparaître comme « le roi de la Révolution », apporter sa sanction à la Constitution, à la Constitution civile du clergé.

Mais écrire au nouvel empereur d'Autriche – Léopold II (un frère de Marie-Antoinette qui a succédé à Joseph II, autre frère de la reine) – pour lui demander d'envisager une intervention armée en France. Précaution nécessaire, puisque le pouvoir sacré du roi n'est pas rétabli, que les « enragés du Palais-Royal » continuent d'attaquer la famille royale, et d'abord la reine.

On la soupçonne de préparer avec les « noirs » et les aristocrates émigrés, et le comte Fersen, que les gardes françaises ont aperçu entrant au château de Saint-Cloud et en sortant au milieu de la nuit, l'« enlèvement » du roi.

Car on n'ose pas, pour l'instant, accuser le roi. Seul Marat s'y risque, mais le soupçon affleure partout.

Alors Louis joue toutes les cartes. Y compris celle que représente Mirabeau.

Le député est reçu par la reine, lui parle avec ferveur, est séduit par elle.

« Le roi n'a qu'un homme, dira-t-il, c'est sa femme. »

Mirabeau affirme qu'il est capable de sauver la monarchie.

Il n'est plus temps de le rejeter.

Il faut au contraire se l'attacher. Mirabeau est un noble aux abois, avec les créanciers aux trousses. Louis décide de lui verser une pension mensuelle, de quoi permettre à Mirabeau de quitter sa chambre d'hôtel misérable et d'emménager Chaussée d'Antin, dans un grand appartement.

Mais il faut garder le secret, rassurer, consentir, accepter que la noblesse héréditaire, les ordres de chevalerie, les armoiries, les livrées, soient supprimés par l'Assemblée.

Et feindre l'indifférence quand le Comité des pensions de l'Assemblée publie un cahier de trente-neuf pages, vite appelé *Livre rouge*, qui contient la liste des pensions, des dépenses extraordinaires versées entre 1774 et le 16 août 1789 !

Deux mille exemplaires sont vendus en une seule journée dans les jardins des Tuileries, et c'est un déluge de commentaires, une éruption d'indignations, devant les vingt-huit millions de livres touchés par les frères du roi, les sommes versées aux Polignac, à tous les proches courtisans, pour un total de deux cent vingt-huit millions !

Louis craint que son regain de popularité, gagné au cours des premiers mois de 1790, ne soit perdu.

Necker, porté aux nues par le peuple, est désormais rejeté car il était hostile à la publication du *Livre rouge*, et on l'accuse de n'être qu'un complice des « aristocrates », un valet de la reine... Les journaux patriotes demandent la diffusion du livre dans toute la France.

« Voilà le catéchisme des amis de la Révolution », commentent-ils.

Il faut tenter de faire oublier ce *Livre rouge*, toucher le peuple, participer avec la reine et le dauphin à cette fête grandiose que l'Assemblée, La Fayette, Bailly organisent au Champ-de-Mars le 14 juillet 1790, jour anniversaire de la prise de la Bastille.

Ce fut une journée sombre pour la monarchie. Il faut la transmuter en journée de gloire pour le roi.

Louis sait que depuis des mois, dans toutes les provinces, on se rassemble en « fédérations ». On y crie, comme en Bretagne : « Vivre libre ou mourir. »

Et l'idée est née, de faire une fête de la Fédération, à Paris, rassemblant des délégués de tous les départements, des gardes nationaux représentant leurs régiments.

C'est l'enthousiasme.

On construit un arc de triomphe.

Des femmes, des hommes, de toutes conditions travaillent à aplanir le Champ-de-Mars, à dresser des gradins en terre, à préparer le rassemblement d'au moins 300 000 personnes.

La foule chante en travaillant avec ferveur.

Elle entonne :

Les aristocrates à la lanterne
Les aristocrates on les pendra.

mais aussi un *Ça ira* allègre :

Celui qui s'élève on l'abaissera
Et qui s'abaisse on l'élèvera
Ah ! ça ira ! ça ira ! ça ira !

Temps sombre le 14 juillet. Il pleut souvent par fortes averses et le cortège, parti à sept heures du matin de la Bastille, arrive à trois heures au Champ-de-Mars. Un pont de bateaux a été installé pour lui permettre de traverser la Seine.

Sur une plate-forme de six mètres de haut se trouve l'autel de la Patrie, entouré de deux cents prêtres portant des rubans tricolores. Le roi, la reine et la Cour pénètrent par l'École militaire dans une galerie couverte ornée de draperies bleu et or.

L'évêque d'Autun, Talleyrand-Périgord, entouré de quatre cents enfants de chœur en blanc, célèbre la messe.

La Fayette prête serment de rester fidèle à la nation, à la loi, au roi.

Les canons tonnent, les tambours roulent. « Vive La Fayette ! »

Le roi s'avance mais ne va pas jusqu'à l'autel. Il dit :

« Moi, Roi de France, je jure à la nation d'employer tout le pouvoir qui m'est délégué par la loi constitutionnelle de l'État, à maintenir la Constitution et à faire exécuter ses lois. »

On l'acclame. La reine soulève son fils, le montre au peuple.

Et celui-ci crie : « Vive la reine ! », « Vive le dauphin ! ».

22.

Louis, au château de Saint-Cloud, où la famille royale est rentrée au soir de ce 14 juillet 1790, s'interroge.

Que valent ces acclamations du peuple qui ont accompagné le carrosse du roi, tout au long de la traversée de Paris, alors que sous les averses, la foule continuait de festoyer ?

Louis est perplexe, exténué, comme si ce serment qu'il a prêté, et auquel le peuple a répondu en lui jurant fidélité, avait été une épreuve aux limites de ses forces. Et de même, Marie-Antoinette a paru épuisée, ne recommençant à parler et à sourire au dauphin que lorsque le carrosse est arrivé dans la cour du château.

Ici, à Saint-Cloud, on échappe à la foule, à la surveillance qu'elle exerce aux Tuileries, aux questions, aux injures et aux assauts qu'elle peut lancer.

Mais c'est le même peuple qui a crié : « Vive le roi ! », « Vive la reine ! », « Vive le dauphin ! ».

Comment se fier à lui, comment l'apaiser ? Est-ce possible ?

Ou bien faut-il fuir ?

Les questions lancinantes reviennent.

Fersen continue de les poser.

Il a assisté à la fête de la Fédération.

« Il n'y a eu que de l'ivresse et du bruit, dit-il, orgies et bacchanales, la cérémonie a été ridicule, indécente, et par conséquent pas imposante. »

Louis ne répond pas. Il songe que demain dès l'aube il chassera, et il espère qu'il débusquera du gros gibier, qu'il rentrera épuisé après plusieurs heures de course, ayant oublié ces questions dont on le harcèle.

Et dans les jours qui suivent, il chasse furieusement, mais à peine descend-il de cheval que son frère le comte de Provence, la reine, ou tel de ses ministres, Saint-Priest ou la Tour du Pin, l'interpellent, évoquant ces articles de Marat, lui tendent ce journal, *L'Ami du peuple*, dont l'audience, dit-on, s'accroît.

Chaque phrase de Marat est comme un coup de hache.

Il critique la fête de la Fédération, ce piège, cette illusion qu'on a offerte au peuple.

« Vous avoir fait jurer fidélité au roi, dit-il, c'est vous avoir rendu sacrés les ennemis qui ne cessent de conspirer sous son nom contre votre liberté, votre repos, votre bonheur. »

Louis a l'impression que Marat trempe sa plume dans le sang.

Il brandit chaque article comme une tête au bout d'une pique.

« La fuite de la famille royale est concertée de nouveau, écrit-il... Cessez de perdre votre temps à imaginer les moyens de défense. Il ne vous en reste qu'un seul : une insurrection générale et des exécutions populaires. Commencez donc par vous assurer du roi, du dauphin et de la famille royale : mettez-les sous forte garde et que leurs têtes vous répondent de tous les événements... Passez au fil de l'épée tout l'état-major parisien de la garde nationale, tous les "noirs" et les ministériels de l'Assemblée nationale. Je vous le répète, il ne vous reste que ce moyen de sauver la patrie. Il y a six mois que cinq ou six cents têtes eussent suffi pour vous retirer de l'abîme... Aujourd'hui peut-être faudra-t-il en abattre cinq à six mille, mais fallût-il en abattre vingt mille il n'y a pas à balancer un instant... »

Et quelques semaines plus tard, dans un nouvel article il se reprend :

« Il y a dix mois que cinq cents têtes abattues auraient assuré votre bonheur, dit-il ; pour vous empêcher de périr vous serez peut-être forcés d'en abattre cent mille après avoir vu massacrer vos frères, vos femmes et enfants... »

Louis se tasse. Il laisse tomber sa tête sur sa poitrine. Comment ne pas fuir un pays où de tels articles peuvent être publiés impunément ?

Et toutes les tentatives faites par Bailly, pour saisir les presses de *L'Ami du peuple* ou poursuivre Marat, ont échoué. Le peuple le défend.

Des députés, tel ce Maximilien Robespierre, le soutiennent et partagent ses vues.

Certes, des journalistes lui répondent, le dénoncent :

Marat, dites-vous, l'assassin,
Veille au salut de la patrie.
Le Monstre ! Il veille dans son sein
Comme un tigre affamé dans une bergerie.

Mais les membres du club des Cordeliers, que préside Danton, de nombreux Jacobins, le lisent, le suivent. Et on fait de ses articles des lectures publiques dans les jardins du Palais-Royal ou dans le faubourg Saint-Antoine.

« Les pages de sang qui chaque jour circulent dans le peuple, sous le nom du Sieur Marat, en indignant les gens éclairés, portant la terreur dans l'âme des citoyens pacifiques, alimentent sans cesse le délire forcené de la multitude, écrit un bourgeois parisien. Les faubourgs surtout sont le plus violemment saisis de cet esprit de vertige que le prétendu *Ami du peuple* a soufflé parmi des hommes simples et crédules. »

Louis se souvient du visage de ces hommes et femmes du peuple qui, le 6 octobre 1789, ont fait irruption à Versailles dans la chambre de la reine.

Au Châtelet, un procès leur a été intenté. Mais comment osera-t-on les condamner ? De même la loi martiale a été votée, mais dans les villes où des émeutes se produisent aucune municipalité n'ose la décréter.

À Paris, la foule a envahi et saccagé la maison du duc de Castries, dont le fils a blessé en duel régulier Charles Lameth, député et Jacobin.

« Tout a été cassé et brisé, constate un témoin. Ce Monsieur de Castries en sera pour ses meubles et pour ses glaces : quel procès peut-on faire à la multitude ?

« La même foule s'est portée chez Monsieur de Montmorency pour le forcer à ôter ses armoiries de dessus sa porte et à combler le fossé qui empiétait sur le boulevard et rétrécissait le chemin du peuple ou des piétons. Ce peuple vainqueur fait impitoyablement la guerre. »

La guerre.

Ce mot, Louis ne voudrait pas le lire, l'entendre. Mais il le rencontre à chaque instant.

Son frère le comte d'Artois a quitté Turin pour s'installer à Coblence. Il rassemble les émigrés dans l'espoir de constituer une armée.

En Ardèche vingt mille hommes armés se sont rassemblés au camp de Jalès, décidés à combattre pour le roi et les principes sacrés de la monarchie, à abolir la Constitution.

À Lyon, les royalistes s'organisent et les envoyés du comte d'Artois envisagent de soulever toute la région, de la Bourgogne à la Provence.

Et Fersen comme Marie-Antoinette pensent qu'il faut demander l'aide de l'empereur Léopold II, frère de la reine, qui vient d'écraser à Bruxelles, et à Liège, les patriotes qui avaient fondé les *États belgiques unis*.

L'Europe des rois fait « cause commune », s'inquiète de la « contagion » révolutionnaire.

À Londres, un parlementaire favorable pourtant à la révolution américaine, Edmund Burke, publie des *Réflexions sur la révolution de France*, traduites en français en novembre 1790, et qui sont un réquisitoire contre ce qui s'est accompli depuis 1789.

Pour la première fois, la voix d'un « contre-révolutionnaire » se fait entendre avec force, influence l'opinion, et d'abord celle des souverains et des aristocrates européens.

Aideront-ils par une intervention armée la cour de France à retrouver son pouvoir ?

Louis a lu la lettre que Marie-Antoinette adresse au nouveau gouverneur autrichien à Bruxelles, Mercy-Argenteau, qui fut longtemps son conseiller à Versailles :

« Nous ne demandons à aucune puissance, écrit la reine (à moins d'un événement pressant) de faire entrer leurs troupes dans ce pays-ci. Nous désirons seulement qu'au moment où nous serions dans le cas de les réclamer, nous pourrions être assurés que les puissances voudront bien avoir des troupes sur leurs frontières bordant la France en assez grand nombre pour servir de soutien et de ralliement aux gens bien intentionnés qui voudraient nous rejoindre... »

La guerre.

C'est un mot que Louis retrouve aussi dans les propos de Mirabeau que le comte de La Marck rapporte.

Le comte, député de la noblesse, voit dans la guerre civile le seul moyen de rétablir l'autorité du roi et d'éviter que « la foule ne devienne l'instrument aveugle des factieux ».

Et comme La Marck lui rappelait que le roi ne dispose pas d'argent pour attirer des partisans, Mirabeau a répondu :

« La guerre civile se fait toujours sans argent et d'ailleurs dans les circonstances présentes, elle ne serait pas de longue durée. Tous les Français veulent des places et de l'argent ; on leur ferait des promesses et vous verriez bientôt le parti du roi prédominant partout. »

Louis se lève, marche lourdement.

Même lors des chevauchées matinales, et même quand il traque un cerf, il reste préoccupé.

Il se persuade chaque jour davantage que loin de s'apaiser, la révolution s'approfondit, que les jours les plus sombres sont à venir.

Et que la haine se répand partout, comme une peste sociale qui n'épargne personne. Les royalistes haïssent les Jacobins.

« Le Jacobin participe de la nature du tigre et de l'ours blanc, écrit le journaliste Suleau. Il a l'air taciturne, l'encolure hideuse, le poil ras ; féroce et carnassier, il égorge pour le plaisir d'égorger, aime passionnément la chair humaine et vit dans un état de guerre perpétuelle avec tout ce qui n'est pas de son espèce à l'exception des démocrates... »

Suleau cite les noms de Robespierre, Danton, Brissot, Marat, Laclos.

Camille Desmoulins et Fabre d'Églantine seraient moins « carnassiers », plus démocrates...

Quant aux « patriotes » après avoir fait voter les décrets sur la Constitution civile du clergé, exigé le serment des prêtres, la fermeture des couvents, ils ridiculisent et pourchassent les « calotins ».

Les dames de la Halle fouettent les religieuses qui s'obstinent à rester fidèles à leurs vœux.

On les voit, dénudées, représentées sur une gravure portant pour légende. « D'après un relevé exact il s'est trouvé 621 fesses de fouettées, total 310 culs et demi attendu que la trésorière des Miramines n'avait qu'une seule fesse... »

Et les révolutionnaires suspendent des verges à la porte d'une église située sur les quais, entre la rue du Bac et la rue des Saints-Pères, où des « prêtres réfractaires » refusant le serment ont obtenu l'autorisation de célébrer la messe : « Avis aux dévotes aristocrates, médecine purgative distribuée gratis le dimanche 17 avril », préviennent-ils. Et la police ne peut les empêcher de fouetter quelques femmes.

Au Palais-Royal, on brûle l'effigie du pape Pie VI qui a condamné la Déclaration des droits de l'homme et du citoyen, et, surtout, la Constitution civile du clergé.

Nombre de prêtres qui avaient prêté serment – les prêtres jureurs – se rétractent, deviennent eux aussi réfractaires. Et la « guerre » entre les deux Églises, la haine entre les croyants qui suivent l'une ou l'autre, devient un des ressorts majeurs des affrontements entre citoyens. Louis le pressent d'abord puis le constate.

Et il est déchiré, comme fidèle catholique, d'avoir accepté de sanctionner les décrets sur le serment des prêtres.

« J'aimerais mieux être roi de Metz que de demeurer roi de France dans une position pareille, dit-il, mais cela finira bientôt. »

Car il semble à Louis que ni lui ni le royaume ne pourront supporter longtemps ce désordre, ces violences, cette remise en question de tout ce qui a été bâti au cours des siècles, et même de l'Église de Dieu.

Et ce n'est plus seulement les privilèges que l'on conteste, mais les propriétés.

« Je n'aime pas les rois mais j'aime encore moins les riches », écrit un certain Sylvain Maréchal, auteur d'un livre intitulé *L'Homme sans Dieu.*

« Vous décrétez l'abolition de la noblesse, continue-t-il, mais vous conservez l'état respectif des pauvres et des riches, des maîtres et des valets ; vous défendez aux premiers les armoiries, vous déchargez les seconds de leurs livrées mais ces distinctions ne sont que des simulacres, vous ne touchez point aux réalités... »

C'est aussi ce que disent Marat et Robespierre.

Et celui-ci est de plus en plus écouté au club des Jacobins.

Un jeune homme de vingt-cinq ans, Saint-Just, lui écrit de Picardie :

« Vous qui soutenez la patrie chancelante contre le torrent du despotisme et de l'intrigue, vous que je ne connais que, comme Dieu, par des merveilles... Vous êtes un grand homme. Vous n'êtes point seulement le député d'une province, vous êtes celui de l'Humanité et de la République. »

Louis est atteint au plus profond de ses convictions par ce qu'il est contraint d'accepter.

Il s'interroge encore. Sur quelles forces peut-il compter ?

On intrigue autour de lui, il le sait.

Le duc Philippe d'Orléans, un temps exilé à Londres, vient de rentrer à Paris, dans quel but, sinon de se présenter comme un successeur possible des Bourbons ?

Les frères de Louis, les comtes d'Artois et de Provence, ont chacun leurs visées.

La Fayette, malgré ses déclarations, ne peut être un allié sûr.

L'armée est déchirée par la rébellion des soldats contre leurs officiers aristocrates.

La garde nationale est « patriote », et hésite à rétablir l'ordre parce qu'elle est ouverte aux idées des émeutiers.

À Nancy, même les mercenaires suisses, du régiment de Châteauvieux, se sont dressés contre leurs chefs.

Et c'est le marquis de Bouillé – un cousin de La Fayette – qui est venu depuis Metz, à la fin août 1790, rétablir l'ordre. La reconquête de Nancy contre les Suisses, soutenus par les gardes nationaux et les Jacobins, a fait près de quatre cents morts.

Bouillé a châtié durement : quarante et un condamnés aux galères, trente-trois exécutions capitales, pendus ou roués.

L'Assemblée d'abord le félicite. La Fayette fait voter un décret contre toute insubordination des soldats, et interdit les clubs dans les régiments. Mais sous la pression des « enragés du Palais-Royal », des journaux, du peuple des tribunes de l'Assemblée, ces mesures sont annulées ou jamais appliquées

Faudrait-il quitter le royaume ? Et le reconquérir ?

Louis ne peut même plus se tourner vers Mirabeau, mort le 2 avril 1791, et que trois cent mille Parisiens accompagnent à l'église Sainte-Geneviève, devenue Panthéon, et où l'on se propose de déposer les cendres de Voltaire.

Ce Voltaire qui voulait « écraser l'infâme » et auquel Louis n'a jamais accordé une audience.

Et maintenant, Louis sanctionne les décrets que condamne le pape et qui réalisent le souhait de Voltaire !

Louis ne peut plus accepter cette abdication de soi.

Fuir alors comme le souhaite Marie-Antoinette, que Louis se reproche de mettre en danger, ainsi que leurs enfants.

Mais quitter les Tuileries, où la famille royale s'est réinstallée, ne sera pas aisé.

Louis a la certitude que Marat et quelques autres ont percé à jour ses intentions.

Ainsi, Marat appelle le peuple à la vigilance .

« Citoyens, armez-vous de haches et de piques ; grande illumination pendant trois jours, forte garde autour du château des Tuileries et dans les écuries. Arrêtez toutes les voitures qui voudraient sortir de Paris. Visitez les vêtements de tous les officiers supérieurs de l'armée parisienne, de tous les hommes qui ont l'air étranger, de tous les soldats... et si vous y trouvez la cocarde blanche, poignardez-les à l'instant. »

Louis sent que la tension, en ces premiers mois de 1791, est à nouveau extrême, comme à la veille du 14 juillet et des 5 et 6 octobre 1789.

Mais désormais, on parle de tuer les membres de la famille royale. Il comprend, il approuve que ses tantes, Mesdames Adélaïde et Victoire, filles de Louis XV, aient décidé d'émigrer.

On leur a délivré régulièrement des passeports, mais la garde nationale les arrête à Saulieu, puis à Arnay.

Le peuple s'est rassemblé autour de leur voiture, et ce n'est que sur l'intervention du président des Jacobins de Dijon qu'elles sont autorisées à poursuivre leur voyage.

Mais la nouvelle, connue à Paris, déclenche une émeute.

La foule veut démolir le donjon de Vincennes, qu'on dit destiné à être utilisé comme une nouvelle Bastille. La Fayette disperse les émeutiers, puis, aux Tuileries, il fait arrêter des nobles qui se sont rassemblés, portant poignards et épées pour défendre le roi.

La garde nationale désarme ces « chevaliers du poignard », soupçonnés de vouloir favoriser l'évasion du roi.

« Il fallait voir tous ces messieurs, raconte un témoin, sortir des appartements royaux entre une haie de gardes nationaux, soldés et volontaires, qui les conspuaient, moquaient, battaient, souffletaient au cul et au visage avec de grands éclats de rire et sans qu'un seul d'entre eux n'ose rétorquer ou répondre... »

Louis est humilié une nouvelle fois.

Il n'a pu défendre l'honneur de ceux qui étaient prêts à mourir pour lui.

Il est hanté par cette dernière phrase prononcée par Mirabeau, et recueillie par l'évêque Talleyrand qui le veillait :

« J'emporte avec moi les derniers lambeaux de la monarchie. »

Louis ne veut pas être le fossoyeur de sa dynastie. Il est au bout du chemin. Il a choisi.

Il écrit au marquis de Bouillé, le félicite d'avoir rétabli l'ordre à Nancy, après cette « fête de la Fédération qui a empoisonné les troupes ».

« Soignez votre popularité, lui mande Louis, elle peut m'être bien utile et au royaume. Je la regarde comme l'ancre de salut et que ce sera elle qui pourra servir un jour à rétablir l'ordre. »

Il fait parvenir au roi d'Espagne une lettre dans laquelle il déclare qu'il ne reconnaît pas la Constitution civile du clergé, qu'il a pourtant sanctionnée. Mais, dit-il, il est le fils fidèle de l'Église et du souverain pontife.

Il adresse les mêmes missives à Catherine II, à l'empereur et au roi de Suède.

Et Marie-Antoinette lui transmet la réponse de l'impératrice de Russie :

« Les rois doivent suivre leur marche sans s'inquiéter des cris des peuples, comme la lune suit son cours sans être arrêtée par les aboiements des chiens. »

Mais le peuple de France, Louis ne l'ignore pas, sait faire entendre ses cris !

Henri IV, et même Louis XIV, ont dû l'écouter.

La Bastille a été détruite par ce peuple. L'Assemblée nationale a, le 21 septembre 1790, décrété que le drapeau tricolore serait partout substitué au drapeau blanc.

Des clubs se sont créés, Jacobins, Cordeliers, Cercle social.

À l'Assemblée, lors de la discussion sur les droits des princes allemands en Alsace, le député Merlin de Douai a déclaré :

« Aujourd'hui les rois sont reconnus pour n'être que les délégués des nations... Qu'importent au peuple d'Alsace et au peuple français les conventions qui dans les temps du despotisme ont eu pour objet d'unir le premier et le second ? Le peuple alsacien s'est uni au peuple français parce qu'il l'a voulu... »

Et par la voix du député de la Corse, Saliceti, les Corses ont choisi dès le 30 novembre 1789 de faire partie de la France. Et les habitants du Comtat Venaissin, les Avignonnais, sujets du pape, ont formulé le même vœu.

En même temps, l'Assemblée a dans un décret affirmé « que la nation française renonce à entreprendre aucune guerre dans la vue de faire des conquêtes et déclare qu'elle n'emploiera jamais ses forces contre la liberté d'aucun peuple ».

Mais que devient le pouvoir sacré du souverain, si le roi n'est que le « délégué » de la nation ?

Que devient la responsabilité que Dieu lui a confiée, et que le sacre a manifestée ?

Et où est ma liberté ? s'interroge Louis.

Et que devient ma foi ?

Le 17 avril 1791, jour des Rameaux, Louis décide d'assister dans sa chapelle à la messe dite par un prêtre réfractaire. Et aussitôt un garde national en avertit le club des Cordeliers qui s'indigne, « dénonce aux représentants de la nation le premier fonctionnaire public, le premier sujet de la loi, comme réfractaire aux lois constitutionnelles qu'il a juré de maintenir et comme autorisant à la désobéissance et à la révolte... ».

Le lendemain, 18 avril, Louis décide de se rendre au château de Saint-Cloud.

La foule s'est rassemblée place Louis-XV et jusque sur la route du château.

Quand le roi et la famille royale sortent en carrosse de la cour des Tuileries, on crie, on hurle. Les brides des chevaux sont saisies.

Les gardes nationaux refusent d'obéir à Bailly et à La Fayette qui ordonnent de laisser le passage au roi.

« Nous ne voulons pas qu'il parte ! Nous faisons serment qu'il ne partira pas ! »

On accuse Louis XVI de préparer sa fuite.

Il s'étonne qu'après avoir donné la liberté à la nation, « je ne fusse pas libre moi-même ».

Il reste dans son carrosse plus d'une heure et demie, puis il en descend.

« On ne veut pas que je sorte ? Il n'est donc pas possible que je sorte ? Eh bien je vais rester ! »

Le lendemain, il se rend à l'Assemblée protester contre ce coup de force.

Il prête serment de nouveau à la Constitution dont, dit-il, « la Constitution civile du clergé fait partie ».

Il charge les ambassadeurs de déclarer aux souverains auprès desquels ils représentent le roi qu'il est libre...

Mais Louis envoie secrètement des lettres qui confirment son opposition à ces textes et la contrainte qu'il subit.

Mensonge ?

Louis doit aux siens, à sa fonction, à son royaume, cette duplicité.

C'est son droit de souverain d'agir selon ce que lui dictent ses principes.

Mais il est désormais résolu à quitter cette prison des Tuileries. Il reçoit le fils du marquis de Bouillé. Et Fersen prépare, en relation avec le marquis, les conditions de la fuite en direction de Montmédy.

Louis s'inquiète des propos de Marat qui dénonce un « prince hypocrite révolté contre la nation... Vous seriez, Parisiens, vous seriez les bourreaux de trois millions de vos frères si vous aviez la folie de lui permettre de s'éloigner de vos murs... »

Mais les jeux sont faits.

Le 18 juin 1791, Louis XVI dénonce à Bailly les « malveillants » qui répandent le bruit de son enlèvement.

Le 19 juin, Marie-Antoinette fait parvenir un courrier à Mercy-Argenteau, le gouverneur autrichien à Bruxelles :

« Tout est décidé, nous partons lundi 20 à minuit. Rien ne peut plus déranger ce plan. Nous exposerions tous ceux qui nous servent dans cette entreprise, mais nous sommes fâchés de ne pas avoir la réponse de l'empereur. »

23.

Il est à peine minuit passé de dix minutes, ce mardi 21 juin 1791, quand Louis, vêtu comme un valet de chambre d'une redingote brune peluchée et portant perruque et chapeau rond galonné, monte dans une « citadine », cette voiture de ville qui attend, rue Saint-Honoré, non loin du château des Tuileries.

Il vient de sortir seul par la grande porte sans que les factionnaires prêtent attention à cette silhouette débonnaire commune de domestique.

L'un des souliers du roi s'est défait et Louis l'a remis sans hâte. Dans la voiture il trouve ses deux enfants, le dauphin Louis, âgé de six ans, ct Madame Royale – Marie-Thérèse – qui a treize ans. Ils sont accompagnés de leur gouvernante, Madame de Tourzel.

Il y a aussi la jeune sœur du roi, Madame Élisabeth, d'à peine vingt-sept ans.

Le comte Fersen, qui a préparé la fuite de la famille royale, « jouait parfaitement le rôle de cocher de fiacre, sifflant, causant avec un soi-disant camarade qui se trouvait là par hasard, et prenant du tabac dans sa tabatière ».

Il faut attendre la reine qui, comme Louis, a fait mine de se coucher selon le rituel habituel.

Puis elle a revêtu une robe austère de gouvernante, et elle rejoint la citadine vers minuit trente. Elle a croisé la voiture de La Fayette sans que celui-ci la reconnaisse sous son déguisement.

« Dès que la reine fut montée dans la voiture, raconte Madame de Tourzel, Louis la serre dans ses bras, l'embrassant et répète "que je suis content de vous voir arrivée". »

La citadine peut alors rouler jusqu'à la barrière Saint-Martin, à l'entrée de la route de Metz, où l'attend une grosse berline vert foncé, aux immenses roues jaunes, aux nombreux coffres et que surveillent trois fidèles gardes du corps.

La famille royale et Madame de Tourzel prennent place à son bord.

La berline a été construite en vue de cette fuite. Elle est confortable, capitonnée de velours blanc, munie de « vases de nécessité » prévus pour les longs voyages.

Fersen va la conduire jusqu'au premier relais à l'orée de la forêt de Bondy. Là, à la demande de Louis, il est entendu qu'il quittera les fugitifs, qui sont déjà en retard d'une heure et demie sur l'horaire établi entre Fersen et le marquis de Bouillé, l'homme qui a maté la révolte de la garnison de Nancy.

La route est longue.

On va se diriger vers Montmirail, Châlons-sur-Marne, Sainte-Menehould, Clermont-en-Argonne, Varennes, un petit village sur la rivière l'Aire.

De là on gagnera Montmédy, but du voyage, non loin de la frontière avec la Belgique, territoire impérial. Et là, attendent dix mille soldats autrichiens qui, si nécessaire, pourront prêter main-forte à Louis XVI. Mais le roi compte que la menace suffira.

D'ailleurs, il disposera des troupes du marquis de Bouillé qui a placé des hussards, des dragons, des cavaliers du Royal-Allemand, en plusieurs points, après Châlons-sur-Marne. Ils sont chargés de protéger la famille royale, et de couper les communications avec Paris.

Les soldats ignorent qu'ils devront escorter le roi et sa famille. On leur a expliqué qu'ils attendent un « trésor » destiné au paiement de la solde des régiments de la frontière.

Le marquis de Bouillé et ses officiers – le comte de Choiseul, le colonel de Damas – ne sont pas sûrs de l'état d'esprit de ces sept cent vingt-trois hommes qui pourraient refuser d'obéir, si la population, les municipalités manifestaient leur opposition au roi.

La seule manière d'éviter cette « fermentation », cette rébellion, c'est de faire vite.

Or, à Montmirail, la berline qui a été rejointe par un cabriolet où ont pris place les deux femmes de chambre de la reine a déjà trois heures de retard sur l'horaire prévu.

Il est onze heures, ce mardi 21 juin.

On sait à Paris, depuis plus de trois heures, que le roi s'est enfui.

C'est à sept heures que Lemoine, le valet de chambre du roi, a constaté que Louis n'était plus dans son lit et que la famille royale avait disparu. Il a donné l'alerte et dès huit heures la nouvelle est connue dans tout Paris.

L'Assemblée se réunit, présidée par Alexandre de Beauharnais.

On découvre une *Déclaration adressée à tous les Français*, que le roi a laissée en évidence dans sa chambre.

Louis s'y plaint de tous les outrages subis. Seule récompense de ses sacrifices : « la destruction de la royauté, tous les pouvoirs méconnus, les propriétés violées, la sûreté des personnes mise partout en danger, une anarchie complète ».

Il dénonce ces « Sociétés des Amis de la Constitution, une immense corporation plus dangereuse qu'aucune de celles qui existaient auparavant... Le roi ne pense pas qu'il soit possible de gouverner un royaume d'une aussi grande étendue et d'une aussi grande importance que la France par les moyens établis par l'Assemblée nationale. »

Et Louis XVI invite les habitants de sa « bonne ville » de Paris, tous les Français, à se méfier des « suggestions et des mensonges de faux amis ; revenez à votre roi, il sera toujours votre père, votre meilleur ami ; quel plaisir n'aura-t-il pas à oublier toutes ses injures personnelles et de se revoir au milieu de vous, lorsqu'une Constitution qu'il aura acceptée librement fera que notre sainte religion sera respectée, que le gouvernement sera établi sur un pied stable… et qu'enfin la liberté sera posée sur des bases fermes et inébranlables ».

« Tout Paris est en l'air. »

On s'indigne. L'Assemblée siège en permanence. Le club des Cordeliers lance une pétition en faveur de la République.

On brise les bustes du roi, on macule son nom, tout ce qui rappelle la royauté.

Louis a donc menti.

On se souvient de ce qu'écrivait Marat, dans *L'Ami du peuple*. On se rappelle qu'un nouveau journal, *Le Père Duchesne*, avait affirmé dès février que « la femme Capet veut se faire enlever avec le gros Louis par La Fayette et les chevaliers du poignard ».

On se scandalise, que ce même La Fayette, suivi par la majorité des députés, évoque « les ennemis du roi enlevant le roi ».

Robespierre s'insurge contre ce conte de l'enlèvement de Louis XVI. Et aux Jacobins, il attaque les députés, les Barnave, les Duport, les La Fayette, les Lameth.

« Ils ont dans vingt décrets appelé la fuite du roi un enlèvement. Voulez-vous d'autres preuves que l'Assemblée nationale trahit les intérêts de la nation ? »

Il rappelle qu'il a fait voter, le 16 mai, une loi selon laquelle aucun des députés de l'Assemblée constituante ne pourra être élu dans la future Assemblée législative.

Il avait voulu ainsi exclure ces députés modérés qui ne sont que « modérément patriotes ».

« Je soulève contre moi tous les amours-propres, dit-il. J'aiguise mille poignards et je me dévoue à toutes les haines. Je sais le sort qu'on me garde… Je recevrai presque comme un bienfait une mort qui m'empêchera d'être témoin des maux que je vois inévitables. »

Les Jacobins se dressent : « Nous mourrons tous avec toi ! », « Nous jurons de vivre libres ou mourir ! » crient-ils.

Mais Barnave intervient, et c'est sa motion qu'on vote :

« Le roi égaré par des suggestions criminelles s'est éloigné de l'Assemblée nationale. »

Cependant dans les rues, aux carrefours, au Palais-Royal, des orateurs clament les propos de Robespierre. Camille Desmoulins les diffuse. Ils enflamment le jeune Saint-Just. Certains veulent que Robespierre soit proclamé « dictateur ».

L'opinion s'embrase.

« On peut se passer de roi », crie-t-on.

Dans les faubourgs, on dit qu'il faut saigner « le gros cochon », « Louis le faux ».

On efface, on arrache les effigies du roi, de la reine, des princes !

On apprend que le comte de Provence, frère du roi, s'est lui aussi enfui, mais que Philippe duc d'Orléans s'est inscrit au club des Jacobins.

On soupçonne des intrigues, des manœuvres, le duc remplaçant le roi, un Orléans un Bourbon.

Mais on n'accorde guère attention à cette hypothèse.

On écoute et amplifie les rumeurs selon lesquelles les armées autrichiennes marcheraient sur Paris.

Puis on se précipite aux Tuileries où tous les appartements sont ouverts. On ne vole rien. Seul un portrait du roi disparaît, et on déchire les exemplaires des journaux royalistes, *Les Actes des apôtres*, *L'Ami du roi*, trouvés sur un guéridon. Et on se retire quand les scellés, à deux heures de l'après-midi ce mardi 21 juin, sont posés.

Après, dans les rues, on passe au noir de fumée les mots « roi » ou « royal ».

« Le soir, note un témoin, dans le jardin des Tuileries et celui du Palais-Royal, on faisait d'un air tranquille et rassuré les motions les plus injurieuses au roi et à la royauté. Imaginez ce que l'on peut dire de plus avilissant vous serez encore au-dessous. »

On entend : « Capet est assez gras pour ce que l'on veut en faire ! »

« On fera des cocardes avec les boyaux de Louis et d'Antoinette et des ceintures avec leurs peaux. On réclame leurs cœurs et leurs foies pour les cuire et les manger. »

Sur une pancarte accrochée aux grilles, on lit : « Il a été perdu un roi et une reine, récompense honnête à qui ne les retrouvera pas. »

« Le roi s'est détrôné », commente un évêque constitutionnel.

Et Gouverneur Morris évoque « la nature basse et cruelle du roi. Il est brutal et hargneux. Il n'est pas étonnant qu'un pareil animal soit détrôné. »

L'Ami du peuple et *Le Père Duchesne* sont impitoyables.

« Voici le moment de faire tomber les têtes des ministres et de leurs subalternes », écrit Marat.

« Bougre de lâche ! Foutu tartufe ! Je savais que tu n'étais qu'une bougre de bête, mais je ne te croyais pas le plus scélérat, le plus abominable des hommes », martèle le Père Duchesne.

Pourtant, l'Assemblée dans sa majorité s'inquiète de cette « nouvelle révolution » qui semble commencer.

Il faut éviter ce saut dans l'inconnu. Maintenir contre l'évidence que le roi a été enlevé, qu'il pourrait être suspendu, mais non détrôné.

La Fayette, qui envoie des courriers dans toutes les directions pour se saisir de la famille royale afin de la ramener à Paris, ne parle dans les ordres qu'il donne que de roi enlevé.

Mais *Le Père Duchesne* écrit :

« Bougre de Capet, tu seras trop heureux si tu ne laisses pas ta tête sur l'échafaud... Ah je me doute bien que tu vas encore faire le bon apôtre et que secondé des jean-foutre du Comité de Constitution, tu vas promettre monts et merveilles. On veut encore te foutre la couronne sur ta tête de cerf, mais non, foutre, ça ne sera pas ! D'un bout à l'autre de la France il n'y a qu'un cri contre toi, contre ta foutue Messaline, contre toute ta bougre de race. Plus de Capet, voilà le cri de tous les citoyens... Nous te foutrons à Charenton et ta garce à l'hôpital. »

Sur la route, la berline a déjà quatre heures de retard à Châlons-sur-Marne.

Les dragons du marquis de Bouillé se sont repliés.

Les paysans armés de piques et de bâtons, la garde nationale avec des fusils, les ont entourés, inquiets de la présence de ces troupes.

À huit heures moins cinq du soir, au relais de Sainte-Menehould le maître de poste Drouet, qui a servi à Versailles dans les dragons, croit reconnaître la reine, qu'il a souvent vue, et le roi, en la personne de ce valet de chambre dont le profil ressemble à celui gravé sur les écus et frappé sur les assignats.

Il observe, il doute, il se tait, laisse la grosse berline et le cabriolet repartir.

Il est huit heures dix, ce mardi 21 juin.

Et tout à coup deux courriers, qui traversent Sainte-Menehould. Ils arrivent de Paris. Ils annoncent la fuite du roi.

Les dragons ne les ont pas arrêtés.

Drouet s'élance avec un autre ancien dragon, Guillaume.

Ils passent à Clermont-sur-Argonne, où les hussards au lieu d'escorter les voitures royales ont crié avec les paysans : « Vive la nation ! », et ont refusé d'exécuter les ordres concernant ces voitures suspectes, cette berline énorme, pleine comme un œuf sans doute d'émigrés.

Les hussards sont désarmés, et Drouet et Guillaume, par des chemins de traverse qui sinuent dans la forêt, gagnent Varennes-en-Argonne, où ils découvrent la berline à l'arrêt dans le haut du village. Ils avertissent le procureur-syndic, l'épicier Sauce, le décident à établir une barricade sur le pont qui enjambe l'Aire. Les voitures arrivent, s'immobilisent.

Le procureur exige que les voyageurs descendent, entrent chez lui. Le tocsin sonne. Les paysans, la garde nationale se rassemblent. Le procureur est allé chercher le juge Destez qui a vécu à Versailles.

Pendant ce temps, Drouet compare le visage du valet de chambre avec le profil royal figurant sur les monnaies.

C'est le roi, dit-il, qui d'autre d'ailleurs aurait eu le pouvoir de rassembler autant de troupes !

« Si vous pensez que c'est votre roi, vous devriez au moins le respecter davantage », s'écrie la reine.

Voici le juge.

Il avance dans la petite pièce envahie par la foule.

Et brusquement, il se jette à genoux : « Ah ! Sire ! » s'exclame-t-il.

Louis hésite, se lève.

« Eh bien oui, je suis votre roi. Voici la reine et la famille royale. »

Il embrasse le procureur-syndic, le juge-syndic puis tous ceux qui l'entourent.

Il est minuit et demi, le mercredi 22 juin.

Lorsque cent cinquante hussards arrivent à Varennes, il est trop tard.

Les paysans occupent la rue. La garde nationale a mis deux canons en batterie. Drouet lance : « Vous n'aurez le roi que mort. »

Les hussards se replient, menacés d'être pris entre deux feux, et les femmes sur l'ordre de Drouet sont remontées dans les maisons et sont prêtes à lapider les soldats.

« Les hussards confèrent ensemble, raconte Drouet, et l'instant d'après viennent se jeter dans les bras de la garde nationale. Leur commandant s'est échappé. »

On crie : « Vive la nation ! »

« Ils eurent bien tort de céder si facilement, conclut Drouet, les canons dont on les menaçait n'étaient pas chargés. »

Mais de tous les villages voisins, des paysans armés de faux, de piques, de fusils et de bâtons arrivent, éclairés par des torches.

Le tocsin de toutes les églises sonne.

Il y aura bientôt dix mille paysans à Varennes.

À cinq heures du matin, ce mercredi 22 juin, les courriers de La Fayette arrivent et présentent au roi le décret ordonnant le retour du roi et de la famille royale à Paris.

« Il n'y a plus de roi de France », dit Louis.

Louis voudrait retarder l'instant du départ. Il espère encore l'arrivée des troupes du marquis de Bouillé, ces trois cents hommes du Royal-Allemand.

Il feint de dormir. On le réveille. Les paysans, les gardes nationaux, les autorités municipales souhaitent qu'on se mette aussitôt en route pour Paris, car ils craignent le massacreur de Nancy, ce marquis de Bouillé.

Mais le pays tout entier est soulevé, et le Royal-Allemand n'interviendra pas. Le marquis de Bouillé, après s'être replié à Montmédy, préfère s'enfuir au Luxembourg.

Le roi et la famille royale n'ont plus qu'à se soumettre, à entendre les cris de la foule venue s'entasser le long de la route qui conduit à Sainte-Menehould, à Châlons-sur-Marne.

Les voitures royales roulent lentement, escortées d'une dizaine de milliers d'hommes à pied et à cheval.

Les injures, les menaces, toute une violence accumulée depuis des siècles, refoulée, explose, éruption vengeresse. Et Louis ne sait que répéter : « Je ne voulais pas sortir du royaume. »

La chaleur de cette journée du mercredi 22 juin 1791 est torride. Un peu avant Châlons, un homme à cheval apparaît, tente de s'approcher de la berline. Vite désarçonné, il est piétiné, poussé dans un fossé.

C'est le comte de Dampierre qui voulait saluer le roi mais que les paysans détestent pour son âpreté dans la perception des droits féodaux.

« Qu'est-ce ? » demande Louis XVI qui a vu le tumulte.

« Ce n'est rien, c'est un homme que l'on tue. »

On arrive à Châlons-sur-Marne à onze heures du soir.

On en repartira le jeudi 23 juin à neuf heures.

Chaleur et outrages.

On crache au visage du roi. On malmène la reine dont la robe est déchirée.

« Allez ma petite belle, on vous en fera voir bien d'autres », lance une femme.

« La reine baisse la tête, presque sur ses genoux. »

Entre Épernay et Dormans, vers sept heures du soir, les trois commissaires que l'Assemblée nationale a désignés pour ramener le Roi rejoignent la berline.

Barnave et Pétion montent avec la famille royale, La Tour Maubourg s'installe dans l'autre voiture, en compagnie du colonel Mathieu Dumas.

La foule accueille les commissaires avec ferveur.

« Je ne puis peindre le respect dont nous fûmes environnés, dit Pétion. Quel ascendant puissant, me disais-je, a cette Assemblée ! »

Barnave s'est installé entre le roi et la reine. Pétion entre Madame de Tourzel et Madame Élisabeth.

Il semble à Pétion que la sœur du roi s'abandonne contre lui.

« Madame Élisabeth serait-elle convenue de sacrifier son honneur pour me faire perdre le mien ? » se demande-t-il tout en observant Barnave qui chuchote avec la reine.

La chaleur est étouffante.

« Le roi n'a pas voulu sortir de France », répète Madame Élisabeth.

« Non, Messieurs, dit le roi en parlant avec volubilité, je ne sortais pas, je l'ai déclaré, cela est vrai. »

On arrive à Meaux le vendredi 24 juin.

On repartira pour Paris vers sept heures du matin, le samedi 25 juin.

Louis feuillette son Journal, relit ce qu'il a écrit, jour après jour, au fil de ces heures qui, et il s'en étonne, ne lui laissent aucun regret pour lui-même.

Il souffre pour la reine et les enfants, pour sa sœur et ses trois gardes du corps, insultés, et pour Madame de Tourzel.

Il songe à cet homme, sans doute un noble fidèle, égorgé dans un fossé.

Il a appris que le comte de Provence a atteint la Belgique sans encombre.

Dieu décide du sort qu'il réserve à chacun.

Louis a noté :

« *Jeudi 21 juin* : départ à minuit de Paris, arrivé et arrêté à Varennes-en-Argonne, à onze heures du soir.

22 : Départ de Varennes à cinq ou six heures du matin, déjeuner à Sainte-Menehould, arrivé à dix heures à Châlons, y souper et coucher à l'ancienne Intendance.

23 : À onze heures et demie on a interrompu la messe pour presser le départ, déjeuner à Châlons, dîner à Épernay, trouvé les commissaires de l'Assemblée auprès du port à Buisson, arrivé à onze heures à Dormans, y souper, dormi trois heures dans un fauteuil.

24 : Départ de Dormans, à sept heures et demie, dîner à la Ferté-sous-Jouarre, arrivé à onze heures, à Meaux, souper et coucher à l'Évêché.

Samedi 25 : Départ de Meaux à six heures et demie… »

Il ajoutera à cette journée du samedi 25 juin : « … arrivé à Paris sans s'arrêter. »

Il ne dit rien de la foule immense dans la chaleur, des cris, du tour de Paris par les « nouveaux boulevards », pour éviter les manifestations violentes.

Puis les Champs-Élysées, la place Louis-XV.

La garde nationale forme la haie, crosse en l'air. Et la foule crie, quand la reine descend de voiture dans la cour des Tuileries : « À bas l'Autrichienne. »

On se précipite pour tenter de s'emparer des trois gardes du corps habillés en courriers. Les commissaires les arrachent à ces « tigres » – comme les nomme Barnave - qui déjà, dans la forêt de Bondy, puis à Pantin, ont voulu prendre la berline d'assaut. Les femmes étaient les plus haineuses, « tigresses », qui menaçaient de dépecer la reine, de l'écarteler.

On a crié : « La bougresse, la putain, elle a beau nous montrer son enfant, on sait bien qu'il n'est pas de lui. »

C'est la garde nationale qui les a repoussées, et le fait encore devant les Tuileries. Mais les soldats n'appliquent pas l'ordre qui a été donné par l'Assemblée :

« Quiconque applaudira le roi sera bâtonné, quiconque l'insultera sera pendu. »

Mais le roi reste le roi : il n'a été que *suspendu*.

Dans les appartements royaux, les valets en livrée s'affairent autour de Louis, font sa toilette.

« En voyant le roi, écrit Pétion, en le contemplant, jamais on n'aurait pu deviner tout ce qui venait de se passer ; il était tout aussi flegme, tout aussi tranquille que si rien n'eût été. Il se mit sur-le-champ en représentation. »

À La Fayette qui vient prendre ses ordres, Louis répond en riant : « Il me semble que je suis plus à vos ordres que vous n'êtes aux miens. »

Et Louis note le lendemain dans son Journal :

« *Dimanche 26* : Rien du tout, la messe dans la galerie. Conférence des commissaires de l'Assemblée. »

Ce matin-là, la reine ayant ôté son bonnet de nuit devant sa femme de chambre, celle-ci constata que les cheveux de Marie-Antoinette étaient devenus tout blancs « comme ceux d'une femme de soixante-dix ans ».

Dans son Journal, le surlendemain, Louis XVI écrit :

« *28* : J'ai pris du petit-lait. »

24.

En ces derniers jours du mois de juin 1791, Paris est écrasé par une chaleur lourde et orageuse.

Et Louis souffre d'être prisonnier dans les appartements des Tuileries, de ne pouvoir se promener dans les jardins, sur les terrasses, ni naturellement chevaucher et chasser dans les forêts.

Les gardes nationaux, soldés ou volontaires, ont dressé des tentes sur les pelouses. Des sentinelles patrouillent sans relâche. Les portes des chambres – y compris celle de la reine – doivent rester ouvertes, afin que les gardes puissent à tout instant s'assurer de la présence des souverains.

Louis a joué un tour à ces patriotes. Il s'est caché derrière une tapisserie, laissant l'inquiétude gagner ses gardiens, qui ont appelé en renfort deux sapeurs et douze grenadiers, afin qu'ils brisent les portes dont ils ne possèdent pas la clé.

— Eh bien me voilà, a lancé le roi, en soulevant le coin de la tapisserie.

Il lui plaît de constater le malaise de ces « patriotes » venus l'interroger, qu'ils soient gardes nationaux, commissaires de l'Assemblée ou même qu'il s'agisse du général La Fayette.

La Fayette et les commissaires, qui reflètent l'opinion de la majorité de l'Assemblée, n'utilisent jamais le mot de *fuite* mais parlent soit d'*enlèvement*, soit de *voyage*.

S'ils font mention de la *Déclaration adressée aux Français* qu'il avait laissée dans la chambre avant de quitter les Tuileries, c'est pour dire qu'il s'agit d'un brouillon sans valeur, qu'aucun ministre n'a signé, et qui n'engage pas le souverain.

Ils répètent que le roi est inviolable, qu'on ne peut donc le juger, et qu'il ne restera suspendu que jusqu'au moment où il aura de nouveau prêté serment à la Constitution.

Louis, peu à peu, se rassure.

Il mesure combien cette majorité de députés est inquiète à l'idée que le peuple, et les membres du club des Cordeliers – Danton, Desmoulins –, et la partie des Jacobins qui suit Robespierre pourraient imposer la République, ou une régence de Philippe d'Orléans.

Le duc s'est choisi le nom de Philippe Égalité. Il fait mine d'avoir renoncé à toute ambition personnelle, mais ses partisans – l'écrivain Choderlos de Laclos, Danton – continuent de mener campagne pour la déchéance du roi, qui permettrait de faire de Philippe d'Orléans le successeur, le régent ou le lieutenant général du royaume.

Sinon, un César imposerait sa dictature. Ce pourrait être La Fayette, ou bien un marquis de Bouillé, qui, depuis le Luxembourg, a écrit à l'Assemblée pour menacer Paris d'une destruction « pierre après pierre », si le roi ou les membres de la famille royale étaient maltraités. Et le marquis de Bouillé a assuré qu'il était responsable de l'enlèvement du roi.

Louis s'étonne de voir la majorité de l'Assemblée accepter cette thèse et, peu à peu, il se persuade que la situation peut encore se retourner.

Il doit être patient, faire croire à ces députés qui ne veulent pas l'accabler, qui l'écoutent avec déférence, qu'il est prêt à accepter la Constitution.

« J'ai bien reconnu dans ce voyage, dit-il à La Fayette, que je m'étais trompé et que l'attachement à la révolution est l'opinion générale. »

Il encourage Marie-Antoinette à écouter Barnave, qui tout au long du trajet de retour s'est montré soucieux de protéger la reine.

Cet homme, séduit, aspire à conseiller Marie-Antoinette, à prendre la place de feu Mirabeau.

Pourquoi pas ?

Barnave a déclaré à l'Assemblée .

« Tout le monde doit sentir que l'intérêt commun est que la révolution s'arrête. Ceux qui ont perdu doivent savoir qu'il est impossible de la faire rétrograder ; qu'il ne s'agit plus que de la fixer… »

Il faut conforter Barnave. Il est avec Duport, Lameth, La Fayette et même Sieyès, de ceux qui s'opposent aux « patriotes exaltés », à ces « tigres ».

Et Louis, chaque jour depuis son retour aux Tuileries, entend ces « bêtes fauves » hurler des injures.

Ils sont derrière les grilles. Ils se rassemblent place Louis-XV. Les gardes nationaux ne peuvent, ou ne veulent pas, les repousser, les disperser, les faire taire.

Et lorsque, à la fin de la journée, Louis s'approche d'une fenêtre, pour profiter de la fraîcheur de la brise, les insultes fusent, hurlées.

« Imbécile », « Cochon », « Perfide », « Lâche ».

On menace de le saigner, de le dépecer, de lui dévorer le cœur.

Et lorsque la reine s'approche, les hurlements redoublent contre « la putain Toinon, l'Autrichienne, qu'il faudra fouetter, écorcher ».

On veut les juger. On crie que la nation n'a pas besoin d'un roi. Et parfois jaillit le mot de *république.*

« Le peuple est furieux, note un témoin, depuis l'Assemblée nationale même, jusque dans les derniers cafés : cela ressemble à ces vents qui frisent la terre, une heure avant l'ouragan dévastateur. »

Qui le déchaînera ? Louis lit avec attention les propos de ce Jacobin, Maximilien Robespierre, qui dès le dimanche 26 juin a réclamé qu'un tribunal soit chargé d'entendre les deux souverains :

« La reine n'est qu'une citoyenne, a-t-il dit, et le roi en qualité de premier fonctionnaire du royaume est soumis aux lois. »

Habile et prudent, ce Robespierre !

Il laisse Danton, Laclos, Camille Desmoulins évoquer la République, ou bien un « moyen constitutionnel » permettant de remplacer Louis XVI – et chacun comprend qu'ils pensent à un régent, qui serait Philippe d'Orléans –, mais Robespierre ne se prononce pas. Il dit seulement que si le roi est inviolable, le peuple l'est aussi. Qu'on doit donc interroger le roi, et la citoyenne Marie-Antoinette.

Louis n'a jamais relevé une injure dans la bouche de Robespierre. C'est Pétion qui dit que le roi est un « monstre » et un autre député, Vadier, qui lance un « brigand couronné ».

Robespierre ne signe pas la pétition des cordeliers qui réclament la « déchéance du Roi ».

Il ne participe ni à la manifestation de trente mille ouvriers qui se réunissent place Vendôme, le 24 juin, ni à ce grand rassemblement devant l'Assemblée, rue Saint-Honoré, en faveur de la déchéance du roi, mais aussi contre toute idée de remplacement du Bourbon par un Orléans, et contre l'institution d'une régence.

« Plus de monarchie », « plus de tyran », crie-t-on.

Et Robespierre ne suit pas Condorcet ou l'écrivain américain Thomas Paine qui s'affirment républicains.

Louis observe. Il médite les propos de Barnave, qui conseille la reine, répète qu'une majorité de députés va se prononcer contre la déchéance, que l'Assemblée est prête à mettre fin à la suspension du roi dès lors qu'il approuverait la Constitution.

Et cependant, Louis est inquiet. L'Assemblée décide de recruter mille volontaires nationaux, qui formeront une armée fidèle à la Constitution. Et les soldats éliront leurs sous-officiers et leurs officiers.

Il faut aussi assister à ce défilé d'un cortège qui accompagne les cendres de Voltaire qu'on transfère au Panthéon.

Et Louis est assis, jambes croisées devant sa fenêtre, pour le regarder passer sur le Pont-Royal. Puis le cortège s'immobilise devant le pavillon de Flore plus de trois quarts d'heure. Marie-Antoinette entre dans la chambre et fait fermer les stores !

Mais on entend chanter :

Peuple réveille-toi, romps les fers
Remonte à ta grandeur première
...
La Liberté t'appelle
Tu naquis pour elle
...
L'affreux esclavage
Flétrit le courage
Mais la liberté
Relève sa grandeur et nourrit sa fierté
Liberté, liberté !

Louis s'efforce d'accepter tout cela placidement.

Il faut laisser la révolution s'étendre comme un fleuve en crue, qu'il ne sert à rien de vouloir endiguer, mais qui un jour s'asséchera, rentrera dans son lit.

Et c'est la tentative de fuite, la nuit passée à Varennes-en-Argonne, qui lui donnent cette sagesse.

C'est le mouvement du fleuve lui-même qui rendra toute sa place à la monarchie. Alors, peu importe que l'Assemblée prenne des mesures contre les émigrés, triplant l'imposition sur leurs biens s'ils ne rentrent pas dans les deux mois, ou bien qu'on célèbre, au Champ-de-Mars, le deuxième anniversaire de la prise de la Bastille, en grande pompe, et par grand soleil. Et l'évêque de Paris dit la messe sur l'autel de la Patrie, et entonne un *Te Deum*.

Et c'est sur cet autel que les Cordeliers veulent déposer une pétition, pour la déchéance, le 17 juillet. Ils ont déjà recueilli six mille signatures.

Mais ils sont dans l'illégalité, puisque l'Assemblée souveraine a refusé de voter la déchéance du roi, et au contraire l'a innocenté.

C'est Barnave qui, le 15 juillet, a emporté la décision, dans un grand discours où l'homme qui a ouvert à Grenoble et à Vizille, en 1788, la période révolutionnaire souligne les dangers de continuer la révolution.

« Ce que je crains, dit Barnave, c'est notre force, nos agitations, c'est le prolongement indéfini de notre fièvre révolutionnaire. Allons-nous terminer la révolution ? Allons-nous la recommencer ? Si la révolution fait un pas de plus elle ne peut le faire sans danger ; c'est que dans la ligne de la liberté, le premier acte qui pourrait suivre serait l'anéantissement de la royauté ; c'est que dans la ligne de l'égalité, le premier acte qui pourrait suivre serait l'attentat à la propriété… Pour ceux qui voudraient aller plus loin, quelle nuit du 4 août reste-t-il à faire, si ce n'est des lois contre les propriétés ? »

C'est comme si le fleuve de la Révolution se divisait en deux courants.

L'un veut fixer la Révolution.

L'autre veut se laisser porter par le fleuve, et au bout il y a, en effet, les « partageux », qui veulent – et leurs voix se sont déjà fait entendre –, au-delà du roi, s'en prendre aux riches, aux propriétés.

Et Louis mesure qu'il est aux yeux d'un Barnave, d'un La Fayette, d'un Duport et d'un Sieyès, un rempart.

Et un obstacle pour les autres, Marat, Maréchal, Hanriot, et ce Gracchus Babeuf, un Picard qui rêve au partage des terres, comme ce jeune Saint-Just.

Et les Cordeliers, avec l'imprimeur Momoro, le poète Fabre d'Églantine, maintiennent, en dépit des décisions de l'Assemblée, leur décision de déposer leur pétition sur l'autel de la Patrie, au Champ-de-Mars, le 17 juillet.

Tension au club des Jacobins.

Maximilien Robespierre, prudemment, se tait.

Il craint l'« illégalité », les mesures de force que l'Assemblée peut décider.

Il met en garde contre les dangers d'une pétition, mais il dit aussi :

« Le moment du danger n'est pas celui de la pusillanimité… Je suis prêt à mourir pour le salut du peuple sensible et généreux. »

Et une partie des Jacobins se rallie à la pétition.

C'en est trop pour Barnave, La Fayette, Duport, Lameth.

Ils quittent la séance, le club des Jacobins. Ils décident de créer non loin de là, dans le couvent des Feuillants, toujours rue Saint-Honoré, un autre club, « modéré », celui des Feuillants.

Le parti des patriotes s'est bien déchiré.

Le 16 juillet, les Cordeliers, les Jacobins, s'en vont déposer une pétition sur l'autel de la Patrie.

Elle déclare le décret de l'Assemblée « contraire au vœu du peuple souverain », demande le « jugement d'un roi coupable » et le « remplacement et l'organisation d'un nouveau pouvoir exécutif ». Et ils appellent le peuple à venir signer la pétition, demain 17 juillet, un dimanche.

On devait se réunir place de la Bastille et se rendre en cortège au Champ-de-Mars.

Mais les gardes nationaux sont là, qui empêchent le rassemblement. On dit que Bailly et la municipalité ont décidé d'empêcher tout rassemblement et de faire appliquer la loi martiale.

Les bataillons de la garde nationale, soldés et volontaires bourgeois, sont sous les armes, avec leurs drapeaux rouges, qu'on arbore aussi aux fenêtres de l'Hôtel de Ville.

Mais les dix mille pétitionnaires, parmi lesquels de nombreuses femmes avec enfants, qui se retrouvent au Champ-de-Mars où ils se sont rendus par petits groupes ne peuvent imaginer que la garde nationale tirera sur eux, même quand ils la voient arriver, avec ses fusils, ses baïonnettes et des canons.

La tension monte cependant.

On découvre, sous l'estrade de l'autel de la Patrie, deux hommes qui assurent qu'ils voulaient percer des trous dans les planches pour voir les jambes et les culs des femmes.

On ne les écoute pas. Ils sont à la solde des aristocrates, assure-t-on. Ils veulent placer une machine infernale. On les frappe. On les pend. On tranche leurs cous. On plante leurs têtes au bout des piques. Maillard, le commandant des « vainqueurs de la Bastille », et le peintre David sont là, parmi la foule qui peu à peu se réduit à quelque quatre ou cinq mille personnes.

Elles narguent les bataillons de La Fayette qui avancent, malgré une grêle de cailloux lancés par la foule qui crie : « À bas le drapeau rouge ! », « À bas les baïonnettes ! ».

Les drapeaux rouges sont déployés.

Les soldats tirent une première salve en l'air, puis font feu sur la foule que chargent les cavaliers.

La fusillade continue de crépiter.

Les gardes nationaux poursuivent les fuyards, hors du Champ-de-Mars, « dans les jardins, les gazons, les prairies alentour, la baïonnette dans les reins, et tuent bon nombre de femmes, d'enfants, de vieillards ».

« On compte douze à quinze cents morts par la balle et la baïonnette », dit la rumeur.

Ils ne seront pas cent.

Mais la Seine coule comme un flot de sang.

Elle sépare modérés et républicains.

La Fayette et Bailly ne sont plus pour le peuple que des « massacreurs ».

Et les gardes nationaux qui ont tué ont exprimé leur volonté d'en finir avec les désordres, les émeutes, les pillages, les assassinats, les têtes au bout des piques.

Chez les « patriotes », on craint la répression. Danton se réfugie chez sa mère à Arcis-sur-Aube puis passe en Angleterre, Desmoulins et Marat se cachent. On brise les presses de *L'Ami du peuple. Les Révolutions de France et de Brabant* cessent de paraître.

Robespierre ne rentre pas chez lui rue de Saintonge, mais couche plusieurs nuits chez son ami le menuisier Duplay qui possède une maison rue Saint-Honoré.

Il craint une « Saint-Barthélemy des patriotes ».

Car le drapeau rouge de la loi martiale restera suspendu sur la façade de l'Hôtel de Ville jusqu'au 25 juillet.

« J'ai le cœur navré de chagrin de voir les choses tournées ainsi, écrit le 26 juillet le libraire Ruault… Ainsi nous allons voir, et nous avons déjà, deux opinions politiques entre lesquelles les Français vont se partager… Je perçois le malheur sans fin si la division commencée la semaine dernière continue plus longtemps… »

25.

Qui l'emportera de ces « deux opinions politiques entre lesquelles les Français se partagent », en cet été brûlant de 1791 ?

Louis, qui supporte de plus en plus mal son enfermement – son « emprisonnement », disent les royalistes – dans les appartements royaux des Tuileries, observe, écoute, lit.

Il est prudent, incertain.

Il n'ose croire que le silence auquel sont contraints les « patriotes exaltés », Marat, Hébert, Desmoulins, Danton, dont les journaux ne paraissent plus, puisse durer et que l'Assemblée nationale persiste, aggrave les mesures, les décrets qu'elle a pris.

Au lendemain de la fusillade du Champ-de-Mars, elle a décidé que tous ceux qui tenteraient de renouveler un pareil rassemblement et de faire de nouvelles pétitions contre le roi seraient condamnés aux fers !

Elle a fait placarder dans les rues et aux carrefours le texte du discours de Charles Lameth, président de l'Assemblée, qui annonçait que tous ceux qui critiqueraient La Fayette, parce qu'il avait appliqué la loi martiale, seraient poursuivis.

Louis s'étonne de la rapidité avec laquelle la majorité du parti patriote a changé d'attitude.

Qui aurait pu croire, le mois dernier, que Lameth, Duport, Barnave, tous ces fauteurs de révolution, en soient à se rapprocher de Malouet, des royalistes, et même de l'abbé Maury ou de l'abbé Royou et de son *Ami du roi* ?

Il sait que Marie-Antoinette écrit à Lameth et à Barnave, qu'ils lui conseillent d'approuver la Constitution, telle que l'Assemblée va la réviser.

Le texte confiera au roi des pouvoirs importants. Il marquera que la révolution est achevée. La France reste un royaume, changé de fond en comble, certes, et c'est l'œuvre gigantesque accomplie en deux ans par l'Assemblée nationale « constituante », mais la nation va retrouver l'ordre, la paix, la sûreté des personnes et des propriétés.

Les électeurs et les élus devront être des citoyens actifs, et les élus seront choisis parmi les plus riches d'entre eux, parce qu'on est d'autant plus soucieux de la chose publique, que les intérêts personnels, particuliers, vous lient à elle.

Et cependant, Louis hésite à approuver cette Constitution dont il sait bien qu'elle tourne le dos aux lois fondamentales et sacrées du royaume.

Le roi n'est plus de droit divin. Il est le *roi des Français*. Et Louis partage les sentiments de Marie-Antoinette qui déteste cette Constitution dont elle dit qu'elle n'est qu'un « tissu d'absurdités impraticables ».

Mais Louis veut agir avec prudence.

Il s'inquiète de la correspondance secrète que la reine entretient avec son frère, l'empereur Léopold II, et dont il connaît la teneur.

Marie-Antoinette est au diapason des émigrés, les deux frères de Louis, le comte d'Artois et le comte de Provence, ou le baron de Breteuil, qui tous invitent les souverains à se soucier de cet « esprit d'insubordination et de révolte » qui à partir de la France peut gagner toute l'Europe.

Et Louis a reçu une lettre d'Edmund Burke qui l'invite à ne pas reconnaître cette Constitution, à ne pas suivre les conseils de Barnave et de Lameth, de ces gens qui, comme dit Rivarol, « après avoir été incendiaires viennent s'offrir pour être pompiers »

« Votre situation intéresse le genre humain, écrit Burke. Votre salut consiste dans le silence, la patience, le refus. »

Mais Marie-Antoinette s'impatiente, anxieuse, humiliée.

Louis sait qu'elle juge sévèrement ses hésitations.

Elle a écrit à Mercy-Argenteau, le 29 juillet :

« Vous connaissez la personne à laquelle j'ai affaire. Au moment où on la croit persuadée, un mot, un raisonnement la fait changer sans qu'elle s'en doute, c'est aussi pour cela que mille choses ne sont point à entreprendre. »

Louis tente de se justifier auprès de la reine.

Elle est imprudente. Les émigrés, en appelant les souverains étrangers à intervenir, mettent en danger la famille royale.

Marie-Antoinette s'obstine.

« La force armée a tout détruit, il n'y a que la force armée qui puisse tout réparer », a-t-elle écrit à l'empereur Léopold II.

Elle est encore plus précise lorsqu'elle ajoute :

« En tout état de cause, les puissances étrangères peuvent seules nous sauver ; l'armée est perdue, l'argent n'existe plus ; aucun lien, aucun frein ne peut retenir la populace armée de toute part. »

Et Louis dénonce l'inconscience de l'abbé Royou qui, dans *L'Ami du roi*, reprend mot à mot les propos de la reine.

Il ne la cite pas, mais chacun comprend qu'il exprime la pensée de la famille royale.

« Nous n'avons plus de ressources que dans les puissances étrangères, écrit-il. Il faut à tout prix qu'elles viennent à notre secours, mais c'est à l'empereur de se mettre à la tête de tous et à régler tout. »

Comment s'étonner qu'autour des Tuileries, on crie avec une sorte de fureur : « Vive la nation ! », « À bas l'Autrichienne ! ».

Et que l'opinion se persuade, quand, le 27 août 1791 au château de Pillnitz, en Saxe, Léopold II et le roi de Prusse Frédéric-Guillaume II se réunissent et déclarent qu'ils considèrent « la situation du roi de France comme un objet d'intérêt commun », que les armées autrichiennes et prussiennes vont franchir les frontières.

On sait que le marquis de Bouillé a conçu, fort de sa connaissance des forteresses françaises, un plan d'invasion.

La vérité, au contraire, est que l'empereur d'Autriche et le roi de Prusse ont bien pris garde de ne s'engager que s'il y a unanimité de toutes les puissances.

« Alors et dans ce cas »... écrivent-ils, renvoyant à une date indéterminée une invasion... improbable dans ces conditions.

Mais Louis sait que ce jeu est dangereux pour la famille royale. Que les émigrés, les royalistes, en saluant l'empereur et le roi de Prusse comme des sauveurs, excitent la haine des « enragés du Palais-Royal ». Qu'Artois et Provence se conduisent en Caïn.

Et Louis craint cette politique du pire, dont lui, la reine, ses enfants paieraient le prix.

Et elle n'a pour résultat que de renforcer le club des Jacobins, qui même s'ils ont perdu tous les députés ralliés au club des Feuillants, ont gardé la plupart de leurs simples adhérents, et Maximilien Robespierre est l'homme que l'on écoute, que l'on suit.

Robespierre s'est installé chez Maurice Duplay.

Cet entrepreneur de menuiserie vit dans sa maison de la rue Saint-Honoré, entouré de sa femme, de ses trois filles et de son fils.

« Nous aimons Maximilien comme notre frère », dit l'une d'elles, Élisabeth.

En fait, on l'admire, on le vénère. Un député du tiers état, La Révellière-Lépaux, qui lui rend visite, s'étonne.

« Robespierre recevait des hommages, chez les Duplay, tels ceux qu'on rend à une divinité... Lui-même, bien peigné et poudré, vêtu d'une robe de chambre des plus propres s'étalait dans un grand fauteuil devant une table chargée des plus beaux fruits, de beurre frais, de lait pur et de café embaumé. Toute la famille, père, mère et enfants cherchaient à deviner dans ses yeux tous ses désirs pour les prévenir à l'instant. »

Mais Maximilien n'est pas resté caché dans la maison des Duplay.

Alors que Danton, Camille Desmoulins, Marat, bien d'autres ont quitté Paris ou se terrent, Robespierre s'est rendu à l'Assemblée dès le 22 juillet, « le teint pâle, les yeux enfoncés, le regard incertain et farouche ».

Et au début du mois d'août il rédige une *Adresse au Peuple français*.

Dans les jours qui suivent, il bénéficie de la reparution des journaux – comme *Le Patriote français* de Brissot – qui le soutiennent.

Car après la peur et la crainte de voir l'Assemblée poursuivre avec détermination les « républicains », ceux-ci constatent qu'elle hésite.

Elle a besoin, pour obtenir du roi qu'il approuve la Constitution révisée, des « patriotes exaltés » qui menacent le souverain.

Le ciment de l'alliance Barnave - La Fayette - Louis XVI, c'est la crainte de la « populace », des « partageux », des « enragés du Palais-Royal », peu respectueux des lois.

Mais Robespierre est prudent comme un chat, et l'on commence à le comparer à ce félin.

« Nous ne sommes pas des facétieux, dit-il. Si quelqu'un a osé soutenir qu'il m'a entendu conseiller réellement la désobéissance aux lois, même les plus contraires à mes principes, je le déclare le plus impudent et le plus lâche de tous les calomniateurs. »

Mais il est implacable lorsqu'il intervient à la tribune de l'Assemblée pour dénoncer ceux – Duport, Barnave – qui, pour obtenir l'accord du roi, acceptent de réviser la Constitution de manière à satisfaire, en partie, le souverain.

Les mots de Robespierre cinglent ces Feuillants qui, il y a quelques semaines seulement, étaient encore membres des Jacobins.

« Je ne présume pas, commence Maximilien, qu'il existe dans cette Assemblée un homme assez lâche pour transiger avec la Cour, un homme assez perfide, assez ennemi de la patrie, assez imprudent pour oser avouer aux yeux de la nation qu'il n'a cherché dans la révolution qu'un moyen de s'agrandir lui-même. »

Le « peuple » des tribunes l'acclame, bravant les règlements qui, depuis quelques jours, interdisent toute manifestation dans l'enceinte de l'Assemblée.

Et les approbations redoublent quand, pointant son doigt, Robespierre ajoute :

« Si, pour avoir le droit de se faire entendre dans cette Assemblée, il faut attaquer les individus, je déclare, moi, que j'attaque personnellement Monsieur Barnave et Monsieur Lameth. »

Il les accuse de refuser l'abolition de l'esclavage. Alors qu'à Saint-Domingue, les esclaves se révoltent. Ces députés qui ont rédigé, imposé la Déclaration des droits de l'homme et du citoyen, refusent ces mêmes droits à des hommes voués à la servitude.

La parole de Robespierre est de plus en plus entendue. Mais le désir de voir le pays s'apaiser est immense. On rêve d'une entente entre l'ancien et le nouveau régime, entre le roi et les députés. On souhaite que l'ordre se rétablisse. Et les intérêts de la Cour et des modérés sont complémentaires. Le roi accepte donc de prêter serment à la Constitution de 1791.

Le 3 septembre 1791, soixante députés précédés de porteurs de torches sont venus à pied, depuis la salle du Manège, jusqu'au château des Tuileries pour présenter au roi la Constitution révisée. Et dès le lendemain, le roi et la famille royale sont autorisés à sortir de leurs appartements.

Louis et Marie-Antoinette peuvent enfin se rendre à la chapelle du château pour y entendre la messe.

L'émotion étreint Louis qui ne peut retenir ses larmes, cependant que la foule toujours hostile martèle : « Vive la nation ! Vive la Constitution ! »

Louis, qui au fond de lui ne peut admettre ce texte, va l'approuver. Mais est-ce mentir ? Il est le roi. Ses devoirs relèvent d'autres lois que celles des hommes.

Le 13 septembre, il donne son accord, et les députés manifestent leur enthousiasme, décident de mettre en liberté tous ceux qui avaient participé, aidé à sa fuite, à son « enlèvement », le 20 juin.

Louis répond à la députation venue le saluer que sa femme et ses enfants partagent ses sentiments.

Mais le lendemain, à l'Assemblée, il pâlit d'humiliation quand il constate que les députés se sont assis, alors qu'il est debout, et qu'ils sont restés couverts.

« Ces gens-là, murmure la reine, ne veulent pas de souverains.

« Nous succomberons à leur tactique perfide et très bien suivie. Ils démolissent la monarchie pierre par pierre. »

Louis pense à la Bastille dont il ne reste plus rien, qu'un tracé sur le sol.

Le dimanche 18 septembre, à l'Hôtel de Ville, la Constitution est proclamée. Et, « peuple mobile et frivole », Paris danse et chante.

Louis apaisé va des Tuileries à Maillot, et on l'applaudit, on crie « Vive le roi ! ». On reprend en chœur des couplets de *Richard Cœur de Lion*, où l'on a changé le prénom du roi :

Ô Louis, ô mon roi
Tes amis t'environnent
Notre amour t'environne.

La reine elle-même est applaudie.

Mais quand les souverains repartent en carrosse, un homme du peuple bondit, s'accroche à la portière, et tout en gesticulant hurle à ceux qui crient « Vive le roi ! » : « Non, ne les croyez pas ! Vive la nation ! »

Le 30 septembre, c'est la dernière séance de l'Assemblée nationale constituante.

Le roi s'y rend.

Les députés sont découverts et debout puisque le roi a prêté serment, et qu'il est donc roi des Français, monarque constitutionnel.

Ils scandent « Vive le roi ! », « Vive la nation ! ».

Louis répond qu'il a « besoin d'être aimé de ses sujets ».

Il a écrit sur une pancarte placée près de son siège, qui n'est qu'un fauteuil et non un trône :

« Le terme de la révolution est arrivé ; que la nation reprenne son heureux caractère ! »

Lorsque les députés sortent de la salle, une foule de citoyens entoure et acclame Pétion et Maximilien Robespierre.

On dit qu'ils sont les deux « députés-vierges », les « législateurs incorruptibles ».

On les coiffe d'une « couronne de chêne civique ».

On veut dételer leur fiacre et le tirer.

Ils s'y opposent.

« Quand je vois... » commence Robespierre.

Il s'interrompt puis reprend :

« Je ne crois pas que la Révolution soit finie. »

CINQUIÈME PARTIE

1er octobre 1791-10 août 1792
« La Patrie en danger »

« Je leur avais bien dit, foutre, que ça irait.
Quand le faubourg Saint-Antoine, quand les braves sans-culottes,
quand *Le Père Duchesne* veulent quelque chose, y a-t-il
quelque puissance au monde qui puisse l'empêcher ?
Ainsi donc, foutre, Madame Veto a eu beau remuer de cul
et de tête tous les mouchards de Blondinet [La Fayette]
et Blondinet lui-même ont été impuissants. »

HÉBERT, *Le Père Duchesne*, avril 1792

26.

Louis hausse les épaules, puis se voûte et reste ainsi les yeux mi-clos, comme écrasé.

Il avait pensé que, en acceptant la Constitution révisée, il regagnerait l'amour du peuple, et que les députés élus à l'Assemblée nationale législative, dont la première session s'est tenue le samedi 1er octobre 1791, seraient prêts à reconnaître les pouvoirs qui lui étaient concédés.

Ils étaient sept cent quarante-cinq, et seulement cent trente-six inscrits au club des Jacobins, deux cent soixante-quatre adhérents au club des Feuillants, et trois cent quarante-cinq formant à eux seuls presque une majorité indépendante qui vote au gré des événements, des acclamations des tribunes du public, de ses sentiments.

Et dès le 5 octobre, après avoir entendu un discours de Couthon, un député inconnu, homme de loi à Clermont-Ferrand, paralytique, qu'on dit Jacobin et affilié au club des Cordeliers, un « exagéré » donc, l'Assemblée décrète que le roi ne sera plus appelé « Sire » et « Majesté », qu'il disposera non d'un trône mais d'un siège quelconque. et que les députés pourront être assis en sa présence.

Peu importe que, le lendemain, la même Assemblée ait annulé sa décision de la veille, et que des députés aient crié : « Vive le roi ! »

Louis ne s'en satisfait pas.

Ces votes contradictoires montrent que l'Assemblée est à l'image du pays, divisée, et que la Révolution que Louis avait voulu croire parvenue à son terme continue.

Louis a lu ce qu'écrit Mallet du Pan, dans le *Mercure de France*, et que confirment les courriers que Louis reçoit de toutes les provinces – il bute sur le mot de *département* – du royaume.

« Où la Constitution est-elle appliquée ? s'interroge Mallet du Pan.

« Est-ce à Toulon au milieu des morts et des blessés qui se sont fusillés à la face de la municipalité ébahie ? Est-ce à Marseille où deux particuliers ont été assommés et massacrés comme aristocrates, sous prétexte qu'ils vendaient aux petits enfants des dragées empoisonnées pour commencer la contre-révolution ?... Est-ce à Arles, à Toulouse, à Nîmes, en Dauphiné, où rixes et émeutes sont fréquentes ? Ou à Avignon ? Là, à la nouvelle du décret d'annexion à la France, les "aristocrates", dans l'église des Cordeliers, en présence d'une foule immense, persuadée qu'un miracle s'accomplit, que la Madone pleure, massacrent sur l'autel le maire patriote après l'avoir mutilé. En représailles, les "patriotes" remplirent d'aristocrates le Palais des Papes, et en tueront au moins une soixantaine. »

Et partout en France les émeutes dans les marchés n'ont pas cessé. Les fermes sont envahies par des bandes de vagabonds.

À Rochefort, à Lille, violences, refus de changer son argent en assignats, cette monnaie de fait qui chaque jour perd de sa valeur.

Impossibilité pour les municipalités de déployer le drapeau rouge de la loi martiale.

À Paris, sur six cent mille habitants, on compte cent mille pauvres, des dizaines de milliers d'indigents, qu'on a renvoyés des ateliers nationaux.

Partout l'on désobéit. On pille. On demande la taxation des denrées.

Louis n'a pas répondu à Marie-Antoinette quand elle a dit :

« Il n'y a que le prix du pain qui les occupe. »

C'est bien plus que cela dont il s'agit ! Louis le pressent.

Il a décidé de se promener souvent à cheval dans les divers quartiers de Paris.

N'a-t-il pas accepté d'être le roi des Français, et monarque constitutionnel ?

Il veut savoir quel accueil le peuple lui réserve.

Et il a durement ressenti l'indifférence, presque méprisante, de ce peuple qui lève à peine la tête lorsque passe le roi.

Et rue Montmartre les marchandes d'herbes et de marée ont crié « Le gros sot ! », « Le gros sot ! ».

On dit que les Jacobins avaient payé ces harengères. Elles ont insulté le roi, voilà ce que Louis retient.

Et il comprend, sans l'approuver, Marie-Antoinette lorsqu'elle dit : « Tous les dangers possibles plutôt que de vivre plus longtemps dans l'état d'avilissement et de malheur où je suis. »

Mais Louis craint cette « guerre civile » qui conduit comme à Avignon, à Rouen ou à Caen à des affrontements sauvages, qui rappellent ceux des guerres de religion.

En Vendée, les prêtres réfractaires persuadent les fidèles que les mariages et les baptêmes célébrés par des prêtres constitutionnels sont nuls et sans valeur, qu'il faut donc se remarier, se rebaptiser. Et le trouble, le désarroi, et la colère saisissent les familles.

Louis est blessé dans sa foi par cette atteinte à la religion du royaume.

Il sait que plusieurs des nouveaux députés – Brissot, Vergniaud, journalistes, avocats (quatre cents inscrits au barreau) dont un grand nombre ont moins de trente ans – ont fréquenté les clubs, les sociétés de pensée, les assemblées populaires, les loges maçonniques, et sont athées. Leurs prédécesseurs à l'Assemblée nationale constituante – ainsi Robespierre – étaient déistes, croyaient à l'Être suprême.

Et Louis ne peut accepter de sanctionner le décret qui déclare suspects de révolte tous les prêtres qui refuseront le serment et leur retire leur pension, les éloigne ou les punit de deux ans de détention, et interdit le partage des églises entre les réfractaires et les constitutionnels. Louis usera de son droit de veto.

Et il fera de même contre un décret qui exige le retour en France des émigrés – et des dizaines de milliers ont quitté le royaume – dans un délai de deux mois, sinon ils seront poursuivis comme conjurés et punis de confiscation des biens et de mort.

Louis a certes demandé à son frère comte de Provence de rentrer, tout en sachant bien que celui-ci refusera.

Mais c'est manière de tenter de montrer qu'il n'est pas complice des émigrés rassemblés en une « armée » à Coblence.

Et il n'a fait qu'appliquer la Constitution en utilisant ce droit de veto qu'on lui a attribué.

Mais au Palais-Royal, on l'accuse de trahison. Ce veto, écrivent les journaux patriotes, « est un boulet que l'Assemblée nationale s'est condamnée à traîner avec elle ».

Et Brissot, à la tribune de l'Assemblée, déclare qu'il faut sommer les souverains étrangers d'expulser les émigrés.

« Il est temps, dit-il, de donner à la France une attitude imposante, d'inspirer aux autres peuples le respect pour elle et pour sa Constitution. »

Louis relit ce discours de Brissot, ces mots qui tonnent, que reprend un autre député, Isnard, en condamnant les « endormeurs ».

Louis est fasciné et révulsé par la violence des articles du *Père Duchesne* pour qui les prêtres réfractaires ne sont qu'une vermine, « des monstres plus cruels et plus féroces que des tigres et dont il faut enfin purger la terre ».

« ... Il n'y a qu'à un beau jour me foutre tous ces bougres-là sur des navires et les amener à Cayenne... foutre il faut trancher dans le vif ! »

Louis se souvient des têtes au bout des piques, de cet homme égorgé dans un fossé, non loin de Châlons-sur-Marne, lors du retour de Varennes. Ce ne sont donc pas seulement les prêtres réfractaires qui sont condamnés. *Le Père Duchesne* désigne aussi à la haine les émigrés.

« Je veux, foutre, qu'on n'épargne pas davantage toute la foutue canaille des ci-devant.

« Il faut nous emparer de leurs femmes et de leurs enfants et les foutre à la gueule du canon. Nous verrons, foutre, s'ils sont assez scélérats pour tirer sur ce qu'ils ont de plus cher et pour se frayer un chemin sur leurs cadavres. »

Comment Louis, lié à cette noblesse qui est l'ossature du royaume, lui qui en est l'incarnation et l'expression, qui est leur roi, comment, monarque de droit divin, pourrait-il accepter de se plier à cette volonté de détruire et la noblesse et le clergé ?

D'ailleurs, même s'il a prêté serment à la Constitution, on l'accuse de « grimace et de tartuferie » !

Chaque camp hait l'autre, et craint d'être massacré.

Le Parisien par l'émigré et l'étranger, le noble par le révolutionnaire enragé !

Le risque est celui de la guerre civile : « Fous contre fous, enragés contre enragés, oh la belle opposition ! Quelle maladie grand Dieu. »

Louis murmure :

« L'esprit infernal a pris le dessus en France, le don de Dieu s'est retiré de nous. »

Et Louis partage le sentiment de Suleau, ce journaliste royaliste, qui écrit : « Les esprits sont aigris, les cœurs ulcérés, les vues sont divergentes, les intentions se croisent... La France est désorganisée dans toutes ses parties. Il est donc urgent de repolicer par des lois exécutables ce malheureux pays que la simple déclaration des droits de l'homme a plus décivilisé que ne l'aurait fait une irruption de tous les sauvages du nord de l'Amérique. »

Il faut agir, accepter, et même susciter la guerre avec les souverains étrangers. Et puisque, parmi les Jacobins, Brissot, Vergniaud, la majorité veulent l'affrontement, dans l'espoir, comme le dit Brissot, d'accuser la Cour de complicité avec l'ennemi, il faut aller dans leur sens.

Brissot dit : « Les grandes trahisons ne seront funestes qu'aux traîtres. Nous avons besoin de grandes trahisons. »

Soutenons-le.

Prenons garde à Robespierre qui se méfie de la guerre : « Domptons nos ennemis intérieurs et ensuite marchons contre nos ennemis étrangers », dit-il.

Retournons le plan de Brissot qui répète : « Voulez-vous détruire d'un seul coup l'aristocratie, les réfractaires, les mécontents ? Détruisez Coblence, le chef de la nation sera forcé de régner par la Constitution. »

Et si au contraire la guerre rendait au roi toute sa puissance ? Et balayait la Constitution ?

Louis écoute Marie-Antoinette, elle-même conseillée par Fersen. Sa décision est précise : il va se présenter à l'Assemblée nationale le 24 décembre, dire qu'il est prêt à sommer l'électeur de Trèves de disperser, avant le 15 janvier 1792, les émigrés qui se rassemblent dans l'électorat.

N'est-il pas un bon défenseur de la Constitution et de la nation ?

Mais Louis prend la plume et adresse un courrier à Breteuil, qui dans l'émigration est son représentant.

Il écrit d'une main qui ne tremble pas, pour exposer ses objectifs : « Au lieu d'une guerre civile ce sera une guerre politique, et les choses en seront bien meilleures. L'état physique et moral de la France fait qu'il lui est impossible de soutenir une demi-campagne… Il faut que ma conduite soit telle que dans le malheur, la Nation ne voie de ressources qu'en se jetant dans mes bras. »

Louis est heureux de l'intimité et de la complicité que la situation, les malheurs, ont fait naître entre lui et Marie-Antoinette.

C'est elle qui lui demande d'écrire au roi de Prusse. Et le canevas de la lettre a été préparé par Fersen.

« Un congrès des principales puissances de l'Europe appuyé d'une force armée serait la meilleure manière pour arrêter ici les factieux, donner les moyens de rétablir un ordre plus désirable et empêcher que le mal qui nous travaille puisse gagner les autres États de l'Europe. »

Mais Louis est inquiet. Il craint l'un de ces sursauts du peuple qui l'ont tant surpris depuis trois ans.

Ce Robespierre a été élu accusateur public à Paris. Pétion a été, lui, élu maire de Paris. Il est vrai par six mille sept cent vingt-huit voix pour un corps électoral de quatre-vingt-deux mille citoyens actifs et une population parisienne de plus de six cent mille habitants !

De quoi est capable ce peuple immense, et dont les citoyens les plus éclairés, les plus aisés, au lieu de choisir des Feuillants élisent des Jacobins ?

Louis lit avec attention ces prophéties de Robespierre :

« Malheur à ceux qui n'immoleront pas au salut public l'esprit de parti, leurs passions et leurs préjugés même… Car nous touchons à une crise décisive pour notre révolution. »

Louis partage ce sentiment.

Il a choisi – mais y avait-il une autre route ? – de soutenir la marche à la guerre, mais l'affrontement n'existait-il pas déjà à l'intérieur des frontières ?

« Guerre politique au lieu de guerre civile », a-t-il écrit. C'était le seul parti possible à moins d'être lâchement soumis à l'Assemblée ; aux enragés du Palais-Royal.

Et cela il ne le peut pas.

Il reste à espérer.

Il a pris connaissance de la lettre que Marie-Antoinette vient, ce 9 décembre 1791, de faire parvenir à Fersen :

« Je crois, écrit la reine, que nous allons déclarer la guerre non pas à une puissance qui aurait les moyens contre nous, nous sommes trop lâches pour cela, mais aux électeurs et à quelques princes d'Allemagne, dans l'espoir qu'ils ne pourront pas se défendre. Les imbéciles ne voient pas que, s'ils font une telle chose, c'est nous servir, parce que enfin il faudra bien, si nous commençons, que toutes les puissances s'en mêlent pour défendre les droits de chacun. »

27.

Louis s'est affaissé dans son fauteuil, face à la cheminée de ce petit salon des Tuileries où il a l'habitude de se tenir en fin de journée.

Il ferme les yeux. Il somnole. Il voudrait s'endormir mais l'angoisse le tenaille. Et il en est ainsi depuis le début de cette année 1792.

Chaque jour, un événement, ou bien un discours, un article, une lettre, le propos d'un proche ou d'un visiteur, a rendu plus aigu, plus insoutenable le pressentiment que les mois à venir seraient ceux de l'affrontement décisif entre lui et ces « patriotes » enragés pour qui il n'est plus que Monsieur Veto.

On le dit prêt « à faire égorger les citoyens, leurs femmes et leurs enfants par tous les ministres d'outre-Rhin ».

Ils accusent Marie-Antoinette, Madame Veto, d'avoir créé un « cabinet autrichien » aux Tuileries, afin de transmettre des informations à son frère l'empereur Léopold II, et, après le décès de celui-ci, à François II son neveu.

On assure que la reine fait passer à Vienne le plus d'argent qu'il est possible. Et c'est, à en croire les journaux patriotes, un ouvrier ayant confectionné les cassettes, puis aménagé des cachettes dans les berlines, qui l'a révélé secrètement.

Louis a ainsi le sentiment que le piège autour de lui se referme.

On dit que quatre-vingt mille nobles ont quitté le royaume ces derniers mois ! Et l'on apprend que dans le faubourg Saint-Antoine, on fabrique jour et nuit des piques que l'on distribue en grande quantité aux citoyens, et qu'on dénombre déjà plus de 100 000 de « ces armes simples et faciles à manier ».

Que peut faire la garde du roi, dont la création était prévue par la Constitution ?

Le colonel de Brissac qui la commande ne réussit même pas à s'en faire obéir.

Il a voulu séparer par une cloison, dans la salle des gardes, ses hommes des grenadiers de la garde nationale. Ceux-ci l'ont saisi au collet, et quand Brissac a crié « Aux armes ! », faisant appel à ses soldats, ceux-ci ont déclaré qu'ils sont citoyens comme les gardes nationaux et qu'ils ne s'en sépareraient point ! Et la cloison a été abattue, le poste d'honneur attribué à la garde parisienne, qui monte à droite à la porte du roi, la garde royale montant à gauche.

Ce n'est qu'un petit incident en apparence, mais qui affecte Louis. Est-il encore le roi ?

Le procureur général syndic lui a annoncé qu'il était enregistré au nombre des contribuables, comme n'importe quel citoyen. Il paiera sur les quarante millions de la liste civile qui lui est attribuée par l'Assemblée quinze millions pour l'année 1792, et il doit autant pour l'année 1791 !

Et on écrit dans les journaux : « Le roi s'amuse tantôt à rire et à claquer les fesses dartreuses de sa sœur Élisabeth, et tantôt à jurer, à briser ses porcelaines quand on le met au rang des contribuables. »

Louis s'indigne.

Ce n'est pas la ponction d'argent qui l'affecte, mais l'humiliation, la négation de son rang et du caractère sacré de la monarchie !

Et l'angoisse qui le ronge vient de ce qu'il pressent que c'est au cours de cette année 1792 que la question devra être tranchée.

Il avait cru durant quelques semaines, à l'automne 1791, que le pays s'apaisait. Les journaux « exagérés », ceux de

Desmoulins et de Marat, avaient même un temps cessé de paraître faute de lecteurs.

Les modérés semblaient l'emporter. Le club des Feuillants, avec les frères Alexandre et Charles Lameth, La Fayette et Duport, dominait l'Assemblée. Et Barnave conseillait la reine, lui écrivait et la rencontrait régulièrement et secrètement.

Mais dans les premiers jours du mois de janvier 1792, Barnave, comme s'il avouait son échec devant la violence qui à nouveau s emparait du pays, avait quitté Paris, regagné le Dauphiné où, disait-on, il écrivait une histoire de la Révolution !

Le club des Feuillants s'affaiblissait. Et les Jacobins arboraient dans leur séance ce bonnet rouge que Louis, lorsqu'il quittait les Tuileries pour une promenade dans Paris, voyait de plus en plus souvent porté par des citoyens.

Bonnet rouge, pique, galoches, pantalon rayé, cocarde tricolore : c'était la tenue de ceux qui se nommaient avec arrogance et fierté « sans-culotte ».

Comment les combattre ?

Louis s'interroge avec inquiétude.

Ce choix qu'il a fait, et Marie-Antoinette l'y a incité, de pousser la France dans la guerre, contre les princes et l'empereur, et même le roi de Prusse, afin de voir leurs armées briser cette « faction sanguinaire et furieuse », cette « Jacobinière », cette « secte pernicieuse », est-il le bon ?

L'angoisse lui tord le ventre comme une faim douloureuse et insatiable. Il sait que, le voudrait-il, il ne peut plus reculer.

Louis se souvient de cette confidence apeurée de l'évêque Le Coz, constitutionnel et député il est vrai, mais homme modéré : « La guerre ! la guerre ! la guerre ! a dit Le Coz, voilà le cri qui de toutes les parties du royaume vient frapper mes oreilles. »

Et si cette guerre à venir au lieu d'être bénéfique à la monarchie se retournait contre elle ?

Louis essaie de se convaincre qu'il ne s'agit là que d'un cauchemar qui ne peut se réaliser, que des Jacobins comme

Billaud-Varenne, Camille Desmoulins et même Danton et surtout Robespierre s'opposent à la guerre parce qu'ils sont persuadés qu'elle se conclura par la défaite, et donc par la victoire du roi.

Robespierre a cinglé Brissot, le partisan le plus déterminé d'un ultimatum à adresser à l'empereur et aux princes allemands.

« Votre opinion, lui a-t-il lancé, n'est fondée que sur des hypothèses vagues et étrangères ! Que nous importent vos longues et pompeuses dissertations sur la guerre américaine !... Comme les routes du patriotisme sont devenues faciles et riantes !... Pour moi j'ai trouvé que plus on avançait dans cette carrière plus on rencontrait d'obstacles et d'ennemis... Je décourage la nation, dites-vous, non je l'éclaire. »

Mais Louis entend aussi Couthon, le Jacobin paralytique, déclarer :

« Peut-être la Révolution a-t-elle besoin de la guerre pour se consolider. »

Il est glacé par les propos du député Hérault de Séchelles qui envisage de créer « une dictature de salut public ».

« Le moment est venu, déclare Hérault, de jeter un voile sur la statue de la liberté ! »

Qui subirait cette dictature, sinon le roi et la famille royale ?

Déjà circule une pétition des « dix mille piques de Paris », et Couthon précise : « Le plus grand nombre est pour la guerre et je crois que c'est ce qui convient le mieux. »

Louis est une nouvelle fois saisi par le doute.

Se peut-il que l'intérêt de Couthon, de Vergniaud, coïncide avec celui de la Cour alors qu'ils expriment des espérances contraires ?

Louis espère que les troupes étrangères réussiront comme elles l'ont fait en 1787 aux Pays-Bas, en 1790 en Belgique, à rétablir l'ordre, et les « patriotes » pensent que la guerre leur permettra d'en finir avec la monarchie, fût-elle constitutionnelle, de donner par la guerre un nouvel élan à la Révolution. Et c'est pourquoi Brissot a dit que les patriotes ont besoin de

« grandes trahisons ». Et Brissot, Louis ne peut en douter, souhaite la « trahison » du roi.

Déjà certains « patriotes », évoquant le « comité autrichien » qu'animerait Marie-Antoinette, dénoncent les « infâmes traîtres à la patrie, coupables de crime de lèse-nation ».

Et Louis, lorsqu'il lit le discours du député de Bordeaux, Vergniaud, ce « Girondin », n'a aucun doute sur ce qui peut arriver à la famille royale.

« De cette tribune, s'écrie Vergniaud à l'Assemblée, en tendant le bras vers les Tuileries, on aperçoit le palais où des conseillers perfides égarent le roi... La terreur et l'épouvante sont souvent sorties de ce palais. Qu'elles y rentrent aujourd'hui au nom de la loi... La loi y atteindra sans distinction tous les coupables et il n'y a pas une tête qui convaincue d'être criminelle puisse échapper à son glaive. »

Louis le comprend : l'enjeu de la guerre, c'est pour lui la vie ou la mort.

Mais la guerre est déjà là.

À Paris, à quelques pas des Tuileries, on pille les épiceries.

« Les femmes du faubourg Saint-Marceau se sont en grand nombre répandues dans divers quartiers de la ville. »

On a entendu leurs cris rue Saint-Honoré, dans les rues autour de la place Louis-XV. Elles cherchent du café et du sucre, devenus rares et d'un prix exorbitant, depuis que les Noirs de Saint-Domingue et des Antilles se sont soulevés contre les colons, et ont brisé leurs chaînes d'esclaves.

Elles dénoncent l'« accaparement ». Et elles réclament la taxation des prix du sucre et du café, mais surtout de la viande et du pain. Elles entraînent derrière elles les vagabonds, les indigents. Et les gardes nationaux pactisent avec elles.

Tous les jours, des émeutes éclatent, faubourgs Saint-Antoine et Saint-Marceau.

Dans les provinces, les subsistances manquent. La récolte de grains a été médiocre dans le Centre et le Midi. Les habitants des villes et des villages proches de Paris refusent de laisser partir leurs grains vers la capitale. Partout c'est la même inquiétude, les mêmes scènes : voitures chargées de grains arrêtées, pillées, boulangeries saccagées, pain taxé. Et la garde nationale l'arme au pied, et jamais le recours à la loi martiale.

Et pourtant l'on tue.

À Étampes, le 3 mars 1792, les habitants veulent arrêter les convois de grains qui traversent leur ville. Ils les pillent, exigent une taxation du pain.

Le maire, Simoneau, s'avance, accompagné d'un détachement de cavalerie, tente d'expliquer que la libre circulation des grains est voulue par la Constitution, que la liberté du commerce permettra que l'on obtienne un juste prix, qui satisfera consommateurs et fermiers. Mais des coups de feu partent des rangs des émeutiers et Simoneau est tué.

L'Assemblée lui rendra hommage. Il est le « martyr de la loi et de la liberté ». Louis s'associe à cette célébration, mais derrière les barrières, ceux qui regardent passer le cortège des députés qui accompagne le cercueil de Simoneau – martyr – sont bien peu nombreux.

Et l'anarchie, les émeutes ne cessent pas.

À Noyon, le peuple empêche le départ de quatre bateaux chargés de grains.

À Beauvais, les troupes interviennent pour permettre à un convoi de grains de partir pour Paris. Mais à Béthune les soldats du 14e régiment d'infanterie se mutinent et refusent d'obéir à leurs « officiers aristocrates ».

À Dunkerque, le peuple dévaste les magasins des négociants du port. Il y a quatorze tués et soixante blessés.

Et pendant ce temps-là, les Jacobins s'engagent dans un grand élan enthousiaste à ne plus consommer de sucre et de café !

Comme si cela pouvait permettre le rétablissement de l'ordre, la fin de l'anarchie, alors qu'au contraire, les violences gagnent tout le pays. Dans les départements de l'Ouest les prêtres jureurs sont isolés, condamnés, frappés !

On se bat dans le sud du pays entre catholiques « aristocrates » et protestants patriotes !

Les « patriotes » de Marseille s'en vont massacrer les aristocrates d'Arles. Et à ces désordres s'ajoute la crise financière : les assignats perdent chaque jour de leur valeur, et c'est avec ce papier-monnaie que sont payés les salaires, alors que tous les prix montent. Et les impôts ne rentrent pas !

Le procureur-syndic du département de Paris dénonce une « insurrection patricienne » contre le paiement des impôts et il fait afficher la liste des contribuables en retard !

Autant de suspects décrétés aristocrates et menacés !

Et Louis sent monter la peur autour de lui, une sorte de fébrilité qu'il constate chez les gardes nationaux qui font leur service aux Tuileries.

Les journaux rapportent les séances du club des Jacobins, où Robespierre prononce un grand discours sur les *Moyens de sauver l'État et la liberté.*

Il faut, dit Maximilien, « épurer » les cadres de l'armée, « purger » le pays, mettre les sections en permanence, prêtes à agir contre les « aristocrates ».

Il faut unir les patriotes de Paris et des départements.

« Je suis du peuple, martèle Robespierre, l'amour de la justice, de l'humanité, de la liberté est une passion comme une autre. Quand elle est dominante on lui sacrifie tout ; quand on a ouvert son âme à des passions d'une autre espèce, comme à la soif de l'or et des honneurs, on leur immole tout et la gloire et la justice, et l'humanité, et le peuple et la patrie. Voilà tout le secret du cœur humain ; voilà toute la différence qui existe entre le crime et la probité, entre les tyrans et les bienfaiteurs du genre humain. »

Comment faire vivre dans le même royaume des hommes qui s'accusent les uns les autres d'être le Bien et le Mal ? Comment apaiser les tensions ? Comment éviter la guerre civile entre eux ? Et comment ne rechercheraient-ils pas les uns et les autres, dans la guerre avec l'étranger, le moyen de terrasser ici leurs ennemis ?

Pour les uns, les aristocrates, pour les autres, les révolutionnaires. Et ces derniers espèrent que la guerre propagera parmi les peuples les idées de liberté de la Déclaration des droits de l'homme.

Et que les émigrés seront vaincus et dispersés, les monarques renversés par leurs peuples. Et la nation française, rayonnant, et puisant dans les caisses des riches États, de la Hollande, aura de quoi combler le déficit qui se creuse, et renflouer l'assignat qui perd chaque jour de sa valeur.

Avenir sombre ! Que faire ?

Louis et Marie-Antoinette reçoivent Fersen venu clandestinement à Paris. Le roi de Prusse Frédéric-Guillaume II, explique le comte suédois, a mis au point avec le duc de Brunswick un plan d'offensive qui devrait conduire les troupes prussiennes, en quelques semaines, à Paris. L'ordre sera rétabli, et le roi disposera à nouveau de tous ses pouvoirs légitimes.

Louis ne commente pas les propos de Fersen. Il reste silencieux alors que Marie-Antoinette manifeste sa détermination, se félicite de ce que tous les journaux royalistes – *Les Amis du roi*, *La Gazette universelle*, *Le Journal de M. Suleau* – publient la diatribe du chancelier d'Autriche Kaunitz contre les Jacobins, « factieux, républicains, dissolvateurs de la monarchie, boute-feux », et les journalistes ajoutent « gens à pendre, à écarteler, à brûler ».

Pour se réjouir de telles attaques, d'une telle violence, il faudrait être sûr de vaincre, et Louis s'il estime que les armées des souverains d'Europe écraseront les troupes françaises, divisées, désertées par leurs officiers, se demande si cette victoire viendra assez tôt pour éviter que la « populace » ne s'en prenne à la famille royale.

Il a avec accablement, et aussi un sentiment de révolte, appris que les soldats suisses du régiment de Châteauvieux qui s'étaient rebellés à Nancy et que le marquis de Bouillé avait châtiés, ont été libérés du bagne, et qu'une fête de la liberté sera célébrée en leur honneur à Paris. Les Jacobins et les journaux patriotes saluent ces mutins comme des héros. Et se moquent du général La Fayette – « Blondinet » – qui avait été favorable à la répression des rebelles.

La fête a eu lieu le 15 avril. Les Suisses défilent, accompagnés par une foule enthousiaste, et *Le Père Duchesne* peut exulter :

« Ah foutre ! Le beau jour ! Quelle fête ! Quelle joie !

« Jamais il n'y a eu sous le ciel un aussi beau spectacle. Jamais le peuple n'a été plus grand, plus respectable... Il était tout ce qu'il devait être, véritablement souverain, il ne recevait d'ordre de personne... Les mouchards de Madame Veto s'étaient vantés d'avance qu'il arriverait malheur... Je leur avais bien dit, foutre, que ça irait. Quand le faubourg Saint-Antoine, quand les braves gens sans-culottes, quand *Le Père Duchesne* veulent quelque chose, y a-t-il quelque puissance dans le monde qui puisse l'empêcher ?

« Ainsi donc, foutre, Madame Veto a eu beau remuer de cul et de tête pour faire manquer notre fête, tous les mouchards de Blondinet et Blondinet lui-même ont été impuissants. »

Louis veut savoir qui est cet Hébert, qui signe « Père Duchesne », quel est cet homme qui prétend avoir fait rebrousser chemin à Blondinet-La Fayette hostile à ce sacre de la mutinerie militaire, car le général serait revenu à Paris pour tenter un coup d'État.

Et Hébert conclut, si sûr de lui : « Mais laissons là cette foutue canaille qui ne mérite pas seulement qu'on s'en occupe. Nous sommes assez vengés d'avoir foutu un pied de nez à tous ces jean-foutre... les aristocrates noient leur chagrin dans des flots de vin muscat et nous, foutre, avec du vin de Suresnes, nous nous élevons au-dessus de tous les trônes de l'univers. »

Et cet Hébert qui prône la haine des aristocrates, de la reine, des prêtres et veut que la France soit la terre et le modèle de la déchristianisation, est un ancien élève du collège des Jésuites d'Alençon, fils d'un honnête joaillier. Il a traîné dans tous les estaminets de Paris. C'est un misérable auquel l'invective, la grossièreté, la haine, ce parler sans-culotte, ont donné notoriété et pouvoir d'influence, et revenus !

Car *Le Père Duchesne* est un journal qu'on s'arrache, qu'on lit dans toutes les sections du club des Jacobins, et dont l'avis pèse à l'Assemblée nationale, parce que les spectateurs des tribunes l'ont lu !

Louis tient encore les dés de l'avenir dans son poing. Il sait que s'il les lance, il n'est pas sûr de gagner. Ce sera la guerre, avec ses incertitudes, mais le jeu est ouvert. Les troupes prussiennes du duc de Brunswick, les émigrés du prince de Condé, et les Autrichiens de l'empereur François II, devraient l'emporter.

Mais s'il ne fait pas rouler les dés de la guerre, alors ce sont Hébert et Marat, les enragés, qui entraîneront derrière eux tous les mécontents, les vagabonds, les indigents, les affamés, les infortunés, ceux des paysans qui ont recommencé à attaquer les châteaux : et il n'y a aucun moyen de les arrêter, de les battre, leur victoire est certaine.

Alors Louis fait rouler les dés de la guerre.

Il renvoie ses ministres, constitue un ministère « girondin », avec le général Dumouriez au passé d'aventurier, comme ministre des Affaires étrangères, avec Roland de La Platière au ministère de l'Intérieur et, deux mois plus tard, le colonel Servan à la Guerre. Avec ces hommes-là, on ne le suspectera pas de ne pas vouloir la guerre et la victoire.

Dumouriez s'en va parler au club des Jacobins avec le bonnet rouge enfoncé jusqu'aux oreilles, et les Jacobins l'acclament et coiffent à leur tour le bonnet.

Et il faut que Robespierre s'exclame : « C'est dégrader le peuple que de croire qu'il est sensible à ces marques extérieures » pour qu'ils enfouissent leur bonnet rouge dans leur poche !

Que les Jacobins s'étripent entre eux ! Et que *Le Père Duchesne* et *L'Ami du peuple* jugent compromis ceux qui ont accepté d'être ministres de Monsieur Veto !

La division sert la couronne, affaiblit l'Assemblée ! Et l'honnête Roland de la Platière n'y peut rien.

Et Manon Roland son épouse peut bien tenir, au 5 de la rue Guénégaud, un salon où journalistes patriotes, ministres, se réunissent, préparent en fait les décisions que l'Assemblée votera et qu'ils comptent imposer au roi, une fracture s'approfondit, entre les brissotins ministres, qu'on appelle Girondins, et le peuple des sans-culottes, pour qui ces bourgeois et même ce général Dumouriez ne sont que des « Jacobins, des patriotes, des révolutionnaires simulés ! ».

Pétion, le maire de Paris, écrit : « Le peuple s'irrite contre la bourgeoisie, il s'indigne de son ingratitude, et se rappelle les services qu'il lui a rendus, il se rappelle qu'ils étaient tous frères dans les beaux jours de la liberté. Les privilégiés fomentent doucement cette guerre qui nous conduit insensiblement à la ruine. La bourgeoisie et le peuple réunis ont fait la Révolution ; leur réunion seule peut la conserver. »

Mais la guerre étrangère, l'anarchie, vont élargir ces failles entre « patriotes ».

Louis apprend que « le parti de Robespierre dans les Jacobins est contre le ministère, et ce qu'on appelle *la Montagne* dans l'Assemblée suit la même ligne ».

Jacobins robespierristes et Montagnards se méfient des généraux Rochambeau, Luckner, La Fayette, auxquels Dumouriez, « Jacobin simulé », a donné le commandement des trois armées qui protègent les frontières du Nord et de l'Est.

Dans les campagnes, les troubles paysans se multiplient.

Le Quercy, le Gard, l'Ardèche, l'Hérault sont touchés. Les gardes nationaux incendient eux-mêmes les châteaux des émigrés dans le Cantal, le Lot, la Dordogne. On démolit les « pigeonniers seigneuriaux ». On prélève des « contributions forcées » sur les « aristocrates ». Personne n'est en sûreté !

Alors il faut pousser le pays dans la guerre, prendre de vitesse Marat et Robespierre qui mettent en évidence les dangers du conflit : Marat annonce les défaites, les intrigues des généraux, et Robespierre craint que l'un d'eux ne s'empare du pouvoir.

Alors la guerre, vite.

Le 20 avril 1792, Louis XVI se présente à l'Assemblée nationale législative et annonce devant les députés enthousiastes que « la France déclare la guerre au roi de Hongrie et de Bohême ». Car François II n'a pas encore été couronné empereur et on veut essayer de laisser l'Allemagne et la Prusse en dehors du conflit. Seuls sept députés – fidèles aux Lameth et aux Montagnards – refusent de voter le décret. « Le peuple veut la guerre », a lancé un député « girondin » et un autre s'est écrié : « Il faut déclarer la guerre aux rois et la paix aux peuples. »

Dans les tribunes de l'Assemblée, dans les rues voisines de la salle du Manège, la foule acclame les députés. Louis entend les cris de joie.

Cette déclaration de guerre est pourtant pleine d'arrière-pensées.

Les brissotins veulent, avec la guerre, briser la monarchie.

Et la guerre peut permettre de relancer la Révolution.

Et la guerre peut permettre au roi de retrouver tous ses pouvoirs.

L'enjeu est pour chaque camp immense.

Louis y pense sans cesse : c'est une question de vie ou de mort.

Il se doute que la reine informe les souverains étrangers de la situation française et même des mouvements des troupes. Louis l'accepte.

Trahison ? Ce mot n'a pas grand sens pour elle, pour lui.

Ils sont fidèles à la monarchie.

« Voici ce que la reine vient de me faire parvenir, en chiffre, écrit Mercy-Argenteau au chancelier d'Autriche Kaunitz. Monsieur Dumouriez a le projet de commencer le premier par une attaque en Savoie et une autre par le pays de Liège. C'est l'armée de Monsieur de La Fayette qui doit servir à cette dernière attaque. Voilà le résultat du Conseil d'hier. Il est bon de connaître ce projet pour se tenir sur ses gardes ; selon les apparences cela s'effectuera promptement. »

Louis cependant doute.

Il lui suffit de croiser les gardes nationaux dans les couloirs et les salons des Tuileries pour mesurer que l'enthousiasme patriotique et la volonté de se battre ont chassé le doute et la peur. Le peuple est résolu.

Dans les rues voisines du palais, la foule défile et chante.

Le 25 avril 1792 à Strasbourg, un jeune officier du génie, Rouget de L'Isle, né à Lons-le-Saunier, entonne, dans le salon du maire de la ville, Dietrich, un « Chant de guerre pour l'armée du Rhin » qu'il vient de composer.

28.

Louis ferme les yeux.

Il voudrait qu'en cessant de lire ces rapports, ces lettres qu'on lui adresse, ces journaux et ces copies de discours qu'on dépose sur sa table, la réalité de ce mois de mai 1792 s'efface. Qu'il ne reste que ce ciel d'un bleu soyeux, que ces pousses d'un vert léger, que cette brise matinale, si fraîche. Et que ce printemps radieux l'entraîne d'un pas allègre. Mais Louis ne quitte plus le palais des Tuileries.

L'Assemblée a décidé de licencier six mille hommes de la garde du roi, comme si on voulait le livrer à ces bandes de sans-culottes des faubourgs qui, presque chaque jour, depuis que roulent les dés de la guerre, viennent défiler, rue Saint-Honoré, place Louis-XV, et hurlent leur haine.

Ce n'est pas la peur qui étreint Louis et le fait se calfeutrer dans les appartements royaux, mais la souffrance qu'il éprouve à entendre ces cris, à voir son peuple brandir des piques, des scies, des coutelas, des poignards, des bâtons, à constater que le pire qu'il avait imaginé est survenu, plus vite qu'il ne l'avait cru.

Il a suffi de quelques jours, moins de dix après la déclaration de guerre, pour que l'armée du Nord, qui avait pénétré en Belgique, se défasse, que la panique et la déroute la transforment en une cohue indisciplinée, accusant les officiers aristocrates de trahison, massacrant le général Dillon à

Lille. Et peu après, le régiment du Royal-Allemand passait à l'ennemi.

Mais qui est l'ennemi ?

Ces Autrichiens du roi de Bohême et de Hongrie, François II, empereur d'Autriche et neveu de Marie-Antoinette ? Ces Prussiens de Frédéric-Guillaume II qui se sont alliés à François II ?

Ou bien les vrais ennemis ne sont-ils pas ces Cordeliers, ces Jacobins, ces Montagnards, ces brissotins, et tous ces sans-culottes lecteurs de Marat et de Camille Desmoulins ?

Louis rouvre les yeux, lit ce rapport sur les premières défaites et il devrait s'en réjouir, comme le font Marie-Antoinette et son entourage.

Mais il ne le peut pas.

Cette violence qui se déchaîne est une tumeur qui rongera tout le royaume, et Louis le craint, Louis le pressent, et dévorera la famille royale et la monarchie. Louis a l'impression en apprenant ces événements qu'on lui arrache des lambeaux de chair, dans la gorge, dans la poitrine.

« Ce qu'il y a de plus fâcheux est que cette défaite a produit des crimes horribles dans Lille, lit-il. Les vaincus n'ont pu croire qu'ils l'avaient été par leur faute ; ils ont attribué leur défaite à la trahison. En conséquence ils ont tué le général Dillon et Mr Berthois. Le corps de Mr Dillon, tué d'un coup de pistolet dans la rue par un dragon, a été mis en pièces et brûlé. Mr Berthois a été pendu à un réverbère parce qu'il n'avait pas fait tirer le canon, lui qui n'avait aucun commandement dans l'artillerie. Ils ont pendu encore cinq ou six Tyroliens comme espions ou faux déserteurs et l'on assure qu'ils étaient de vrais prisonniers de guerre. Le même jour, 30 avril, on a pendu aussi l'ancien curé de la Magdeleine de Lille ; nommé Savardin, ce malheureux prêtre dissident, grand chambardeur du nouveau clergé, s'était réfugié chez les Ursulines déguisé en femme et s'y croyait bien caché. Il a été reconnu par une femme même qui l'a livré à la multitude furieuse. En un moment il a été accroché à une lanterne avec ses habits de femme, en mantelet noir et jupon blanc. »

On accuse La Fayette de trahison : Robespierre et Marat affirment que « Blondinet » prépare un coup d'État. Marat est le plus violent dans ces réquisitoires. Et, dans *L'Ami du peuple*, il invite les soldats à se débarrasser de tous les chefs suspects, à leur réserver le sort du général Dillon.

C'est « le désordre des opinions », dit le rapport d'une « mouche » de police qui arpente les faubourgs, surprend les conversations, se mêle aux cortèges.

« On crie partout que le roi nous trahit, que les généraux nous trahissent, qu'il ne faut se fier à personne ; que le comité autrichien de Madame Veto a été démasqué en flagrant délit ; que Paris sera pris dans six semaines par l'armée des princes et des rois. »

Les Jacobins se déchirent. Brissot, Vergniaud attaquent Robespierre qui a invoqué « le Dieu tout-puissant », pour l'appeler à protéger « ces lois éternelles que tu gravas dans nos cœurs ». Il a condamné la formation d'un camp de vingt mille hommes, des *fédérés* venus de tous les départements, qui sera créé sous les murs de Paris. C'est la grande idée des brissotins. Ils craignent de ne pas contrôler les gardes nationaux parisiens et les sans-culottes, les uns soupçonnés d'être trop « bourgeois », les autres influencés par Marat et Hébert.

Ces divisions entre « patriotes » font tourner les têtes. On s'accuse d'être « factieux », « conspirateur ».

Et dans le journal de Brissot, *Le Patriote français*, on a pu lire :

« Monsieur Robespierre a entièrement levé le masque, il est un digne émule des meneurs autrichiens du côté droit de l'Assemblée nationale. »

Louis est à la fois satisfait de ces divisions au sein du camp des « patriotes » et inquiet. Il craint que Girondins et Montagnards, dans leur volonté de se montrer plus déterminés les uns que les autres aux yeux du peuple, ne prennent la famille royale pour cible.

Et ces rivalités conduisent à la guerre civile.

Il y a ce décret que l'Assemblée a voté qui autorise la déportation des prêtres réfractaires, dès lors qu'elle est demandée par vingt citoyens actifs.

Louis ne peut l'accepter. Il utilisera son droit de veto. De même, il refuse que l'on rassemble à Paris vingt mille fédérés au moment même où l'on dissout la garde royale. Et il usera aussi de son droit de veto contre ce projet. Déjà, on manifeste contre ses décisions. Et puisqu'une pétition de huit mille noms se déclare hostile à ce projet de rassemblement des fédérés, on lui oppose une pétition de vingt mille sans-culottes, qui se disent heureux et fiers d'accueillir les citoyens fédérés venus des départements.

Louis ne veut pas céder.

Il a la certitude que dès lors que la guerre a commencé, l'affrontement violent à l'intérieur de la nation est inéluctable. Et c'est pourquoi il a hésité à choisir, comme les Girondins mais pour des raisons contraires, la politique du pire, c'est-à-dire la guerre.

Il sait que Marie-Antoinette est tout entière engagée dans cette voie. Mais elle refuse les propositions de La Fayette, qui prétend vouloir défendre les prérogatives royales, et veut être le champion du retour à l'ordre, d'abord dans l'armée puis dans le royaume. Marie-Antoinette hait La Fayette, et Louis se méfie des ambitions de ce « Gilles César ».

Et parmi tous ces patriotes bavards et retors, il lui semble que le plus lucide et l'un des plus dangereux pour la monarchie est ce Maximilien Robespierre qui, attaquant La Fayette aux Jacobins, déclare : « Le pire des despotismes c'est le gouvernement militaire et depuis longtemps nous marchons à grands pas vers ce gouvernement. »

Mais Louis ne s'illusionne pas.

Il est persuadé que, quel que soit celui des « patriotes » qui l'emportera, Robespierre ou Brissot, les Montagnards ou les Girondins, et même La Fayette ou les frères Lameth, les plus modérés, et pour le pire Marat, aucun de ceux-là ne voudra rendre au souverain les pouvoirs légitimes qui sont les siens, par la volonté de Dieu.

Ils persisteront les uns et les autres à enchaîner le pouvoir royal, afin de le soumettre à leurs désirs.

Et c'est ce que Louis ne peut, ne veut pas accepter.

Il est roi de droit divin.

Il approuve ce qu'écrit un journaliste royaliste, Du Rosoi, dans la *Gazette de Paris*, et en même temps il s'en inquiète, car que gagne-t-on à dévoiler sa pensée à ses ennemis ?

Du Rosoi n'hésite pas, en appelle aux souverains d'Europe : « Connaissez vos devoirs par les maux qui nous accablent, par les attentats qui nous épouvantent, écrit-il.

« Un peuple déjà rassasié de crimes est appelé à des crimes nouveaux : il ne sait ni ce qu'il veut, ni ce qu'on lui dit de vouloir. Mais ce peuple, ce n'est pas le PEUPLE FRANÇAIS, c'est ce qu'on appelle la NATION. Telle une excroissance spongieuse et visqueuse naît sur le corps humain : elle n'est point ce corps, et cependant elle en fait partie... Ne l'extirpez point, sa grosseur deviendra bientôt démesurée, sa masse parasite fera courber le corps qu'elle défigure et dessèche à la fois... »

C'est bien cela ! Et Louis répète la conclusion de l'une des lettres qu'il a reçues :

« Nous sommes sur un volcan prêt à jeter des flammes. »

Mais il ne cédera pas. Il n'est plus temps.

Il entend les cris que poussent, aux abords des Tuileries, les sans-culottes. Ils exigent que le roi renonce à ses deux veto sur les décrets de l'Assemblée nationale. La foule dénonce ceux qui le soutiennent et qui ne sont qu'une « horde d'esclaves, des traîtres, des parricides, des complices de Bouillé ».

Ils lancent : « Périssent les tyrans, un seul maître la loi. »

Et Roland de La Platière, le ministre de l'Intérieur, cet homme en habit noir, aux cheveux plats très peu poudrés, ses souliers sans boucle, une sorte de « quaker endimanché », adresse à Louis une lettre arrogante, exigeant, au nom des autres ministres, que le roi accepte les deux arrêtés, renonce à son droit de veto.

La lettre a sans doute été écrite par Manon Roland, après avoir consulté Vergniaud et Brissot, et les habitués de son salon de la rue Guénégaud.

Ils imaginent sans doute tous que Louis va céder. Et au contraire, il s'arc-boute, démet Roland et les ministres girondins, et les remplace par des membres du club des Feuillants, modérés et inconnus.

Il sait que le « volcan va jeter des flammes », que l'épreuve de force est engagée.

Dès le 13 juin, l'Assemblée décrète que les ministres renvoyés « emportent la confiance de la nation ».

Dans les tribunes de l'Assemblée on crie : « À bas l'Autrichienne, À bas Monsieur Veto ! »

« Déchéance ! »

Et on entend même quelques « Vive la République ! » et « Aux armes ! ».

Louis n'est pas surpris par la violence des propos qu'on lui rapporte.

Les députés girondins ont eux aussi, comme les sans-culottes présents à l'Assemblée, réclamé la déchéance du roi. Ils décident même de créer une Commission des Douze, composée de députés Feuillants et Jacobins, et destinée à veiller aux dangers qui menacent la patrie.

Et on accuse la reine d'être l'alliée et la complice des souverains étrangers, de livrer les plans des armées françaises, aux émigrés, au marquis de Bouillé, au duc de Brunswick qui commande les troupes prussiennes.

Quant à Monsieur Veto, il fait cause commune avec les prêtres réfractaires, ces « chambardeurs » qui dressent les paysans contre les prêtres constitutionnels et qui incitent les citoyens à la rébellion. Et cela se produit chaque jour dans les départements de l'Ouest, en Provence.

Et l'indignation et la crainte sont à leur comble quand les députés lisent la lettre qu'adresse à l'Assemblée le général La Fayette. Il exige des mesures d'ordre, le respect de la Constitution et donc de la personne du roi.

L'armée des frontières va-t-elle marcher contre les patriotes de Paris ?

Il faut appeler le peuple à se dresser, afin de contraindre le roi à reconstituer un gouvernement patriote. Seul, au club des

Jacobins, Maximilien Robespierre tente d'empêcher le déferlement de la violence.

Il dénonce « ces insurrections partielles qui ne font qu'énerver la chose publique ».

Mais les sans-culottes des faubourgs Saint-Antoine et Saint-Marcel se rassemblent déjà, armés de leurs piques et de leurs coutelas, de leurs poignards et de leurs fusils.

Santerre, le brasseur du faubourg Saint-Antoine qui a pris part à l'attaque de la Bastille et qui était au Champ-de-Mars le 17 juillet 1791, ordonne aux tambours de battre, aux sections de se mettre en marche.

Alexandre, ancien agent de change, lui aussi présent au Champ-de-Mars le 17 juillet 1791, commandant des canonniers de la garde nationale, rejoint le cortège avec sa vingtaine de canons.

Le cortège grossit. Les citoyens « passifs » se mêlent aux gardes nationaux. On crie « À bas Monsieur Veto ! » et « Vive la République ! ». On décide de se rendre en armes à l'Assemblée puis aux Tuileries afin d'y présenter des pétitions exigeant le retrait des veto royaux qui empêchent la déportation des prêtres réfractaires et l'arrivée des fédérés, venus des départements, au nombre de cinq par canton.

Louis ne répond pas à ceux qui, dans son entourage, l'invitent à invoquer la Constitution qui autorise le droit de veto.

Il sait que les Girondins, les sans-culottes, la plupart des Jacobins et sans doute les agents du duc d'Orléans se soucient peu de la légalité ! Ils veulent cette insurrection, afin de faire plier le roi.

Le maire de Paris, Pétion, vient de prendre un arrêté qui ordonne au commandant de la garde nationale « de rassembler sous les drapeaux les citoyens de tous uniformes et de toutes armes, lesquels marcheront ainsi réunis sous le commandement des officiers de bataillon ».

Pétion vient ainsi de décréter que l'insurrection est légale.

Il y a bientôt une foule en armes, devant la salle du Manège. Les canons d'Alexandre sont pointés sur l'Assemblée et les Tuileries. Des enfants côtoient les femmes des Halles, les charbonniers des faubourgs, les sans-culottes, des vagabonds, vingt mille personne se pressent dans la rue Saint-Honoré, portant des piques, lances, broches, haches, scies, fourches, massues et aussi des épis de blé, des rameaux verts et des bouquets de fleurs.

Ils entrent en force à l'Assemblée. Ils crient, interrompant les délibérations. L'un d'eux, qui se proclame orateur du peuple, déclare :

« Le peuple est debout, à la hauteur des circonstances, prêt à se servir des grands moyens pour venger sa majesté outragée. »

On danse, on défile devant la tribune. On brandit une culotte de soie, pleine d'excréments ; voilà les vêtements des aristocrates.

On a planté au bout d'une pique un cœur de veau sanglant, avec cette inscription : « Cœur d'aristocrate ».

On crie : « Vive les aristocrates ! À bas le veto ! »

Louis est là, face à cette foule qui l'insulte, le presse.

« Citoyens, crie un chef de légion de la garde nationale, chargé de la défense du palais, reconnaissez votre roi, respectez-le. Le roi vous l'ordonne. Nous péririons tous plutôt qu'il lui soit porté la moindre atteinte. »

On fait monter le roi sur une banquette dans l'embrasure d'une croisée.

« À bas le veto, rappelez les ministres. »

On interpelle Louis : « Tout votre cœur, toutes vos affections sont pour les émigrés à Coblence. »

Le boucher Legendre hurle :

« Monsieur, écoutez-nous, vous êtes fait pour nous écouter, vous êtes un perfide, vous nous avez toujours trompés, vous nous trompez encore. Mais prenez garde à vous, la mesure est à son comble et le peuple est las de se voir votre jouet. »

On menace le roi.

On élève à hauteur de son visage ce cœur de veau sanglant, cette culotte pleine d'excréments.

Louis ne tremble pas.

« Je suis votre roi, dit-il, je ne me suis jamais écarté de la Constitution. »

Il coiffe un bonnet rouge muni de la cocarde tricolore.

La chaleur est étouffante.

« Foutre il a bien fait de prendre le bonnet, foutre, s'il ne sanctionne pas les décrets nous reviendrons tous les jours ! »

La pièce est pleine d'une foule grouillante. On propose une bouteille de vin à Louis. Il boit au goulot, dit :

« Peuple de Paris, je bois à ta santé et à celle de la nation française. »

Un grand jeune homme qui se tient proche du roi clame d'une voix forte : « La sanction des décrets ou vous périrez. »

Le maire de Paris, qui est présent depuis quelques instants, hésite puis, pressé par son entourage, dit : « Citoyens, vous ne pouvez rien exiger de plus. »

Il hausse la voix :

« Le peuple a fait ce qu'il devait faire, dit-il. Vous avez agi avec la fierté et la dignité des hommes libres. Mais en voilà assez, que chacun se retire. »

On interpelle encore le roi, puis la foule commence à refluer, traversant la chambre du roi.

« Est-ce là le lit du Gras Veto ? Monsieur Veto a un plus beau lit que nous ! » dit-on.

On passe dans le cabinet où se tiennent la reine, le dauphin, sa sœur Madame Royale, et Madame Élisabeth la sœur du roi. On tend à la reine un bonnet rouge pour son fils. Elle l'en coiffe.

Santerre se tient à ses côtés.

« Ôtez le bonnet à cet enfant, il a trop chaud », dit-il.

Puis il croise les bras, et de temps à autre désigne d'un mouvement de tête Marie-Antoinette, lance comme un bateleur :

« Regardez la reine et le dauphin. »

Il est près de huit heures du soir. La foule a défilé durant près de six heures, et la garde nationale ne fera évacuer le palais des Tuileries qu'à dix heures.

« On nous a amenés pour rien, dit un sans-culotte. Mais nous reviendrons et nous aurons ce que nous voudrons. »

Dans les faubourgs, les sans-culottes, au cours de la nuit chaude, répètent que c'est bien plus facile d'entrer aux Tuileries ou à l'Assemblée que de prendre la Bastille !

Ils y retourneront quand ils voudront !

Qui peut résister aux sans-culottes des faubourgs Saint-Marcel et Saint-Antoine ?

« Le peuple s'est mis en branle, aujourd'hui 20 juin 1792, écrit à son frère, curé à Évreux, le libraire Ruault. Le pouvoir exécutif a perdu tout crédit, toute considération. Un grenadier a enfoncé sur la tête du roi un bonnet rouge gras et usé d'un savetier de la rue d'Auxerre... Cette journée du 20, dit-on déjà, doit être suivie d'une autre qui sera plus sérieuse. »

Et le procureur-syndic du département de la Seine, Pierre Louis Roederer, note : « Le trône est encore debout, mais le peuple s'y est assis et en a pris la mesure. »

29.

Louis ne peut oublier ce cœur de veau ensanglanté, enfoncé au bout d'une pique et que les sans-culottes ont agité devant son visage, et puis il y eut au cours de cette dizaine d'heures, ce mercredi 20 juin 1792, cette culotte pleine d'excréments, et ces pancartes : « Tremble, tyran, ton heure est venue » ; ces potences tenues à bout de bras, comme des jouets, auxquelles on avait suspendu une poupée « Madame Veto » et d'autres qui portaient l'inscription « Gare à la lanterne ». Et il y eut ceux qui brandissaient de petites guillotines.

Louis s'étonne. À aucun moment il n'a eu peur de cette foule haineuse. Et pourtant il sait qu'un jour elle le tuera.

Il a accepté de porter, depuis ce 20 juin, un gilet de quinze épaisseurs de tissu que la reine lui a fait confectionner car elle craint qu'on ne le poignarde.

— Ils ne m'assassineront pas, ils me feront mourir autrement, a dit Louis.

Il se souvient de l'avertissement de Turgot, c'était il y a seize ans, au début du règne, en 1776 : « N'oubliez jamais, Sire, avait dit Turgot, que c'est la faiblesse qui a mis la tête de Charles Ier sur un billot. »

Louis n'a pas cédé aux sans-culottes qui criaient : « La sanction ou la mort. »

Il n'a pas renoncé à son droit de veto. Et il ne cédera plus. Mais peut-être, en effet, sa tête sera-t-elle tranchée comme celle du roi d'Angleterre. Et l'on aura fait son procès. On l'accusera devant le peuple de trahison. On l'empêchera de se justifier, afin qu'il n'apparaisse pas comme un martyr.

Mais il faut qu'il se prépare à ce moment qu'il pressent proche.

Il entend, souvent en ces derniers jours de juin, les tambours battre.

On lui a annoncé qu'une nouvelle manifestation était prévue pour le 25 juin. Le tocsin a sonné, mais les cortèges se sont dispersés faute de troupes.

Et on écrit au roi, de plusieurs départements, pour s'indigner du traitement qui lui a été infligé, de l'humiliation subie, des menaces proférées.

Et à l'Assemblée, les Girondins sont inquiets de cette « journée révolutionnaire », de ces pétitionnaires armés qui sont entrés dans la salle des séances, avant d'envahir les Tuileries. Et les députés votent une résolution interdisant que l'on soit sous les armes quand on se présente afin de déposer une pétition à l'Assemblée.

Les députés vont même jusqu'à suspendre le maire de Paris, Pétion, de ses fonctions. On le poursuit en l'accusant d'avoir toléré, organisé même, la journée du 20 juin.

Louis a le sentiment que sa fermeté face aux sans-culottes a suscité un mouvement de courage de la part des modérés, de ceux qui craignent pour leurs biens, qui refusent le désordre.

Il faut les conforter, leur dire qu'il ne capitulera pas, utiliser ce moment d'incertitude devant le nouveau saut à accomplir qui conduira à la fin de la monarchie.

La municipalité de Marseille, qui a constitué un bataillon de volontaires, de près de sept cents hommes, pour rejoindre Paris, exige déjà « que le pouvoir exécutif soit nommé et renouvelé par le peuple. Que peut être cette race régnante dans un temps où tout doit être régénéré ? »

Et à Paris un placard est affiché, dès le 23 juin :

« Nous nous levons une seconde fois pour le plus saint des devoirs, y lit-on. Les habitants des faubourgs de Paris, les hommes du 14 juillet, dénoncent un roi faussaire, coupable de haute trahison, indigne plus longtemps d'occuper le trône. »

Cela s'appelle la République.

Il faut répondre. Louis corrige les projets de déclaration qu'on lui soumet. Il dicte, relit :

« Le roi n'a opposé aux menaces et aux insultes des factieux que sa conscience et son amour du bien public. Le roi ignore quel sera le terme où ils voudront s'arrêter, mais il a besoin de dire à la Nation française que la violence, à quelque excès qu'on veuille la porter, ne lui arrachera jamais un consentement à tout ce qu'il croit contraire à l'intérêt public. Comme représentant héréditaire de la Nation française, il a des devoirs sévères à remplir ; et s'il peut faire le sacrifice de son repos, il ne fera pas le sacrifice de son devoir... »

Est-ce qu'il sera entendu ?

Les sections sans-culottes des faubourgs Saint-Antoine et Saint-Marcel, derrière Santerre et Alexandre, sont toujours sous les armes, délibèrent en permanence, nuit et jour. Elles s'ouvrent aux citoyens passifs. Elles réclament la déchéance du roi. Elles s'indignent des poursuites engagées contre Pétion. Elles acclament leur maire : « La vierge Pétion », ce grand homme blond d'une beauté fade et d'un air doucereux, lâche et fourbe, un vaniteux surtout, qui s'est imaginé lorsqu'il était assis, au retour de Varennes, à côté de Madame Élisabeth, que la sœur du roi était troublée, séduite, prête à succomber à son charme.

Mais le peuple est ainsi, hier fêtant La Fayette, et aujourd'hui portant Pétion en triomphe et dénonçant en La Fayette un « intrigant », un « ennemi de la patrie », un « coquin et un imbécile », le « plus grand des scélérats », accusé de trahison par Robespierre et Couthon.

Et il est vrai que La Fayette a quitté son quartier général, s'est présenté à l'Assemblée, a exigé le retour à l'ordre, a rêvé d'un coup d'État.

Il a imaginé passer en revue, avec le roi, les gardes nationales. Il était persuadé qu'on le suivrait, et qu'on irait, au couvent des Jacobins, disperser cette « secte qui envahit la souveraineté nationale et tyrannise les citoyens ».

Louis se défie de ces « donquichotteries ». Il ne désapprouve pas la reine lorsqu'elle dit : « Mieux vaut périr que d'être sauvés par Monsieur de La Fayette. »

Il se tait lorsqu'elle lui annonce qu'elle va avertir Pétion des intentions du général. Et le maire annule aussitôt la revue des gardes nationales. Et il ne reste à La Fayette qu'à regagner son armée du Centre.

Et Paris reste dominé par ces sections sans-culottes des faubourgs, des portes Saint-Martin et Saint-Denis, du Théâtre-Français.

Et on chante aux carrefours :

Nous le traiterons, gros Louis biribi
À la façon de barbarie, mon ami
Gros Louis, biribi...

« Nous marchons à grands pas à la catastrophe », confie l'ambassadeur des États-Unis, Gouverneur Morris.

Louis partage ce sentiment. Il sait que les sans-culottes pensent que « la nation n'est pas seulement en guerre avec des rois étrangers. Elle est en guerre avec Louis XVI et c'est lui qu'il faut vaincre le premier si l'on veut vaincre les tyrans, ses alliés. »

C'est un étrange moment, comme celui qui précède l'éclatement d'un orage. Après des rafales, on a l'impression que le vent faiblit. On fait quelques pas, on se prend à espérer. Car les sans-culottes ne sont pas tout le peuple.

Un visiteur qui parcourt la capitale écrit :

« Dans quelle autre ville que Paris, verrait-on tout à la fois deux faubourgs mutinés contre la loi, la force publique armée couvrant les rues et les places, les hommes de bien, tristes, abattus, mornes, noircis du deuil de la douleur, l'asile des rois assiégé par une multitude égarée, toutes les autorités incertaines et tremblantes, et d'un autre côté la moitié de la capitale indifférente pour ce qui se passe dans un quartier éloigné du sien ; chacun allant à ses affaires comme si tout était calme ; le coin de toutes les rues tapissé de trente affiches bleues, jaunes, ou rouges, qui promettent des farces pour le soir ; trois mille oisifs arrangeant en conséquence l'ordre de leur journée, flottant sérieusement entre *Tancrède* qui se donne au Théâtre de la Nation, et *Jocrisse ou la Poule aux œufs d'or* qui est joué au Théâtre du Vaudeville ; des projets de soupers de corps, de concerts, de personnes aimables, et cependant un volcan terrible mugit sous leurs pieds. »

Le volcan gronde. Les troupes austro-prussiennes avancent dans le Nord. Elles occupent Orchies et Bavay.

« Les Autrichiens, écrit Gouverneur Morris, parlent avec la plus grande confiance de passer l'hiver à Paris. »

« Notre maladie avance bien », murmure-t-on dans l'entourage de Marie-Antoinette.

Elle voudrait agir. Et elle transmet ce qu'elle apprend des plans de campagne, à Mercy-Argenteau, le gouverneur autrichien à Bruxelles.

Elle se confie :

« Le roi n'est pas un poltron, dit-elle. Il a un très grand courage passif... Il a peur du commandement et craint plus que toute autre chose de parler aux hommes réunis... Dans les circonstances où nous sommes, quelques paroles bien articulées, adressées aux Parisiens qui lui sont dévoués, centupleraient les forces de notre parti. Il ne les dira pas. »

Louis connaît le jugement de la reine.

Peut-être a-t-elle raison lorsqu'elle dit qu'il a vécu tel un enfant toujours inquiet, sous les yeux de Louis XV jusqu'à vingt et un ans, et que cela l'a rendu timide, renfermé.

Mais s'il est passif, c'est aussi que c'est la seule forme de courage que la situation admet.

Il sent, à ces chants, à ces roulements de tambour, à ces milliers de fédérés qui arrivent de tous les départements, qu'un grand élan patriotique soulève le pays.

Les *Marseillais* entrent au pas cadencé, précédés par des cavaliers, acclamés par les sans-culottes de Santerre. Ils chantent « Aux armes, citoyens ! Formez vos bataillons », ce *Chant de guerre pour l'armée du Rhin* qu'ils ont entonné tout au long de leur route de Marseille à Paris, et cette *Marseillaise* se répand comme une traînée de poudre.

L'Assemblée a décrété *la Patrie en danger*, appelant aux enrôlements volontaires, et un détachement de cavalerie avec trompettes, tambours, musique, et six pièces de canon, suivi de douze officiers municipaux à cheval portant la bannière tricolore avec l'inscription *La Patrie est en danger*, parcourt les principales rues et boulevards de Paris. On s'arrête. On monte sur une estrade, on lit le texte de la proclamation :

« Des troupes nombreuses s'avancent vers nos frontières. Tous ceux qui ont horreur de la liberté s'arment contre notre Constitution. Citoyens, la Patrie est en danger. »

En trois jours, plus de quatre mille jeunes hommes courent aux amphithéâtres décorés de drapeaux tricolores où sont reçus les engagements.

Qu'opposer à ce mouvement, à cette crue d'hommes ?

Quelques régiments de Suisses, qu'on va concentrer aux Tuileries, des nobles courageux, anciens gardes du corps et gardes du roi, viendront les rejoindre, certains gardes nationaux des quartiers ouest pourront aussi vouloir défendre le roi constitutionnel, mais, Louis le sait, la partie est inégale.

Seules les armées autrichiennes et prussiennes peuvent briser ce mouvement. Mais elles sont étrangères. Et le mot de *patrie* est la plus terrible des armes dont disposent les sans-culottes. À l'Assemblée, Vergniaud le Girondin, en proclamant *la Patrie en danger*, a prononcé un réquisitoire contre le roi, en l'interpellant : « Non, non, s'est-il écrié, homme que la générosité des Français n'a pu émouvoir, homme que le seul amour du despotisme a paru rendre sensible, vous n'avez pas rempli le vœu de la Constitution ! Vous n'êtes plus rien pour cette Constitution que vous avez indignement violée, pour ce peuple que vous avez si facilement trahi. »

Et en même temps ces Girondins hésitent à transformer leurs paroles en actes.

Ils craignent l'anarchie. Ils se méfient de ces sections sans-culottes comme celles des Quinze-Vingts et des Cordeliers, peuplées d'ébénistes, de menuisiers, ouvriers et artisans, tapissiers, marbriers, verriers de la Manufacture royale des glaces, rue de Reuilly.

Dans la section des Gravilliers, les éventaillistes, les merciers, les charpentiers, les ciseleurs des rues Saint-Denis et

Saint-Martin sont exaltés par les prédications du prêtre Jacques Roux, un « enragé ».

Les Girondins voudraient utiliser ces forces sans-culottes tout en les contrôlant, les retenant, ne leur lâchant la bride que pour contraindre le roi à plier.

Mais ils rêvent donc aussi d'une trêve, d'un accord avec le roi. Et quand, le 7 juillet, l'évêque constitutionnel de Rhône-et-Loire, Lamourette, prêche à tous les partis la réconciliation – « Embrassez-vous », lance-t-il –, les députés, à l'exception de quelques Montagnards, se précipitent, se donnent l'accolade, pleurent.

Et Louis, prévenu que l'Assemblée a acclamé la formule de l'évêque : « Haine à la République », accourt.

« Incompréhensible miracle de l'électricité, écrit un témoin... toute l'Assemblée debout, les bras en l'air, les députés levaient leurs chapeaux et les faisaient jouer en l'air. Les tribunes trépignaient, les voûtes retentissaient de joie, d'applaudissements. L'ivresse avait saisi toutes les têtes. »

Mais ce n'est qu'une illusion. La tempête se déchaîne.

L'Assemblée rétablit Pétion dans ses fonctions ! C'est donc qu'elle approuve la journée du 20 juin, l'invasion armée des Tuileries, les pétitions de citoyens en armes.

Louis veut montrer qu'il reste, lui, fidèle à la Constitution.

Il se rend le 14 juillet au Champ-de-Mars, où l'on célèbre le troisième anniversaire de la prise de la Bastille. La foule, comme un océan, a tout recouvert. On acclame Pétion. Les huées méprisantes submergent le roi. On lui manifeste ainsi qu'il n'est plus rien. On ne le craint plus. Il suffit de décider de le pousser pour qu'il disparaisse.

Et des pétitions réclamant sa déchéance circulent.

La section de Mauconseil, au nord des Halles, déclare « qu'elle ne reconnaît plus Louis XVI comme roi des Français et qu'elle s'ensevelira sous les ruines de la liberté plutôt que de souscrire au despotisme des rois ».

Les Girondins ne pourront plus tenir, guider le peuple. Ils ont besoin de lui et il est soulevé par le patriotisme.

On chante ces refrains « marseillais ».

« Aux armes, citoyens, formez vos bataillons... Amour sacré de la patrie conduis, soutiens nos bras vengeurs. »

On dénonce « la horde d'esclaves, de traîtres, de rois conjurés ».

Lorsqu'on accueille place de la Bastille les fédérés marseillais, « les larmes coulent de tous les yeux », l'air retentit des cris de « Vive la Nation ! », « Vive la liberté ! ».

Et cette immense vague, ces milliers de fédérés venus de tous les cantons de la nation, est mille fois plus forte que celle qui a déjà submergé les Tuileries, le 20 juin.

Louis a le sentiment, quand il écoute Marie-Antoinette, quand il lit les journaux royalistes, qu'il ne partage ni leur peur ni leur haine.

Il sait que Marie-Antoinette écrit à Fersen, qu'elle lui dit :

« Hâtez si vous le pouvez le secours qu'on nous promet pour notre délivrance. J'existe encore mais c'est un miracle. La journée du 20 juin a été affreuse. Ce n'est plus à moi qu'on en veut le plus, c'est à la vie même de mon mari, ils ne s'en cachent plus... »

Louis le pressent. Il est au bout du chemin. Et la violence, la haine des royalistes aussi furieuse que celle des sans-culottes, ne lui laisse aucun doute sur le peu de temps qui lui reste avant l'affrontement.

Les journaux royalistes accusent.

« Les Parisiens ont montré toute la lâcheté de leur caractère, ils ont mis la mesure de tous leurs crimes. Tout est coupable dans cette ville criminelle, il n'est plus de pardon à espérer pour elle, cette ville scélérate... Vils et lâches Parisiens, votre sentence est portée. La journée du 20 juin a comblé vos crimes. Les vengeances s'approchent. Il vient le moment où vous voudrez au prix de vos larmes et de votre or racheter vos forfaits, mais il ne sera plus temps ; les cœurs seront pour vous de bronze et votre terrible punition sera un exemple qui effraiera à jamais les villes coupables. »

Cet appel pétri de haine et de désir de vengeance, et que publie *Le Journal général* de Fontenai, inquiète Louis.

Il avait sollicité Mallet du Pan d'écrire un *Manifeste* expliquant les raisons de l'intervention des souverains en France. Mais Mallet du Pan a regagné Genève, et c'est un émigré, le marquis de Limon, et l'ancien secrétaire de Mirabeau, Pellenc, qui ont écrit le *Manifeste*, qui sera signé par le duc de Brunswick, commandant les armées prussiennes.

Louis en prend connaissance le 25 juillet.

On parle en son nom. Mais c'est un général prussien qui s'exprime !

Il lit et relit ce *Manifeste de Brunswick*, et il comprend que ce texte va précipiter l'affrontement. Au lieu de « terroriser » les patriotes, il les incitera à agir, contre qui sinon d'abord contre le roi, la famille royale et la monarchie ?

Il ressent ce *Manifeste* comme un acte fratricide contre lui et sa famille.

« Les deux Cours alliées ne se proposent comme but que le bonheur de la France, ainsi commence le *Manifeste*.

« Elles veulent uniquement délivrer le Roi, la Reine et la famille royale de leur captivité...

« La ville de Paris et tous ses habitants sont tenus de se soumettre sur-le-champ et sans délai au Roi, de mettre ce Prince en pleine et entière liberté... »

Louis interrompt sa lecture.

Les patriotes au contraire l'emprisonneront, lui et les siens. Ils ne se soumettront pas aux ordres de l'empereur autrichien et du roi de Prusse.

Il lit la fin du *Manifeste* comme une incitation à en finir avec le roi, et la monarchie française, puisqu'ils ne peuvent choisir qu'entre la soumission et la mort.

« ... Si le château des Tuileries est forcé ou insulté, s'il est fait la moindre violence, le moindre outrage à leurs Majestés, le Roi, la Reine et la famille royale... l'Empereur et le Roi tireront une vengeance exemplaire et à jamais mémorable en livrant la ville de Paris à une exécution militaire et à une subversion totale. »

Les patriotes forceront les Tuileries.

Ils couvriront d'outrages Louis et la famille royale.

Louis s'y prépare. Il est sans regret, sans colère, sans haine.

Dieu choisit.

Les fédérés marseillais, avec à leur tête l'avocat Barbaroux, secrétaire de la commune de Marseille, sont conviés le 30 juillet à un grand banquet patriotique aux Champs-Élysées.

Et dans la chaleur moite de l'été orageux, une rixe éclate entre les fédérés marseillais et les sans-culottes qui les accompagnent et des gardes nationaux des sections des quartiers bourgeois de Paris, soutenus par des « aristocrates ». Battus par les Marseillais, ils se réfugient dans le château des Tuileries. L'un d'eux a été tué.

On crie « Vive la nation ! », « Mort aux tyrans et aux traîtres ! ».

À la section des Gravilliers, on prépare une mise en accusation de Louis XVI complice de Brunswick, et on menace les députés :

« Nous vous laissons encore, législateurs, l'honneur de sauver la patrie ; mais si vous refusez de le faire, il faudra bien que nous prenions le parti de la sauver nous-mêmes. »

30.

Louis sent la sueur couler sur son visage.

Il est devant l'une des fenêtres des appartements royaux du château des Tuileries. Il se tient un peu en retrait, pour ne pas être vu des canonniers qui sont derrière leurs pièces dans la cour du château. Et il a entendu ces gardes nationaux crier, en le voyant, « Vive la nation ! », « Vive les sans-culottes ! », « À bas le roi ! », « À bas le Veto ! », et « À bas le gros cochon ! ».

Mais d'autres gardes nationaux, et les deux cents gentilshommes qui sont venus défendre le château, ont répondu : « Vive le roi ! », « Vive Louis XVI ! », « C'est lui qui est notre roi, nous n'en voulons pas d'autre ! », « Nous le voulons ! », « À bas les factieux ! », « À bas les Jacobins ! », « Nous le défendrons jusqu'à la mort, qu'il se mette à notre tête ! », « Vive la nation, la loi, la Constitution et le roi, tout cela ne fait qu'un. »

Il regarde Marie-Antoinette, assise loin de la fenêtre, dans la pénombre, tentant d'échapper ainsi à la chaleur torride de ces premiers jours d'août 1792.

Elle est aussi déterminée que ces gentilshommes, prêts à mourir pour leur roi.

Elle a plusieurs fois dit qu'elle voudrait revoir le roi monter à cheval, prendre la tête des troupes fidèles, de ces neuf cent cinquante Suisses que l'on a fait venir de leurs casernes de Rueil et de Courbevoie. Louis sortirait du château, rallierait à lui les « honnêtes gens », les gardes nationaux des sections qui veulent que la Constitution soit respectée, et dans lesquelles des hommes modérés, comme ce savant, ancien fermier général, Lavoisier, de la section de l'Arsenal, ont de l'influence.

On peut compter sur le marquis de Mandat, commandant en chef de la garde nationale parisienne, et chargé de la défense des Tuileries.

« Il y a ici des forces, a répété Marie-Antoinette, il est temps enfin de savoir qui l'emportera du roi et de la Constitution ou de la faction. »

Louis s'éponge. Peut-être n'est-ce pas la chaleur qui le fait transpirer, mais l'angoisse, l'attente.

L'Assemblée, malgré les protestations des tribunes, les menaces lancées contre les députés, a refusé par quatre cent six voix contre deux cent vingt-quatre de mettre La Fayette en accusation et d'engager des poursuites contre lui.

C'est la preuve que les Girondins sont inquiets. Ils redoutent les projets d'insurrection votés par les sections du faubourg Saint-Antoine et du faubourg Saint-Marceau. Les sans-culottes exigent que l'Assemblée prononce la déchéance du roi, sa mise en accusation pour trahison. Les sections attendront jusqu'au jeudi 9 août, à minuit, le vote de l'Assemblée. Et si celle-ci, avant cette heure fatidique, ne s'est pas prononcée, alors, les sans-culottes feront sonner le tocsin et iront se saisir de la personne du roi, aux Tuileries, et personne, aucune force ne pourra s'opposer à la volonté du peuple.

Les fédérés marseillais sont hébergés par la section du Théâtre-Français, au club des Cordeliers, et Danton, et les sans-culottes les endoctrinent et savent qu'ils peuvent compter sur eux, comme aussi sur les fédérés venus de Brest.

Les tambours battent. On chante des couplets, qu'en quelques jours les sans-culottes parisiens ont appris des Marseillais. « Aux armes, citoyens. » On s'interpelle joyeusement, c'en est fini des titres, de *Monsieur* ou *Madame*, on est tous *citoyens* !

L'échéance est donc fixée aux premières heures du vendredi 10 août.

Les sections du faubourg Saint-Antoine ignorent les appels des Girondins, d'un Condorcet.

Ceux-là se sont servis du peuple, comme d'un dogue, afin d'effrayer le roi.

Et maintenant la peur les saisit. Ils craignent que le dogue ne se débarrasse de sa laisse, leur échappe, n'écoute pas Condorcet qui déclare :

« Un peuple court à sa ruine s'il préfère à des moyens d'action tempérés par la loi, des moyens dont l'illégalité seule serait capable de faire avorter tout le fruit. »

Et la section des Quinze-Vingts répond :

« Si justice et droit n'est pas fait au peuple par le corps législatif jeudi, onze heures du soir, le même jour, à minuit, le tocsin sonnera et la générale battra, et tout se lèvera à la fois. »

Louis n'en doute pas.

Et cependant, il a accepté que l'on verse des dizaines de milliers de livres à Danton, afin qu'il empêche l'insurrection.

Or, cet ancien avocat est le tribun le plus écouté de la section du Théâtre-Français, du club des Cordeliers.

Il fait partie d'un Comité secret composé de vingt-quatre membres, qui se réunit au Pavillon de Charenton et dont le but est de préparer l'attaque du château des Tuileries. Camille Desmoulins, Marat, Billaud-Varenne, l'acteur Collot d'Herbois et Robespierre se retrouvent aux côtés de Danton. Et certains d'entre eux envisagent de constituer une *Commune insurrectionnelle*, qui prendrait le pouvoir, en lieu et place de la Commune élue.

Soudoyée, elle aussi. Près de sept cent cinquante mille livres ont été versées au maire de Paris et à Santerre lui-même pour ramener les Marseillais dans le parti du roi et donc rendre impossible l'insurrection.

Mais comment se fier à ces hommes ? Ils utilisent sans doute l'argent qu'on leur a versé, soit pour leurs aises et leurs débauches, comme Danton, soit pour préparer cette insurrection qu'ils sont payés pour empêcher !

Et jadis on avait couvert d'or Mirabeau, et cela n'avait en rien entravé le cours de la Révolution.

L'insurrection aura lieu, Louis s'en persuade en découvrant le jardin des Tuileries entièrement désert.

« Il semble que la peste soit dans le château, écrit un journaliste “patriote”. Nul ne veut en approcher. Mais la terrasse des Feuillants est couverte d'hommes, de femmes, de gens de guerre qui vont à l'Assemblée, qui en reviennent, qui s'arrêtent à la porte, aux murs de ce bâtiment, et de l'autre côté, un vaste et superbe jardin désert… Nous sommes ici, disent ceux qui se promènent sur la terrasse des Feuillants, sur la terre de la liberté. Et là-bas c'est Coblence. Cette solitude, ce silence qui règnent dans le jardin où l'on voit seulement courir quelques chiens doivent effrayer le maître du château pour peu qu'il réfléchisse sur lui-même : il n'est pas de bon augure. »

Louis n'est pas effrayé. Et cependant il ne croit pas, comme le réclament les pétitions de certaines sections sans-culottes, qu'on se contentera de sa déchéance, suivie de l'expulsion de la famille royale hors du territoire.

Trop de souffrances, et donc trop de haines, trop de désirs de vengeance se sont sans doute accumulés depuis des siècles et font de Louis le XVIe celui qu'il faut crucifier.

Trop de peurs aussi, d'accusations de trahison conduisent à un verdict impitoyable. Le *Manifeste de Brunswick* annonce selon les orateurs sans-culottes « une Saint-Barthélemy des patriotes ».

Robespierre, presque chaque jour, au club des Jacobins le répète. La rumeur se répand selon laquelle les habitants de Paris seront conduits dans la plaine Saint-Denis, et décimés sur place dès l'entrée dans la capitale des troupes prussiennes et de l'armée des Princes forte de vingt mille émigrés.

Les patriotes les plus notoires et cinquante poissardes seront roués !

Louis partage le sentiment du journaliste royaliste Du Rosoi qui écrit dans la *Gazette de Paris* :

« Au moment où vous lisez ces lignes, toutes les hordes, soit celles qui délibèrent, soit celles qui égorgent : républicains, pétitionnistes, novateurs, brissotins, philosophistes, écrivent, discutent, aiguisent des poignards, distribuent des cartouches, donnent des consignes, se heurtent, se croisent, augmentent le tarif des délations, des crimes, des libelles et des poisons… Si ces factieux osent prononcer la déchéance du roi, ils osent le juger ; et s'ils le jugent, il est mort ! Mort ! entendez-vous, lâches et insouciants Parisiens... »

La mort est donc là. Louis la voit. Elle le saisira dans quelques heures, quelques jours, quelques mois. Mais il est depuis si longtemps persuadé que son destin tragique est écrit et qu'il ne peut le changer, que ces dernières heures avant le 10 août ne le surprennent pas.

L'Assemblée erre, hésite, condamne ceux qui pétitionnent pour la déchéance du roi, et plus tard décide que les régiments de Suisses devront quitter Paris pour se rendre aux frontières, ce qui signifie, ouvrir les portes des Tuileries, livrer le roi aux émeutiers.

Et ceux-ci ne sont pas les meilleurs du peuple de Paris. Les purs patriotes se sont enrôlés pour aller combattre les Prussiens : quarante mille jeunes gens en quelques semaines.

Il reste les boutiquiers, les ouvriers, les vagabonds, les artisans fanatiques, ceux qui veulent occuper les places, prendre le pouvoir pour eux-mêmes, laissant faire la guerre aux autres. Ils ne représentent qu'une faible partie du peuple de Paris.

Mais ils sont déterminés. Et les femmes si souvent soumises et humiliées les accompagnent et même les entraînent.

Et cependant, une foule insouciante remplit les Champs-Élysées. Toutes les boutiques sont ouvertes. On vend dans ces journées torrides des rafraîchissements. On chante. On danse. On assiste aux spectacles de pantomimes et de marionnettes.

Cela étonne un voyageur anglais, Moore, qui a vu les canons installés sur le Pont-Neuf afin d'interdire aux cortèges sans-culottes venus de la rive droite et de la rive gauche de se rejoindre.

Mais, à quelques rues seulement de ce qui sera sans doute un lieu de combat : « Tout est tranquille dans Paris. On s'y promène. On cause dans les rues comme à l'ordinaire. Ces gens-là paraissent heureux comme des dieux... le duc de Brunswick est l'homme du monde auquel ils pensent le moins. »

Mais il y a ceux qui s'apprêtent à donner l'assaut aux Tuileries si l'Assemblée législative refuse de proclamer la déchéance du roi.

Et depuis les tribunes de la salle du Manège, ils sont des centaines à insulter les députés, à les menacer, cependant que d'autres les attendent à la sortie de l'Assemblée, les entourent, les frappent.

Et bientôt, il n'y aura plus en séance qu'une minorité de députés – à peine un peu plus de deux cents, sur sept cent quarante-cinq – prêts à soutenir les vœux des sans-culottes.

Le « peuple » – quelques milliers sur plus de six cent mille Parisiens – est trop fort pour se laisser dompter par l'Assemblée, qui, jeudi 9 août, à sept heures du soir, clôt ses travaux, sans s'être prononcée sur la déchéance du roi.

Médiocre et lâche habileté des Girondins.

« Il pleuvra du sang », prévoit un témoin, quand il entend un quart d'heure avant minuit la grosse cloche des Cordeliers battre le tocsin, suivie par les cloches de six autres églises.

Et les tambours commencent à résonner, les sans-culottes à se rassembler.

Demain, vendredi 10 août 1792, ce sera, comme prévu, on l'a préparé, la journée révolutionnaire qui doit achever ce qui a été commencé le 14 juillet 1789.

Courte nuit avant l'aube du vendredi 10 août.

Louis écoute le procureur-syndic du département Roederer, qui est assis aux côtés de la reine, de Madame Élisabeth, du dauphin, et qui veut, dit-il, par sa présence aux Tuileries protéger le roi et sa famille.

Déjà plusieurs fois, il a affirmé que le salut ne pourrait venir d'une résistance armée aux sans-culottes s'ils tentaient d'attaquer le château.

Il faudrait se réfugier à l'Assemblée, où la majorité des députés étaient modérés, et feraient de leurs corps et de leur légitimité un rempart.

Le maire de Paris, Pétion, souriant, vient à son tour aux Tuileries, puis se retire après quelques instants, et Louis comprend que cet homme-là refusera de prendre parti, s'enfermera chez lui, se laissant « enchaîner avec des rubans », de manière à sauver sa vie.

Vers deux heures et demie du matin, Roederer lit le rapport qu'on vient de lui remettre.

Les rassemblements de sans-culottes ont de la peine à se former, dit-il. Les citoyens des faubourgs se lassent. Il semble qu'on ne marchera pas.

Et un informateur royaliste qui vient d'arriver, confirme ces informations :

« Le tocsin ne rend pas », répète-t-il.

Louis reste impassible. La journée n'a pas commencé. On vient d'annoncer que sur ordre de Manuel, procureur général de la Commune, on a retiré les canons en batterie sur le Pont-Neuf. Dès lors, les sans-culottes du faubourg Saint-Antoine et ceux du faubourg Saint-Marceau peuvent se rejoindre !

Et Louis approuve et comprend les inquiétudes du marquis de Mandat, d'autant plus que Manuel est un proche de Danton. L'obstacle majeur à l'assaut des Tuileries vient de sauter.

Louis se retire. Il veut dormir, laisser le destin s'écouler selon la pente dessinée par Dieu. Quand il sort de sa chambre, on lui annonce que le marquis de Mandat, sur convocation de la Commune, et sur les conseils de Roederer, a accepté de se rendre à l'Hôtel de Ville où la Commune veut l'entendre.

Le commandant de la garde nationale, responsable de la défense des Tuileries, est parti seul sans escorte.

Louis ferme les yeux.

Il entend Madame Élisabeth dire à Marie-Antoinette : « Ma sœur, venez donc voir le lever de l'aurore. »

Combien, demain, vivront une aube nouvelle ?

On tue déjà, place Vendôme, devant l'Hôtel de Ville.

Le marquis de Mandat a été mis en état d'arrestation, accusé d'avoir ordonné, si une « colonne d'attroupement s'avançait vers le château, de l'attaquer par-derrière ».

« C'est une infamie, crie-t-on, un prodige de lâcheté et de perfidie. »

On l'entraîne vers la prison de l'Hôtel de Ville. Et dès qu'il apparaît sur les marches, on l'abat : coups de pistolet, coups de pique et de sabre.

Et les membres du Comité secret, les commissaires de chaque section qui avaient été désignés dans la nuit, chassent la Commune légale, au nom du salut public. Elle sera remplacée par une *Commune insurrectionnelle*, dans laquelle Danton affirme son autorité. Santerre est nommé commandant de la garde nationale à la place de Mandat. Et les cortèges se mettent en mouvement vers le château des Tuileries.

Il n'est pas encore neuf heures.

Place Vendôme, de très jeunes gens jouent avec des têtes, les jetant en l'air et les recevant au bout de leurs bâtons. Ce sont celles du journaliste royaliste Suleau et de trois de ses amis.

Un jeune homme est interpellé dans les Petits-Champs, on l'entoure, on le menace. Il est habillé comme un « monsieur ». On l'oblige à crier « Vive la Nation ! ». Il a un accent étranger.

Il se souviendra qu'il a vu, ce vendredi 10 août, « des groupes d'hommes hideux, que le château a été attaqué par la plus vile canaille ».

Il se nomme Napoléon Bonaparte.

Le « patriote Palloy », l'un des vainqueurs de la Bastille, entrepreneur devenu riche en organisant la démolition – fructueuse – de la citadelle, écrit de ce « peuple » en armes du 10 août :

« Ce sont les sans-culottes, c'est la crapule et la canaille de Paris, et je me fais gloire d'être de cette classe qui a vaincu les soi-disant "honnêtes gens". »

Ils marchent vers le château. Ils s'emparent des postes qui protègent les bâtiments. Ils approchent des portes. Il faut se réfugier à l'Assemblée, répète Roederer.

Louis hésite. Il veut passer en revue la garde nationale. Il descend seul au Carrousel. Et à chaque pas qu'il fait devant les compagnies alignées, il est pénétré par une profonde, insurmontable lassitude.

Il répète :

« J'aime la garde nationale. »

Il a l'impression qu'il n'a même plus assez de force pour avancer.

Un groupe de canonniers, les mêmes sans doute que ceux qui l'ont déjà insulté, se met à le suivre en criant :

« À bas le roi ! À bas le gros cochon ! »

Toujours l'insulte.

Il rentre.

Roederer insiste pour qu'on se place sous la protection de l'Assemblée.

« Sire, le temps presse, dit-il. Votre Majesté n'a pas d'autre parti à prendre. »

Marie-Antoinette s'approche.

« Nous avons des forces, martèle-t-elle. Personne ne peut agir ? Quoi, nous sommes seuls ? »

« Oui, Madame, seuls, répond Roederer, l'action est inutile, la résistance, impossible, tout dans Paris marche ! »

« Marchons », dit Louis.

On se dirige vers la salle du Manège.

Roederer guide ce petit cortège, le roi et sa famille. Des feuilles mortes s'amoncellent dans les allées.

Le dauphin joue avec elles.

« Elles tombent de bonne heure cette année », murmure Louis.

On passe au milieu de la foule qui forme deux haies hostiles. Un citoyen lance, en se portant au premier rang :

« Sacredieu, je n'entends pas que ce bougre de roi aille souiller la salle de l'Assemblée ! »

Il faut parlementer. L'officier de la garde nationale qui protège le roi prend le citoyen par la main, le présente à Louis XVI :

« Sire, voilà un galant homme qui ne vous fera pas de mal. »

« Je n'en ai pas peur », répond Louis.

Le citoyen tend la main :

« Touchez là, vous aurez pris la main d'un brave homme, mais je n'entends pas que votre garce de femme aille avec vous à l'Assemblée, nous n'avons pas besoin de cette putain. »

Il est trop tard pour répondre, pour résister.

Louis titube sous l'injure, s'assied près de Vergniaud à la tribune de l'Assemblée.

Les mots du Girondin – « Fermeté de l'Assemblée, ses membres ont juré de mourir en soutenant les droits du peuple et les autorités constituées » – sont comme une rumeur lointaine.

C'est une station du calvaire.

Il dit : « Je suis venu ici pour éviter un grand crime. »

On l'installe avec sa famille dans la loge du logographe, qui prend en note les discours. On y étouffe dans une chaleur moite. Et l'on entend, tout proches, des détonations d'abord isolées, puis des feux de salve, des cris.

Il est à peine passé dix heures et demie.

Les portes du château sont forcées.

Les insurgés se précipitent dans les Tuileries. Les gardes nationaux crient : « Vive la nation ! », rallient les sans-culottes et les fédérés. On interpelle les Suisses. Le patriote Westermann, ancien hussard alsacien, proche de Danton, leur lance en allemand :

« Rendez-vous à la nation. »

Quelques-uns hésitent, sautent par les fenêtres, d'autres répondent qu'ils ne veulent pas se déshonorer. Leurs officiers s'inquiètent. Les insurgés au bas de l'escalier s'impatientent, commencent à insulter ces « gilets rouges ». Des débardeurs armés de crocs en harponnent certains par leur fourniment, les tirent à eux.

Puis un coup de feu, et les salves de part et d'autre. Les Suisses qui s'élancent chassent les insurgés des cours, s'emparent des canons.

« J'ai vu les Suisses, dit un grenadier de la section du Théâtre-Français, François Marie Neveu, peintre, ami de David, tant qu'ils ont été maîtres de la Cour royale, faire jusqu'à six décharges à bout portant sur mes frères d'armes amoncelés derrière un tombereau, ils faisaient sauter la cervelle de mes concitoyens à bout portant. »

Il y a déjà une centaine de morts.

Les fédérés marseillais et brestois contre-attaquent, refoulent les Suisses, dont certains se regroupent près de l'Assemblée.

« Les portes sont forcées, crie un officier de la garde nationale. Il y a des citoyens qui sont près d'être égorgés. À quoi sert ce sang versé ? »

Louis écrit au colonel suisse :

« Le roi ordonne aux Suisses de poser à l'instant leurs armes et de se retirer dans leurs casernes. »

Tous ne peuvent être prévenus. Ils se battront jusqu'à épuisement de leurs munitions. Et ceux-là comme ceux qui cessent le feu sont égorgés.

Point de quartier.

De la fenêtre d'un immeuble du Carrousel, Napoléon Bonaparte a assisté à l'assaut. Puis il parcourt le champ de bataille, où les corps s'entassent. On les brûle par monceaux.

« On tue les blessés, raconte-t-il. On tue les deux chirurgiens suisses qui les pansaient. J'ai vu des femmes bien mises se porter aux dernières indécences sur les cadavres des Suisses. Elles mutilaient les soldats morts puis brandissaient ces sexes sanglants. Vile canaille ! »

Et « coglione » de Louis XVI.

« Si le Roi se fût montré à cheval, la victoire lui fût restée. »

Pillage des Tuileries, saccage. Vols, et on tue les voleurs à coups de sabre et de pique, dans les rues et places proches du château.

« Quelle atroce barbarie ! » s'indigne le libraire patriote Ruault. Il a vu passer au fil de l'épée soixante Suisses qui s'étaient rendus et qu'on avait conduits à l'Hôtel de Ville.

« Et depuis quand égorge-t-on de sang-froid, en Europe, des prisonniers de guerre ? » interroge-t-il.

« Je fus forcé de voir le massacre dans la petite cour intérieure de l'Hôtel de Ville aux pieds mêmes de l'effigie de Louis XVI.

« On les dépouillait nus, on les perçait puis on les tirait par les pieds, et on chargeait leurs corps morts dans des tombereaux... Mais, ô comble de l'horreur ! J'ai vu des cannibales qui chargeaient ces cadavres les mutiler dans leurs parties secrètes et leur donner en ricanant des petits soufflets sur les joues et sur les fesses.

« Il faut dire tout ce que l'on a vu et tout ce que l'on sait de cette abominable journée. »

SIXIÈME PARTIE

11 août 1792-30 septembre 1792
« Libre sous les poignards »

« Donnons dans la personne des Bourbons
et de leurs complices un exemple éclatant qui fasse pâlir
les autres rois : qu'ils aient toujours devant eux et présent
à leur pensée le fer de la guillotine tombant sur la tête ignoble
de Louis XVI, sur le chef altier et insolent de sa complice... »

Article dans *Les Révolutions de Paris*,
numéro du 4 au 11 août 1792

« De ce lieu et de ce jour date
une nouvelle époque de l'histoire du monde. »

GOETHE, présent à Valmy le 20 septembre 1792

31.

Combien de morts ?

Maximilien Robespierre s'interroge. Il n'a pas participé aux combats. Il est resté enfermé chez les Duplay, rue Saint-Honoré, à écouter les feux de salve qui se sont prolongés dans l'après-midi de ce vendredi 10 août.

Maintenant que la nuit est tombée, il se rend à la section des Piques, place Vendôme.

Autour de la statue de Louis XIV, une foule s'affaire, et, à l'aide de crocs, d'épieux, de lourds maillets, de barres de fer, on essaie de desceller la statue, et quand le Roi-Soleil commence à osciller on crie : « Plus de roi, haine aux tyrans. »

On commence à briser la statue, et d'autres sans-culottes, des jeunes gens, des femmes martèlent, sur les façades, le mot *roi*, les fleurs de lys.

Robespierre s'arrête, questionne. On le reconnaît, on l'acclame. On lui dit que le peuple renverse les statues, celles de Louis XV et de Louis XIII, d'Henri IV.

On réclame la déchéance de Louis Capet, son procès. On brûle les sièges des journaux monarchistes. On traque les journalistes royalistes. On arrête des « suspects », soupçonnés à leur mine, à leurs vêtements, d'être des aristocrates.

On hurle qu'il faut tuer les Suisses qui se sont réfugiés, non loin de là, au couvent des Feuillants, et d'autres au Palais-Bourbon.

Combien de morts déjà ?

Au moins un millier, dont plus de six cents défenseurs du château, Suisses et aristocrates venus défendre le roi.

Au Carrousel, le peuple brûle les cadavres avec les débris des devantures des boutiques brisées ou incendiées par les décharges de mousqueterie.

Qu'est devenu le roi ? Qu'a décidé l'Assemblée à son sujet ? Suspension ou déchéance ? Robespierre veut se rendre salle du Manège, mais il s'adresse d'abord à l'assemblée de la section des Piques :

« Il faudra que le peuple s'arme encore une fois de sa vengeance, dit-il. Songez que le courage et l'énergie du peuple peuvent seuls conserver la liberté. Il est enchaîné dès qu'il s'endort, il est méprisé dès qu'il ne se fait plus craindre, il est vaincu dès qu'il pardonne à ses ennemis avant de les voir entièrement domptés. »

On le désigne par acclamation comme représentant de la section à la Commune insurrectionnelle.

C'est là qu'est le pouvoir.

Il voit, à l'Assemblée, le roi et sa famille, qui sont encore dans la loge du logographe et qui passent leur nuit dans quelques pièces du couvent des Feuillants.

Les députés, à peine deux cent quatre-vingt-cinq sur les sept cent quarante-cinq que compte l'Assemblée, ont décidé la suspension du roi, et son internement. Les sans-culottes, les représentants de la Commune insurrectionnelle ont protesté. Ils demandent la déchéance de Monsieur Veto. Ils exigent que le roi et sa famille ne soient pas internés au palais du Luxembourg, ou à l'hôtel du ministre de la Justice, comme l'avait décidé l'Assemblée, mais dans le donjon du Temple, où la surveillance doit être sévère à chaque instant. Il faut que Louis Capet, l'Autrichienne et petit Capet, ne disposent que de l'indispensable. Point de luxe. Point de sortie. Point de visite. Il n'y a plus de roi.

Et l'Assemblée s'incline devant la Commune insurrectionnelle. Les députés votent aussi pour que soit constitué un

Conseil exécutif provisoire, et c'est Danton qui y exercera la plus forte influence, parce qu'il a recueilli deux cent vingt-deux voix sur deux cent quatre-vingt-cinq, plus qu'aucun des autres candidats. On sait que Danton a été l'homme de l'Insurrection du 1er août.

« Je suis entré au Conseil exécutif par la brèche ouverte aux Tuileries », dit-il de sa voix de stentor.

Celui que ses ennemis appellent « le Mirabeau de la canaille », ce franc-maçon, qui choisit comme secrétaires Fabre d'Églantine et Camille Desmoulins, est une force physique : visage léonin, crinière embroussaillée, mâchoire large, mains épaisses, torse et épaules musclés.

Il aime la vie, le pouvoir, l'argent. On l'a dit agent du duc d'Orléans, soudoyé par la Cour. Il s'est jeté dans le brasier révolutionnaire avec toute son énergie et son talent d'avocat.

Robespierre l'observe. Comment un homme débauché, corrompu, tonitruant, pourrait-il être un homme vertueux ?

Mais c'est Danton qui est au Conseil exécutif, ministre de la Justice, lui qui joue le premier rôle, et domine Roland, ministre de l'Intérieur, que son épouse Manon inspire.

C'est elle qui en fait dirige le *bureau de l'esprit public*, qui sous l'autorité de Roland doit influencer, orienter les journaux. Ils sont tous patriotes, puisque la censure a été établie et que les journaux monarchistes ont été supprimés. Le journaliste Suleau a été massacré, son confrère Du Rosoi, arrêté, a été condamné à être guillotiné. L'Assemblée a créé un Tribunal criminel extraordinaire, sous la pression de la Commune insurrectionnelle. Les juges qui le composent ont été élus par les sections.

Robespierre, qui a recueilli le plus de voix, devrait en prendre la présidence. Il hésite, puis refuse :

« Je ne peux être le juge de ceux dont j'ai été l'adversaire, dit-il. J'ai dû me souvenir que s'ils étaient les ennemis de la patrie, ils s'étaient aussi déclarés les miens. »

Les Girondins l'accusent d'hypocrisie, de vouloir en fait rester à la Commune afin d'occuper ce lieu de pouvoir. Des affiches sont placardées, à côté de celles qui depuis le 11 août annoncent : « Le roi est suspendu, sa famille et lui restent otages. »

« Robespierre, y lit-on, est un homme ardemment jaloux. Il veut dépopulariser le maire Pétion, se mettre à sa place et parvenir au milieu des ruines à ce tribunal, objet continuel de ses vœux insensés. »

Robespierre, sans qu'un trait de son visage tressaille, lit et relit, avec une fureur maîtrisée qui le glace, ces accusations.

Il n'attaquera pas, pas encore, ces Girondins auteurs de ces accusations.

Mais le soir, au club des Jacobins, d'une voix coupante, il dit :

« L'exercice de ces fonctions de président du tribunal criminel extraordinaire pour juger les auteurs des crimes contre-révolutionnaires était incompatible avec celles de représentant de la Commune. Je reste au poste où je suis, convaincu que c'est là que je dois actuellement servir la patrie. »

On l'acclame.

Il lit l'appel que vient de lancer la Commune :

« Peuple souverain, suspends ta vengeance. La justice endormie reprendra aujourd'hui tous ses droits. Tous les coupables vont périr sur l'échafaud. »

Les Jacobins l'ovationnent. « Plus de roi, jamais de roi », crient-ils.

On a conduit Louis Capet et sa famille au donjon du Temple.

On a entassé toute la famille royale dans une voiture traînée seulement par deux chevaux qui avançaient au pas, escortée par des gardes nationaux, crosse en l'air.

On a voulu qu'ils traversent Paris, qu'ils voient les statues des rois renversées. Et on leur a dit que l'on a même brisé celle de Philippe le Bel qui est dans Notre-Dame.

« Louis-Néron » est resté impassible.

Marie-Antoinette, cette nouvelle Agrippine, serre contre elle son fils, et tout au long du trajet, qui a pris plusieurs heures, elle a reçu en plein visage les insultes, les accusations, cette « putain et son bâtard ».

Autour d'eux la mort rôde.

Les journaux patriotes l'appellent pour qu'elle frappe.

Dans *Les Révolutions de Paris*, Robespierre lit : « La patrie et le despotisme ont lutté ensemble un moment corps à corps. Le despotisme avait été l'agresseur. Il succombe. Point de grâce, qu'il meure mais pour ne plus avoir à recommencer avec cette hydre, il faut abattre toutes les têtes d'un coup. Donnons dans la personne des Bourbons et de leurs complices un exemple éclatant qui fasse pâlir les autres rois ; qu'ils aient toujours devant eux et présent à leur pensée le fer de la guillotine tombant sur la tête ignoble de Louis XVI, sur le chef altier et insolent de sa com plice. Frappons après eux tous ceux dont on lit les noms sur les papiers trouvés dans le cabinet des Tuileries ; que tous ces papiers nous servent de listes de proscriptions. Faut-il encore d'autres pièces justificatives ? Qu'attend-on ?

« Mais, inconséquents et légers que nous sommes, nous passons notre colère sur des bronzes, des marbres inanimés. »

Ce n'est point les statues que l'on doit briser, mais des têtes que l'on doit trancher.

C'est l'avis de la Commune insurrectionnelle dont Danton est le maître. Il exige.

Les députés doivent prêter un nouveau serment. Il n'est plus question de fidélité au roi. La Constitution de 1791 est abolie. Des élections vont être organisées au suffrage universel aux fins d'élire une *Convention nationale* qui, comme aux États-Unis, qui servent de modèle, rédigera une nouvelle Constitution.

Et d'ici là, les municipalités pourront emprisonner les « suspects », effectuer des « visites domiciliaires » On ne fait plus d'abord référence à la liberté.

C'est l'an I de l'égalité qui commence.

Et il faut prêter serment à la nation, à l'égalité sainte.

Les prêtres qui s'y refusent, les réfractaires pourront être aussitôt déportés en Guyane.

Il faut traquer et réduire à l'impuissance les aristocrates et leurs complices.

À Paris, la Commune fait arrêter six cents suspects qui rejoignent dans les prisons deux mille personnes qui déjà s'y entassent.

Les femmes et les enfants d'émigrés sont considérés comme des otages, et leurs biens placés sous séquestre.

Il faut se défendre.

On dit que les armées austro-prussiennes ont pris l'offensive, appuyées par vingt mille émigrés. Ce même 19 août, La Fayette et vingt-deux officiers de son état-major, après avoir tenté d'entraîner leurs troupes à marcher sur Paris, sont passés à l'ennemi.

En Vendée, en Bretagne, en Dauphiné, dans la région du Nord, dans le Centre, dans le Sud-Ouest, et malgré l'envoi par la Commune insurrectionnelle et le Comité exécutif de commissaires, on se dresse contre la révolution du 10 août.

On proclame son attachement au roi, on refuse de s'enrôler, pour partir aux frontières. Dans le Maine et la Normandie, Jean Cottereau, dit Jean Chouan, qui avec ses trois frères se livrait à la contrebande du sel, gagne la forêt. On se rassemble autour de lui, on se reconnaît en poussant le cri du chat-huant. On s'apprête à attaquer les gendarmes, à défendre les prêtres réfractaires.

Et les nouvelles de ces résistances accroissent la peur et la mobilisation dans ces quartiers de Paris – les faubourgs, le centre, le Théâtre-Français, les portes Saint-Denis et Saint-Martin – où fermente l'esprit sans-culotte, autour des sections des Quinze-Vingts, des Piques, du Théâtre-Français.

On s'arme.

Les fers des grilles des Tuileries sont transformés en « piques citoyennes ». On croit que huit cents hommes de la « ci-devant » garde royale sont prêts à fondre sur Paris, pour y massacrer les patriotes.

On crie à la trahison quand on apprend, le 23 août, que Longwy est tombé aux mains des Prussiens. On s'insurge contre ces députés, ces Girondins, ce ministre Roland, ces militaires qui envisagent de quitter Paris, qui s'affolent à l'idée que les Prussiens ne sont qu'à quelques jours de marche de la capitale, et qu'ils mettront à exécution les menaces annoncées dans le *Manifeste de Brunswick.*

Et puis dans Paris, il y a ceux – la plus grande partie de la population – qui continuent de vivre en subissant les événements sans y participer.

Ceux-là ne se sont mêlés ni au cortège du 10 août, ni aux combats des Tuileries, ni aux tueries.

« Le massacre ne s'étendit guère hors du Carrousel et ne franchit pas la Seine, écrit un témoin. Partout ailleurs je trouvai la population aussi tranquille que si rien ne s'était passé. Dans l'intérieur de la ville, le peuple montrait à peine quelque étonnement ; on dansait dans les guinguettes. Au Marais où je demeurais alors, on n'en était qu'à soupçonner le fait, comme à Saint-Germain. On disait qu'il y avait quelque chose à Paris, et l'on attendait impatiemment que le journal du soir dît ce que c'était. »

Mais d'autres sont stupéfaits.

« La journée du 10 août change toutes les idées, toutes les opinions des patriotes », écrit un membre du club des Jacobins, garde national, acteur des événements mais comme un citoyen anonyme qui n'intervient pas dans les débats, qui observe, à la fois emporté par le souffle révolutionnaire et inquiet.

« Nous voilà à recommencer, dit-il, c'est une nouvelle Révolution qui annule celle de 1789. Il paraît décidé que la royauté sera abolie, qu'on créera un régime républicain démocratique. Ce sera encore un enchaînement de maux et de malheurs dont nous sortirons quand il plaira à Dieu... Quel changement, Seigneur ! Qu'eût répondu Louis XIV, le 10 août 1715, peu de jours avant sa mort, si on lui avait dit : "Sire dans soixante-dix-sept ans, la monarchie française sera détruite, le règne des Bourbons sera fini en France ; vous êtes l'antépénultième roi de cette antique dynastie." »

Ce citoyen-là est incertain.

On arrête des « suspects ». On encercle le Palais-Bourbon, où sont prisonniers cent cinquante Suisses. Et des sans-culottes exigent qu'on les leur livre.

« La Commune du 10 août, écrit ce Jacobin, commence à faire trembler une partie des habitants de Paris... Les partisans de la Révolution se divisent en deux classes, ceux de 89 jusqu'au 10 août exclusivement, et ceux qui datent du 10 août, qui se disent des patriotes par excellence ; ces derniers font un bruit terrible dans les sections, aux Jacobins même où l'on commence à se regarder jusqu'au fond de l'âme. Cette société prend une autre face depuis le 10 août... Elle dégénère en tripot démocratique. Quoique j'y signifie rien et que je veuille y rien signifier, je balance, je ne sais si je dois y rester ou m'en retirer. »

Mais il y a la menace étrangère, les Prussiens, les Autrichiens qui approchent, les émigrés qui marchent à leurs côtés.

La patrie est en danger. « Un Français doit vivre pour elle, pour elle un Français doit mourir », chante-t-on.

Et les tambours battent la générale. On s'enrôle. On entonne « Aux armes, citoyens, formez vos bataillons ». Les volontaires de 1792 rejoignent les volontaires de 1791.

« Ô sublime élan ! » « On est dans une atmosphère lumineuse. »

Les volontaires élisent les chefs de bataillon, les officiers. Marceau, Oudinot, Championnet, Lefebvre, Jourdan, Victor, Bernadotte, Ney, Murat, Soult, Pichegru, Hoche, Gouvion, Brune, Joubert sont élus.

Le général Dumouriez a remplacé le « traître » La Fayette.

Kellermann, ce vieil officier de cinquante-sept ans, maréchal de camp en 1788, est promu général en 1792.

Quand, le 27 août, il arrive à Metz, il est accueilli par les volontaires, au cri de « Ça ira ».

Ces soldats-là, brûlant d'une ferveur patriotique, n'ont besoin que d'être commandés par des chefs décidés à se battre. Et les officiers qu'ils viennent d'élire, et ceux qui, d'ancien régime, n'ont pas déserté, sont résolus à le faire.

Et tous les régiments chantent :

Aux armes, citoyens,
Formez vos bataillons
Marchons, marchons
Qu'un sang impur
Abreuve nos sillons.

Mais, pour l'heure, les Austro-Prussiens de Brunswick après avoir pris Longwy marchent sur Verdun.

Et les émigrés se moquent de ces « faïences bleues » – la couleur des uniformes des volontaires français – qu'ils briseront d'un coup de sabre !

Et au Conseil exécutif, le ministre de l'Intérieur Roland répète que le gouvernement, l'Assemblée doivent quitter Paris pour Blois.

Danton se lève, brandit ses poings, lance de sa voix qui vibre comme un tambour :

« Avant que les Prussiens entrent dans Paris, je veux que vingt mille flambeaux fassent de Paris un monceau de cendres ! »

À la Commune, à l'Assemblée, il attaque les Girondins, ces ministres « rolandistes » qui sont saisis par la peur.

Il faut sauver la patrie.

« Quand un vaisseau fait naufrage, s'écrie Danton, l'équipage jette à la mer ce qui l'exposerait à périr, de même tout ce qui peut nuire à la nation doit être rejeté de son sein. »

Danton incite les commissaires, dans les départements, à user de leurs pleins pouvoirs.

À Paris, les visites domiciliaires, les perquisitions, les arrestations se multiplient. Trois mille suspects sont jetés en prison, et même si la plupart d'entre eux seront libérés, la peur se répand. Mais personne ne proteste.

On n'entend plus qu'une seule voix puisque la presse royaliste a été interdite. Et les journaux demandent aux citoyens de jurer comme les Jacobins de purger la terre du fléau de la royauté. Et ils incitent les Parisiens à participer aux travaux de défense entrepris de Clichy à Montmartre.

On creuse des tranchées, on chante :

Veto-femelle avait promis
De faire égorger tout Paris
Ses projets ont manqué
Grâce à nos canonniers

Dansons la carmagnole
Vive le son, vive le son
Dansons la carmagnole
Vive le son du canon !

Veto-le-mâle avait promis
D'être fidèle à son pays
Mais il y a manqué
Le fourbe est encagé.

Mais les Prussiens sont aux portes de Verdun, et l'inquiétude nourrit l'exaltation patriotique.

Le 27 août, un long cortège parti de la place de l'Hôtel-de-Ville traverse Paris, jusqu'aux Tuileries où sur le grand bassin on a construit une pyramide granitique.

Il faut célébrer, à la manière antique a proclamé la Commune, les funérailles des morts du 10 août. On lit sur les bannières :

Pleurez, épouses, mères et sœurs
La perte des victimes immolées par les traîtres
Nous jurons, nous, de les venger !

Se venger, se défendre, c'est l'obsession de Marat.

Il hante l'Hôtel de Ville, interpelle les délégués des quarante-huit sections de Paris qui constituent la Commune insurrectionnelle.

Il s'adresse à Barbaroux, l'avocat secrétaire de la Commune de Marseille, qui a accompagné les fédérés marseillais dont le rôle a été décisif dans la prise des Tuileries le 10 août. Ce sont eux qui ont contre-attaqué, après l'assaut victorieux des Suisses.

« Donnez-moi, lui dit Marat, deux cents Napolitains armés de poignards et portant à leur bras gauche un manchon en guise de bouclier : avec eux je parcourrai la France et je ferai la révolution. »

Il faudrait, ajoute-t-il, supprimer deux cent soixante mille hommes, mesure d'humanité qui permettrait de sauver la patrie et des millions de citoyens.

« L'Assemblée nationale peut encore sauver la France, continue-t-il ; il lui suffira de décréter que tous les aristocrates porteront un ruban bleu et qu'on les pendra dès qu'on en trouvera trois ensemble. »

Il parle d'une voix posée, les yeux fixes, comme ceux d'un prophète qui voit, qui sait, qui dit : « On peut aussi tendre des embuscades, et les égorger. Si sur cent hommes tués il y a dix patriotes, qu'importe ? C'est quatre-vingt-dix hommes pour dix et puis on ne peut pas se tromper : tombez sur ceux qui ont des voitures, des valets, des habits de soie, ou qui sortent des spectacles, vous êtes sûrs que ce sont des aristocrates. »

Ces propos terrorisent les Girondins. Car Marat dénonce aussi les députés : des hypocrites, des traîtres qui n'ont accepté la révolution du 10 août que par peur. Mais « ils sont des suppôts du despotisme et ces traîtres à la patrie machineront éternellement sa perte »...

Roland, ministre de l'Intérieur, intervient à l'Assemblée, déclare la Commune insurrectionnelle illégale. Et les députés votent la dissolution de la Commune le 31 août. Mais la Commune refuse de plier. Elle est le pouvoir de fait. C'est elle qui est la voix du patriotisme qui enflamme les sans-culottes, car la patrie est en danger. Alors que Roland, et les ministres girondins – Clavière, Servan - veulent toujours fuir à Blois, Danton s'écrie

« Une partie du peuple va se porter aux frontières, une autre va creuser des retranchements et la troisième avec des piques défendra l'intérieur des villes... »

Et c'est au son du canon et des tambours, que les jeunes gens s'enrôlent en chantant :

Mourir pour la patrie
Est le sort le plus beau
Le plus digne d'envie.

32.

Ce 1er septembre 1792, et alors que les volontaires parisiens marchent vers les frontières, on dit à Paris que les Prussiens ont investi la ville de Verdun.

Si elle tombe entre leurs mains, la route de Paris sera ouverte, et le duc de Brunswick a répété que la ville sera soumise à « une exécution militaire » et qu'on égorgera tous les patriotes, que ce sera « la Saint-Barthélemy des sans-culottes ».

Ils se sont rassemblés aux carrefours.

Les femmes entourent les porteurs de sabres et de piques.

Un homme monté sur la borne brandit une brochure, qu'on distribue : « Grande trahison de Louis Capet. Complot découvert pour assassiner dans la nuit du 2 au 3 de ce mois tous les bons citoyens. »

On assure que dans les prisons, celle des Carmes, rue de Vaugirard, à l'Abbaye, près de Saint-Germain-des-Prés, au séminaire Saint-François, rue Saint-Victor, où l'on entasse des suspects, à la Conciergerie, à la Salpêtrière, à la Grande et à la Petite Force, rue Saint-Antoine, à Bicêtre, au sud de Paris, les prêtres réfractaires, les aristocrates, les Suisses et les assassins détenus sont armés, vont se répandre dans Paris, empêcher toute défense contre les Prussiens.

On écoute les crieurs de journaux patriotes, *L'Ami du peuple*, *Les Révolutions de Paris*, L'Orateur du peuple de Fréron. Ce dernier, plus sans-culotte même que le journal de Marat, comme si Stanislas Fréron, fils de l'ennemi de Voltaire, voulait faire oublier son ascendance et être le plus pur des patriotes, l'égal de Robespierre et de Camille Desmoulins, dont il fut le condisciple au collège Louis-le-Grand.

Et les crieurs répètent qu'il faut se porter en armes à l'Abbaye, en arracher les traîtres et les passer au fil de l'épée Et quelle folie de vouloir faire leur procès ! Il est tout fait.

« Vous avez massacré les soldats suisses aux Tuileries, pourquoi épargnerions-nous leurs officiers, infiniment plus coupables ! Ils méritent d'être écartelés, comme Louis Capet et sa putain d'Autrichienne. » Et le même sort doit être réservé aux députés, ces « gangrenés de l'Assemblée ». Il ne faut faire confiance qu'à la Commune insurrectionnelle et au Comité de surveillance qu'elle a créé et dans lequel siège Marat !

Et demain s'ouvre le scrutin pour élire les députés à la Convention !

Élisons des Montagnards, chassons les Girondins ! Vive la nation !

On patrouille toute la nuit. On contrôle les passants. On arrête les « suspects ». On boit. On écoute ceux qui disent – et l'Anglais Moore rapporte leurs propos :

« C'est bien terrible que les aristocrates veuillent tuer tout le peuple en faisant sauter la ville. »

Un autre ajoute : « Il y a des chefs et des troupes royalistes cachés dans Paris et aux environs. Ils vont ouvrir les prisons, armer les prisonniers, délivrer le roi et sa famille, mettre à mort les patriotes de Paris, les femmes et les enfants de ceux qui sont à l'armée. »

On brandit les piques. Les femmes hurlent.

« N'est-il pas naturel à des hommes de pourvoir à la sûreté de leurs enfants et de leurs femmes et d'employer le seul moyen efficace pour arrêter le poignard des assassins ? »

Les tuer ?

L'aube se lève le 2 septembre, et dès les premières heures de la matinée on se rassemble.

Tout à coup le canon, puis le tocsin, puis les tambours. On ferme les barrières. On affiche, on lit une proclamation de la Commune :

« Citoyens, l'ennemi est aux portes de Paris ; Verdun qui l'arrête ne peut tenir que huit jours... Qu'une armée de soixante mille se forme sans délai. »

Vers cinq heures, des gardes municipaux à cheval portant un drapeau parcourent les rues en criant : « Aux armes ! »

« L'ennemi approche, disent-ils. Vous êtes tous perdus. La ville sera livrée aux flammes et au pillage. Enrôlez-vous. N'ayez rien à craindre des traîtres et des conspirateurs que vous laissez derrière vous. Ils sont sous la main des patriotes et la justice nationale avant votre départ va les frapper de sa foudre. »

Les tuer ?

On dit que la Commune et son Comité de surveillance ont libéré la nuit les prisonniers coupables de petits larcins, vols ou tricherie, et qu'il ne reste plus dans les prisons que la lie du crime, et les ennemis des patriotes, les prêtres réfractaires, les traîtres !

Il faut que la justice passe.

Et qui peut compter sur ce Tribunal criminel extraordinaire créé par les « gangrenés » de l'Assemblée et qui n'a prononcé que trois condamnations depuis le 17 août ?

On répète les paroles de Danton, ministre de la Justice, âme de la Commune.

Il a, avec sa « voix de stentor, ses gestes d'athlète, ses menaces », montré sa résolution :

« Le tocsin qu'on sonne n'est point un signal d'alarme, c'est la charge sur les ennemis de la patrie... Pour les vaincre, que faut-il ? De l'audace, et encore de l'audace et toujours de l'audace. »

« J'ai fait venir ma mère qui a soixante et dix ans, j'ai fait venir mes deux enfants. Ils sont arrivés hier soir. Avant que les Prussiens entrent dans Paris je veux que ma famille périsse avec moi… »

Danton lève ses deux poings à hauteur de son visage.

« C'est dans Paris qu'il faut se maintenir, par tous les moyens. Les républicains sont une minorité infime et pour combattre nous ne pouvons compter que sur eux. Le reste de la France est attaché à la royauté, il faut faire peur aux royalistes. »

On l'acclame, on lève les piques.

« Oui, nous sommes de la canaille, nous sortons du ruisseau. »

Mais la Bastille est tombée, elle est rasée.

Mais les Tuileries ont été emportées et Capet et sa famille sont prisonniers au Temple.

« On veut nous replonger dans le ruisseau ! »

Danton secoue ses poings.

« Nous ne pouvons gouverner qu'en faisant peur… Les Parisiens sont des jean-foutre ; il faut mettre une rivière de sang entre eux et les émigrés. »

On commence à se rassembler devant les prisons, aux Carmes, à l'Abbaye. On invoque l'autorité de la Commune, on cite Marat, on dit qu'on veut juger séance tenante les prisonniers. Les sans-culottes, sabres et piques brandis, forcent les portes. On bouscule les gardiens.

On tire les prisonniers hors de la prison, on les tue, à coups de pique et de sabre.

Danton qui siège au Conseil exécutif est averti de ces premiers assassinats.

« Je me fous bien des prisonniers, hurle-t-il, qu'ils deviennent ce qu'ils pourront. »

Le soir du 2 septembre, devant les Jacobins, alors que le massacre a commencé Maximilien Robespierre lance :

« Personne n'ose donc nommer les traîtres, eh bien moi, pour le salut du peuple, je les nomme. Je dénonce le liberticide Brissot, la faction de la Gironde… Je les dénonce pour avoir vendu la France à Brunswick et pour avoir reçu d'avance le prix de leur trahison. »

Et plus tard, lorsqu'il prend la parole devant la Commune, il évoque :

« Un parti puissant qui veut porter au trône des Français le duc de Brunswick. »

Et chacun sait qu'en ces heures de chasse aux traîtres, il vise les Girondins.

Pour qu'on les tue ?

Il n'oublie pas que vont s'ouvrir les assemblées électorales, et ces accusations, dans le climat de peur qui s'installe heure après heure dans Paris, rendront impossible l'élection d'un Girondin, d'un modéré, à Paris, surtout si les sans-culottes présents lors du vote exigent des électeurs qu'ils annoncent leur choix.

Le 3 septembre, on apprend que Verdun est tombé, que plus rien, aucune place forte ne défend Paris. Que le commandant de la garnison de Verdun, Beaurepaire, qui refusait de capituler, aurait été mis en minorité par la municipalité hostile à toute résistance. Certains affirment que Beaurepaire s'est suicidé comme un héros antique, puis on assure qu'il a été assassiné, par des traîtres.

Mort aux traîtres !

« Il faut purger quatre années de trahison », murmure Manon Roland, en apprenant les massacres, et son mari le ministre de l'Intérieur dit qu'il faut « laisser un voile sur ces événements. Je sais que le peuple terrible dans sa vengeance y porte encore une sorte de justice. »

En effet, dans le vestibule des prisons, Maillard, un ancien soldat qui fut de toutes les journées révolutionnaires, depuis le 14 juillet 1789 jusqu'au 10 août 1792, s'est installé derrière une table, et procède, en quelques minutes, à l'interrogatoire des prisonniers. Le verdict tombe, « Vive la nation ! », et le prisonnier sortant un chapeau sur la tête est épargné par les massacreurs qui ont du sang sur les avant-bras et jusqu'aux épaules.

Si Maillard lance le nom d'une prison, alors le prisonnier est poussé dehors tête nue, voué à la mort.

On tue à coups de pique et à coups de sabre, et peu à peu, les « bourreaux » prennent le temps de faire souffrir, jouissant de voir ces hommes et ces femmes qui se traînent, ensanglantés, frappés d'abord du plat du sabre avant d'être percés.

Et parfois on enfonce son poing dans la poitrine du cadavre et on en retire le cœur qu'on porte à ses lèvres, dans un simulacre de dévoration cannibale.

Et les prostituées sont violées avant d'être tuées.

« Le peuple s'est levé, la fureur martiale qui a saisi tous les Parisiens est un prodige, écrit à son mari, député de la Drôme, Madame Julien. Je jette un voile sur les crimes qu'on a forcé le peuple à commettre par tous ceux dont il est depuis deux ans la triste victime... Quand on veut la fin il faut vouloir les moyens. Point d'humanité barbare ! »

Mais ce « peuple » qui tue, dont on dit qu'il rend la justice, n'est composé que de quelques centaines d'hommes – peut-être moins de deux cents – qui vont de prison en prison, des Carmes à l'Abbaye, de Bicêtre à la Grande Force.

Ils sont déterminés, et le vin comme le sang versé les rend ivres.

« Triple nom de Dieu, s'écrie un fédéré marseillais, je ne suis pas venu de cent quatre-vingts lieues pour ne pas foutre cent quatre-vingts têtes au bout de ma pique. »

Les députés que l'Assemblée envoie sur les lieux des massacres pour tenter de les arrêter sont terrorisés, entourés d'hommes qui tuent comme on élague, et disent d'un prisonnier qu'ils vont « l'élargir ».

Ils s'approchent d'un député :

« Si tu viens pour arrêter la justice du peuple, je dois te dire que tu ferais de vains efforts. »

Et la délégation de l'Assemblée se retire, préfère ne pas savoir.

« Les ténèbres ne nous ont pas permis de voir ce qui se passait. »

« Nulle puissance n'aurait pu les arrêter », dit Danton.

Et les assassins continuent. Ils terrorisent, favorisent les Montagnards, les Cordeliers.

« Nous sommes sous le couteau de Robespierre et de Danton », dit Manon Roland.

Brissot et Pétion, qui veulent être élus à la Convention, sont contraints de quitter Paris, de se présenter en province.

Louvet, un écrivain lié aux Girondins, qui a pris la parole pour discuter la candidature de Marat à la Convention, est entouré à la sortie de la salle d'« hommes à gros bâtons et à sabre, les gardes du corps de Robespierre. Ils menacèrent. Ils me dirent en propres termes : "Avant peu tu y passeras." Ainsi l'on était libre dans cette assemblée où sous les poignards on votait à haute voix ! »

Il faut approuver si l'on veut rester en vie.

Billaud-Varenne, avocat, membre de la Commune insurrectionnelle, substitut du procureur Manuel, fait le tour des prisons, assiste aux massacres, et déclare : « Peuple tu immoles tes ennemis. Tu fais ton devoir. »

Et il attribue vingt-quatre livres aux tueurs, aux « tape-dur » qui exécutent les verdicts de Maillard.

Le maire Pétion détourne la tête.

« Le peuple de Paris administre lui-même la justice, dit-il, je suis son prisonnier »

« Le peuple, dit Couthon, le député Montagnard, continue à exercer sa souveraine justice dans les différentes prisons de Paris. »

Et Marat s'en félicite.

Son programme d'exécutions qu'il répète depuis des mois – et presque chaque jour depuis le 10 août – est enfin mis en œuvre.

Un homme comme Fournier – « l'Américain » – s'y emploie.

Il a vécu à Saint-Domingue. De retour à Paris, il a été un « enragé du Palais-Royal ». Il a participé à la prise de la Bastille et aux autres journées révolutionnaires, devenant une figure notoire des Cordeliers.

Il organise le massacre des cinquante-trois prisonniers qu'il doit transférer d'Orléans à Paris, les livre aux tueurs à Versailles. Mais avant, il les a dépouillés de tous leurs objets de valeur

Car on ne se contente pas de tuer. On vole. On pille. Qui osera s'opposer à ces hommes armés, aux mains rouges de sang ?

Ils exigent qu'on leur donne montres et colliers, bijoux. Il faut faire vite sinon ils arrachent le lobe de l'oreille avec sa boucle.

Ils s'introduisent dans le Garde-Meuble qui contient les fortunes royales et y volent pour trente millions de diamants.

Paris est ainsi livré pendant près d'une semaine à quelques centaines de massacreurs et de voleurs.

« Les circonstances rendaient les exécutions pour ainsi dire excusables », écrit un fédéré brestois, qui ajoute quelques jours plus tard : « Elles étaient nécessaires. »

Les sans-culottes, dit-on, ont empêché « les scélérats de souiller la terre du sang du peuple ».

On tue donc sans hésitation, gaiement.

Autour des cadavres on danse, on chante *La Carmagnole* :

Ah ! ça ira ! ça ira ! ça ira !
Les aristocrates à la lanterne
Ah ! ça ira ! ça ira ! ça ira !
Les aristocrates on les pendra.

On les sabre, on les pique, on les dépèce, on arrache leurs entrailles, on tranche leur sexe.

On dispose des bancs pour les habitants du quartier qu'on réveille afin qu'ils puissent assister au spectacle « purificateur ».

Et qui oserait refuser quoi que ce soit à ces hommes armés ?

Ils posent des lampions sur chaque cadavre.

Et pour que l'ennui de tuer ne vienne pas tuer l'ardeur, on s'excite, on jouit de faire souffrir. On met les condamnés à nu, on entaille leur corps.

Voici la princesse de Lamballe, amie de la reine.

« C'est une petite femme vêtue de blanc, raconte un témoin, que les bourreaux armés de toutes sortes d'armes assommèrent. »

On lui coupe la tête, on traîne son corps. On le fend, on arrache le cœur. La rumeur se répand qu'on l'a fait griller et qu'un homme l'a mangé.

On promène la tête et les parties génitales – dit un témoin – jusqu'au Temple.

On interpelle Marie-Antoinette. On veut qu'elle voie « comment le peuple se venge de ses tyrans. Je vous conseille de paraître, si vous ne voulez pas que le peuple monte ici », ajoute un sans-culotte.

Marie-Antoinette s'évanouit, cependant qu'on promène la tête de la « ci-devant princesse de Lamballe » devant les fenêtres du Temple. Et le corps nu et mutilé gît au pied du mur, entouré d'une bande de quelques dizaines d'assassins et de profanateurs, que par calcul, lâcheté ou fanatisme, les membres de la Commune insurrectionnelle appellent « le peuple souverain ».

Et les « massacres » sont justifiés par la plupart des journaux – à l'exception du *Patriote français*, dans lequel écrit le Girondin Brissot qui sait bien que ces égorgeurs, et ceux qui les laissent faire, ont aussi pour objectif de s'imposer dans la nouvelle Assemblée, la Convention. Il leur faut pour cela écarter les Girondins, et réduire à un silence apeuré les électeurs et demain les députés.

Mais dans *L'Ami du peuple*, ou dans *Les Révolutions de Paris*, on comprend, on justifie les massacres et même « les indignités faites au cadavre de Lamballe ».

« La Lamballe citée au tribunal du peuple y a comparu avec cet air insolent qu'avaient jadis les dames de la Cour mais qui sied mal à une criminelle au pied de son juge. Et l'on voudrait que le peuple ne perdît point patience ? »

Et dans le *Compte rendu au peuple souverain*, qui est patronné par Danton, on prend la défense des massacreurs :

« Ce n'est point une barbarie de purger une forêt de brigands qui infestent les routes et attentent à la vie du voyageur. Mais c'en est une atroce de vouloir que le peuple laisse en paix ces mêmes brigands comploter et exécuter des vols et des assassinats... C'est là véritablement, dans l'aristocratie propriétaire, qu'existent l'effrayante barbarie, la froideur criminelle, la haine des lois et la fureur de l'intrigue... »

Mais derrière le « peuple », on sait que les ordonnateurs de ces assassinats siègent à la Commune du 10 août. Ce sont Danton, Marat et consorts. Et le peuple est paralysé par l'horreur.

Le libraire Ruault est révulsé de ce qu'il voit.

« J'ai passé, les pieds dans le sang humain, à travers les tueurs, les assommeurs. »

Il veut faire libérer un prisonnier. Il s'adresse au « juge » Maillard, qui l'écoute, lui demande des preuves de la bonne volonté patriotique du prisonnier. Alors que Ruault s'éloigne Maillard crie d'une voix forte :

« Monsieur, Monsieur, mettez votre chapeau en sortant ! »

On immole ceux qui sortent nu-tête !

« En sortant, continue Ruault, les haches, les sabres levés se baissent ; je vis expirer à mes pieds, sur le pavé, un vieux et vénérable prêtre à cheveux blancs en habit violet qui venait de tomber transpercé de coups de sabre et qui criait encore "Ah, mon Dieu !" »

Ruault a vu aussi « deux hommes nus. en chemise, les bras retroussés jusqu'aux épaules, qui étaient chargés de pousser dehors les condamnés à mourir, qu'on appelait *élargis* »

Il est toujours membre des Jacobins, mais « tout se salit, tout s'enlaidit, tout se gâte de plus en plus chaque jour ». Il constate les rivalités, entre Montagnards et Girondins, entre Paris et la province. C'est par la terreur qu'inspirent les massacres qu'une faction montagnarde veut imposer sa loi.

Ruault, bon patriote, note :

« Les discours que l'on tient aux Jacobins sont d'une extravagance digne des temps où nous vivons. J'y suis resté parce qu'il y a danger à en sortir. Ceux qui ne renouvellent pas leur carte depuis le 10 août sont regardés comme des traîtres, des peureux, des modérés : on les arrête sous un prétexte quelconque. Je resterai donc avec eux jusqu'à la fin de cette tragédie sans me mêler, autrement que pour les écouter, de ce qu'ils font, de ce qu'ils disent. On y reçoit depuis un mois tant de gens mal famés, extravagants, exaspérés, tant de fous, tant d'enragés, que cette société des Jacobins est toute dégénérée de ce qu'elle était en 1790-1791 et au commencement de cette année. Les anciens membres ne la reconnaissent plus. »

Comme Ruault, ils se taisent. Et le peuple détourne les yeux, pour ne pas assister à ces assassinats que perpètre une poignée de tueurs.

On murmure que « Danton conduit tout, Robespierre est son mannequin, Marat tient sa torche et son poignard ».

En fait Danton laisse faire, justifie, et Robespierre comme lui utilise la peur créée – ce commencement de la terreur – à des fins politiques : tenir la Convention qui se réunira dans quelques semaines.

Marat approuve. Et certains comme Collot d'Herbois, ancien acteur devenu membre de la Commune insurrectionnelle, vont jusqu'à dire : « Le 2 septembre – début des massacres – est le grand article du Credo de notre liberté. » Et treize cents victimes, qu'est-ce au regard de ce qu'il faudrait purger ? Trois centaines de mille ! Et ce n'est pas la moitié des victimes de « l'infâme » catholicisme qui fit trois mille morts à la Saint-Barthélemy.

Et l'on a tué beaucoup de prêtres en cette première semaine du mois de septembre 1792, comme si on rêvait d'« écraser l'infâme », car on se souvient de cette formule de Voltaire.

Aux Jacobins, on fait l'éloge de Marat.

Il veut être à Paris candidat à la Convention.

Quelques voix s'élèvent pour demander que les Jacobins ne le soutiennent pas.

Mais l'ancien Capucin Chabot, l'un des premiers à avoir rejeté sa soutane, devenu un sans-culotte à la tenue débraillée, aux mœurs dissolues, se lève.

« Je dis que c'est précisément parce que Marat est un incendiaire qu'il faut le nommer… Il est clair que lorsque Marat demande que l'on tue un pour éviter qu'on ne tue quatre-vingt-dix-neuf il n'est pas non plus sanguinaire… Je dis donc que les chauds patriotes doivent porter Marat à la Convention. »

« Je vous demande, mon cher ami, écrit Ruault après le discours de Chabot, si dans la Révolution vous avez jamais rien entendu, rien lu de plus fou, de plus atroce, que cette apologie d'un homme exécré de tout ce qui a l'âme honnête et sensible… »

Seule consolation, Ruault constate :

« … L'admirable tenue des citoyens qui partent pour les frontières, qui volent à la défense de la patrie.

« J'en ai vu défiler deux mille lundi 10 et mardi 11 septembre dans l'Assemblée nationale, tous bien armés, bien équipés, pleins d'ardeur et fureur.

« Ils s'écriaient en passant à travers l'Assemblée : “Nous les vaincrons ! À l'arme blanche ! À l'arme blanche !” »

33.

Les volontaires qui en sabots et en carmagnoles bleues gravissent à marches forcées le massif de l'Argonne savent que, depuis la chute de Verdun, ce relief est la dernière forteresse où l'on peut arrêter les Prussiens du duc de Brunswick dans leur avance vers Châlons et Paris.

On marche sous une pluie qui paraît ne jamais devoir cesser.

On s'enfonce jusqu'aux chevilles dans la boue. Et cependant on chante :

Aux armes, citoyens
Formez vos bataillons...
Contre nous de la tyrannie
L'étendard sanglant est levé.

Les éclaireurs ont signalé que les troupes de von Massenbach, obéissant aux ordres du duc de Brunswick, ont occupé le plateau de Lune. Et le général Dumouriez, commandant en chef de l'armée française, a confié au général Kellermann la mission de prendre position sur le plateau de Valmy qui fait face à celui de Lune.

La pluie fine et pénétrante ou au contraire rageuse, frappant avec violence les visages, noie les forêts et le relief, les plateaux et les défilés de l'Argonne. « Tout était enfoui dans une boue sans fond », dit Goethe qui chevauche aux côtés des Prussiens.

Mais les régiments de ligne et les bataillons de volontaires marchent avec entrain, se saluent en lançant : « Vive la nation ! »

Les premiers, qui étaient composés de vieux soldats, d'avant la prise de la Bastille, se sont renouvelés. Les enrôlés sont de jeunes conscrits dont les plus âgés ont à peine vingt-cinq ans, et eux aussi, comme les volontaires, brûlent d'ardeur patriotique, cette foi dans la nation nouvelle.

Et il y a même des corps francs et des légions étrangères composés de Hollandais, de Luxembourgeois, de « réfugiés » de toutes les nations. Ils composent une légion des Allobroges, une légion germanique, une légion « franche étrangère ».

L'Assemblée législative a accordé, le 26 août 1792, le « titre de citoyen français à tous les philosophes qui ont soutenu avec courage la cause de la liberté et qui ont bien mérité de l'Humanité ».

Washington et Thomas Paine, pour les États-Unis, le savant Joseph Priestley pour l'Angleterre, et William Wilberforce, qui a été l'apôtre de l'abolition de l'esclavage, et Anacharsis Cloots qui se veut l'« Orateur du genre humain », et les poètes allemands Klopstock et Schiller ont été ainsi honorés, et sont devenus citoyens français.

Mais le rêve des combattants étrangers anonymes qui escaladent l'Argonne, c'est non seulement de défendre le pays de la Déclaration des droits de l'homme et du citoyen, mais c'est d'apporter la liberté à leurs patries respectives.

La Commune de Paris a proclamé :

« En renonçant à tous projets de conquête, la nation n'a point renoncé à fournir des secours aux puissances voisines qui désireraient se soustraire à l'esclavage. »

Et l'armée de Dumouriez, qui vient de Sedan, celle de Kellermann qui arrive de Metz, et celle de Beurnonville qui est partie de Lille, se retrouvent, en Argonne, face aux Austro-Prussiens, commandés par le duc de Brunswick, et par le roi de Prusse Frédéric-Guillaume II, neveu du Grand Frédéric II.

Et ces armées étrangères sont suivies par quelques milliers d'émigrés, rassemblés autour du comte d'Artois.

Les troupes françaises sont plus nombreuses de quelques milliers d'hommes.

Elles disposent d'une artillerie supérieure – les canons de Gribeauval –, les officiers d'artillerie et du génie sont, comme le sous-lieutenant Bonaparte ou le savant Carnot, des officiers maîtres de leur art.

L'artillerie, le génie, mais aussi l'intendance, réorganisés sous le règne de Louis XVI, sont de fait les meilleurs d'Europe. En émigrant, les officiers nobles ont libéré des places, vite occupées par de jeunes sous-officiers roturiers, ambitieux et liés ainsi à la Révolution.

« Il y a entre les anciens officiers et les nouveaux, confie un colonel, la même différence qu'entre les amateurs et les artistes. Quand tous les anciens officiers nous auraient quittés, nous n'en serions pas plus mal. Nous aurions plus d'émulation dans l'armée et il se trouvera des généraux parmi nos soldats. »

Dumouriez comprend, sent, cette armée nouvelle qui est en train de naître.

Il a cinquante-trois ans, c'est un homme au petit corps râblé et nerveux, au visage quelconque, mais l'œil est vif et le regard hardi.

Il est, dit-il, « né entre le peuple et les grands », d'une famille noble mais pauvre : capitaine pendant la guerre de Sept Ans, puis attaché d'ambassade à Madrid, il participe à la conquête de la Corse en 1768, avant d'être agent secret de Louis XV en Pologne et en Suède.

Il a chevauché les événements depuis 1789, il fut ministre, on le dit proche des Girondins et de Philippe Égalité, duc d'Orléans.

Il a dans son état-major Louis-Philippe, fils de Philippe Égalité et duc de Chartres.

C'est Danton qui a placé Louis-Philippe auprès de Dumouriez : « Un conseil avant votre départ, a dit Danton au duc de

Chartres en le recevant à Paris. Vous avez du talent, vous arriverez mais défaites-vous d'un défaut : vous parlez trop. »

Louis-Philippe s'était élevé contre les massacres.

« C'est moi qui l'ai fait », a répondu Danton.

Il fallait du sang entre les patriotes et les émigrés, a-t-il expliqué une nouvelle fois.

« Retournez à l'armée, c'est le seul poste aujourd'hui pour un homme comme vous et de votre rang. Vous avez un avenir, mais n'oubliez pas qu'il faut vous taire. »

Louis-Philippe se tait et souvent Dumouriez le charge de faire des reconnaissances, vers ce plateau de la Lune où les Prussiens du général Massenbach ont installé leurs batteries.

Les canons sont dissimulés par le brouillard, le rideau de pluie, les nuages bas d'un gris-noir.

Le général Kellermann a exécuté l'ordre de Dumouriez. Il a déployé ses troupes et ses pièces d'artillerie sur le plateau de Valmy, où se dresse un moulin dont les ailes alourdies par la pluie tournent lentement.

« J'attends les Prussiens en Argonne, dit Dumouriez. Le camp du Grandpré et celui des Islettes sont les Thermopyles, mais je serai plus heureux que Léonidas. »

Il rassure par sa détermination, ses attentions au sort du soldat, ces jeunes volontaires qui marchent et dorment sous la pluie.

« La nuit dernière, l'eau tomba par torrents, écrit l'un d'eux. Le mauvais coutil des tentes qui seul nous séparait des nuages fut bientôt traversé, commençant par tamiser l'eau, il ne tarda pas à former de grosses gouttes qui se succédaient sans interruption, équivalant pour nous à je ne sais combien de gouttières... »

On se console en pensant aux Prussiens.

Les paysans lorrains, qui craignent le retour des émigrés et donc le rétablissement des droits seigneuriaux, les harcèlent, attaquent à quelques-uns les soldats isolés, les voitures embourbées.

On dit aussi que la dysenterie, la « courée prussienne », ravage les troupes de Brunswick, et que leurs officiers sont amers.

Ils imaginaient que cette armée de gueux et de savetiers allait se débander. Or, elle fait face.

Ils en veulent aux émigrés, qu'ils accusent de les avoir trompés, et aux Autrichiens qui sont de vrais rivaux plutôt que des alliés.

Ils entendent chanter ces bataillons qui arborent cocardes et drapeaux tricolores :

Ah ! ça ira ! ça ira ! ça ira !
Les aristocrates à la lanterne
Le despotisme expirera
La liberté triomphera
Ah ! ça ira ! ça ira ! ça ira !
Nous n'avons plus ni nobles ni prêtres !
Ah ! ça ira ! ça ira ! ça ira !
L'égalité partout régnera
L'esclave autrichien le suivra
Ah ! ça ira ! ça ira ! ça ira !
Et leur infernale clique
Au diable s'envolera !

Chanter fait oublier la boue et la pluie, donne confiance.

On va vaincre.

« Je pense, écrit un soldat, que la guerre d'un peuple qui veut être libre contre les tyrans ne peut durer longtemps car le peuple a pour lui la raison, sa force et sa bravoure ; il est debout ; il n'a qu'à dire : je veux être libre et il le sera. »

Parfois, une lettre reçue de Paris raconte que l'Assemblée législative tient ses dernières séances, qu'elle a décrété que chaque municipalité devra ouvrir un état civil laïc, que le divorce sera autorisé, et que la Commune insurrectionnelle de Paris devra être entièrement renouvelée.

On replie la lettre, on la met à l'abri de la pluie, mais on ne se souvient que de ce qu'elle dit, de la santé de la mère, du travail du père, et de la vie des frères et sœurs, et du prix du pain.

Pour le reste, on hausse les épaules. Et on répond :

« Notre armée ne s'occupe pas beaucoup de l'intérieur et nous ne voyons que les Prussiens. »

Mais selon les « septembriseurs » parisiens, et les Jacobins qui dans les clubs des départements traquent les aristocrates, pour vaincre l'armée du roi de Prusse, de l'empereur d'Autriche, du comte d'Artois et des émigrés, « qui viennent jusque dans nos bras égorger nos fils et nos compagnes », il faut continuer de « purger » le pays.

À Paris. chaque jour, ils se rendent au Temple, insultent la famille royale, écrivent sur les murs :

« Madame Veto on la fera danser, et nous saurons mettre le Gros Cochon au régime. Il faut étrangler les petits louveteaux. »

Aucun de ceux qui ont participé aux massacres de la première semaine de septembre ne regrette ce qu'il a accompli. Il le fallait.

Le maire de Paris, Pétion, qui s'est terré pour ne pas voir, murmure : « Ces hommes publics, ces défenseurs de la patrie, croyaient que ces journées déshonorantes étaient nécessaires. »

Mais il se garde bien de dire haut et fort ce qu'il pense.

Dans les assemblées électorales, les sans-culottes contrôlent les votes. Et Pétion sait qu'il n'aura aucune chance d'être élu à la Convention s'il se présente à Paris. On y méprise les « trembleurs ». Il sera donc candidat à Chartres.

Et Brissot comme Condorcet, et d'autres Girondins parisiens, vont se faire élire dans les départements où, en dépit de la pression des clubs, les assemblées électorales ne sont point « terrorisées » comme celles de Paris.

« Le choix des départements nous rassure, dit Manon Roland. Les électeurs élisent les députés qui peuvent s'opposer à un retour des émigrés, aux châtiments que ceux-ci infligeraient, mais qui, aussi, les protégeraient des “partageux”, qui, au nom de l'égalité, voudraient les spolier de leurs biens. »

Le député Rabaut Saint-Étienne, fils de pasteur, futur élu de l'Aude et Girondin, remarque :

« La plupart des départements ont choisi d'envoyer à la Convention des députés propriétaires à cause de la terreur qu'inspire la doctrine de les dépouiller. »

Mais dans de nombreuses « sections » les bandes de sans-culottes, les adhérents des clubs démasquent et surveillent les « citoyens justement suspects d'incivisme » et les chassent des assemblées électorales.

Ils punissent les « malveillants », en faisant des visites domiciliaires en pleine nuit, et en bastonnant les « suspects » non parce qu'ils ont agi en contre-révolutionnaires, mais parce qu'ils ont « mal pensé ».

Mais ces « vigilants » se soucient d'abord de l'attitude des électeurs sur les questions politiques.

Il faut que l'assemblée électorale « jure une haine aux rois et à la royauté » pour qu'elle puisse choisir « librement » son député à la Convention.

On se lève. Les « tape-dur » sont présents, armés de lourds bâtons décorés de la cocarde tricolore.

On lit une motion :

« Nous sommes las du régime des rois, des nobles et des prêtres : nous ne voulons plus de ces honnêtes gens-là. Brunswick et ses pareils nous traiteront s'ils veulent de factieux, de républicains, de sans-culottes, peu nous importent les mots, pourvu que le crime cesse de présider à nos affaires. Qu'ils ne comptent pas effrayer les habitants des campagnes ; qu'ils n'attendent de nous aucune espèce de composition. »

Et tous les présents prêtent serment « de ne jamais reconnaître pour roi Louis XVI ni aucun de sa famille ».

On exige du député élu qu'il réclame dès les premières séances de la Convention « la déchéance de Louis le traître et de sa race ».

Et dans plusieurs assemblées on réclame « un gouvernement républicain ».

De nombreux Girondins sont élus, mais, dispersés, ils ne peuvent s'appuyer sur aucune région, alors que les Montagnards dominent dans l'Est.

Et surtout à Paris, où dans l'assemblée électorale du département – neuf cent quatre-vingt-dix membres ! – la liste de Marat l'emporte, Robespierre ayant été désigné le premier, Danton le deuxième.

Mais Danton, parce qu'il est partisan d'une politique de conciliation entre brissotins et robespierristes, entre Girondins et Montagnards, est l'un des vaincus du scrutin, même s'il obtient plus de voix que Marat, le chantre des massacreurs. Cependant Danton a réussi à faire élire Fabre d'Églantinc, Camille Desmoulins, et Robespierre a patronné avec succès la candidature de son frère Augustin.

Et des citoyens s'étonnent qu'un Fabre d'Églantine, auteur de pièces de théâtre, que le peintre David, ou le frère de Maximilien Robespierre aient été élus.

« Des succès au théâtre, lit-on dans *Les Révolutions de Paris*, ne sont point des titres à la Convention et le peintre David avouera lui-même que trois années d'études à Rome ne suffisent point pour former une tête législative… Le frère d'un grand homme peut très bien être un homme fort ordinaire. Le mérite ne vient pas de naissance comme feue la noblesse ! »

On s'inquiète aussi des risques de despotisme.

« Robespierre, Danton et Marat, prenez-y garde ! Déjà la calomnie vous désigne pour les triumvirs de la liberté, mais la liberté désavouerait une association contraire à ses principes et qui tendrait au despotisme si ce n'est à la guerre civile ou à l'anarchie. »

La rumeur se répand que « Marat cet homme presque toujours hors mesure » a déjà choisi Danton pour dictateur ! On désigne Robespierre et Brissot comme « chefs des partis qui ont hélas succombé aux factions détruites ».

« La liberté répugne à confier sa cause à tel ou tel autre parti ! »

« Ne vous isolez pas et allons ensemble au même but… la guerre qu'il nous faut repousser au-dehors demande du calme et la paix au-dedans. Vos agitations intestines nous livreraient à l'ennemi plus vite encore que des trahisons. »

« La présence audacieuse de l'ennemi doit suffire pour tendre le ressort du patriotisme. »

Dans l'Argonne, sur le plateau de Valmy, le 20 septembre 1792, les patriotes, volontaires ou soldats des régiments de ligne, ne rompent pas l'alignement, alors que les batteries prussiennes de von Massenbach, installées sur le plateau de Lune, les bombardent depuis que le brouillard s'est levé. Et de Valmy, les artilleurs de Kellermann leur répondent, visant juste. Kellermann est resté en selle, au milieu de cette pluie de fer.

« Ma capote a été déchirée par le bas, mon cheval a été percé de deux coups de canon au travers de la cuisse », dit Kellermann.

« Nous avons tremblé plusieurs fois pour la vie de notre général », écrit-on au *Journal des 83 départements*, afin que les autorités municipales et départementales informent leurs populations.

« Le général Kellermann a eu son cheval tué sous lui, et pendant huit minutes qu'il est resté à pied, quinze à dix-huit boulets sont tombés à ses côtés. »

Kellermann est remonté à cheval.

« J'ai vu les troupes, dit-il, perdre des rangs entiers par l'explosion de trois caissons par un obus, sans sourciller ni déranger leur alignement. »

Il peut compter sur ces hommes.

Il lance l'ordre de les former en colonne, afin de se précipiter à la rencontre de l'ennemi, de lui montrer la résolution française.

Il met son chapeau, surmonté du panache tricolore, au bout de son épée. Il se dresse sur ses étriers. Il crie : « Vive la nation ! »

L'armée entière lève ses fusils, répond :

« Vive la nation ! Vive la France ! Vive notre général ! »

Les trente-six mille Français commencent à chanter : « Ah ! ça ira ! ça ira ! ça ira ! », puis « Aux armes, citoyens ».

Les trente-quatre mille Prussiens restent immobiles, alors que s'ébranlent les bataillons français.

On dénombre déjà trois cents morts du côté français, et cent quatre-vingt-quatre chez les Prussiens. Les blessés sont très nombreux dans chaque camp. Les boulets continuent de tomber, mais ils ne ricochent pas sur le sol détrempé. La boue et l'ordure aspergent les hommes et les chevaux.

Et puis l'averse, furieuse, balayant de ses rafales les armées.

« *Hier schlagen wir nicht.* »

« Ici nous ne les battrons pas », dit Brunswick, et il donne l'ordre de la retraite.

Dans les heures qui suivent, un volontaire écrit du camp de Sainte-Menehould à sa « promise » :

« Tâche de déchiffrer ma lettre comme tu pourras. Je t'écris par terre et avec un fétu de paille. Nous couchons sur terre comme des rats, il n'y fait ni chaud ni bon, malgré cela, ça ira, ça ira, ça ira.. »

À quelques lieues de là, sous une tente prussienne, Goethe fait face à des officiers qui l'interrogent sur le sens de cette canonnade, où il n'y a pas eu de heurts entre les deux armées, mais un duel d'artillerie, et l'« armée d'avocats » ajustait bien ses coups.

« Nous avons perdu plus d'une bataille, dit l'un des officiers, nous avons perdu notre renommée. »

Il y a un long silence.

Puis Goethe dit :

« D'ici et de ce jour, commence une ère nouvelle dans l'histoire du monde. »

Ce jeudi 20 septembre 1792, vers cinq heures et demie du soir, alors qu'à Valmy, les canons cessent de tirer, les trois cent soixante et onze députés de la Convention présents à Paris, sur les sept cent quarante-neuf élus, se réunissent pour la première fois aux Tuileries.

Ils vérifient leurs pouvoirs.

Ils nomment leur bureau, choisissent Pétion, maire de Paris, élu député à Chartres, comme président.

La séance qui n'a pas été publique est levée à une heure du matin.

Quelques sans-culottes, armés de leurs piques, les attendent rue Saint-Honoré. Ils crient : « Vive la nation ! », « À bas le gros cochon ! »

Et d'une voix forte, dominant toutes les autres, quelqu'un lance :

« Il reste une prison à vider. »

SEPTIÈME PARTIE

Octobre 1792-22 janvier 1793
« Cet homme doit régner ou mourir »

« On s'étonnera un jour qu'au XVIIIe siècle on ait été moins avancé que du temps de César : là le tyran fut immolé en plein Sénat, sans autres formalités que vingt-trois coups de poignard, et sans autre loi que la liberté de Rome. Et aujourd'hui on fait avec respect le procès d'un homme assassin d'un Peuple, pris en flagrant délit, la main dans le sang, la main dans le crime !... On ne peut régner innocemment : la folie en est trop évidente. Tout roi est un rebelle et un usurpateur. »

SAINT-JUST

DISCOURS sur le jugement de Louis XVI
prononcé à la Convention nationale
le 13 novembre 1792

34.

Cette prison qui « reste à vider », c'est le donjon du Temple.

À plusieurs reprises durant ce mois de septembre, des groupes de sans-culottes sont venus hurler leur haine du « gros cochon », de la « putain »

Ils ont tenté de forcer les portes percées dans le nouveau mur d'enceinte que la Commune a fait construire autour du donjon.

Souvent aussi des geôliers, qui surveillent chaque geste de Louis, de sa sœur Élisabeth, de Marie-Antoinette et de ses deux enfants, Madame Royale âgée de quatorze ans, et le dauphin Louis qui a à peine sept ans, ont couvert le roi d'injures, l'ont menacé. Ils lui ont rappelé le sort de l'amie de la reine, la princesse de Lamballe, dont les assassins ont promené la tête tranchée autour du donjon, et abandonné le corps mutilé au pied des murs.

« Le roi de Prusse marche sur Châlons, a-t-on crié à Louis. Vous répondrez à tout le mal qui peut en résulter. Nous savons que nous, nos femmes, nos enfants périrons, mais le peuple sera vengé, vous mourrez avant nous. »

Le roi fait face, interrompt le sans-culotte.

« J'ai tout fait pour le peuple, je n'ai rien à me reprocher. »

Il parle d'une voix calme et forte. Il dit à Cléry, le valet de chambre qui, dévoué, a voulu rester au Temple et continue de servir la famille royale :

« J'exige de votre zèle de ne rien me cacher. Vous ne pouvez me donner une plus grande preuve d'attachement. Je m'attends à tout. »

Des travaux ont été entrepris dans la grande tour du Temple, sans doute va-t-on y installer les prisonniers, isoler Louis de sa famille.

« Tâchez de savoir le jour de cette pénible séparation, dit-il à Cléry, et de m'en instruire. »

Sa seule consolation pourtant, dans cette prison, consiste à voir les siens, à enseigner à ses enfants, à jouer au tric-trac avec Marie-Antoinette.

Elle l'émeut.

Il imagine ses souffrances. Elle a trente-sept ans, un an de moins que lui, mais l'angoisse, la détention, l'ont marquée. Ses cheveux ont blanchi, ses traits se sont affaissés. Elle ressemble à une vieille femme, et souvent elle pleure, ou défaille, serrant ses enfants contre elle, ou bien priant avec sa belle-sœur, qui paraît bien plus âgée que ses vingt-huit ans.

Louis sent la mort qui rôde au-dessus d'eux, et d'abord de lui-même et du dauphin, souffreteux et apeuré.

Et un garde municipal a lancé, un jour, que cet enfant était le seul à lui faire pitié mais « qu'étant né d'un tyran, le fils Capet devait mourir ».

Louis sait que la seule manière de contenir l'angoisse et de lutter contre la peur, c'est de s'arrimer à ses habitudes.

Il se lève à sept heures. Il prie Dieu jusqu'à huit, s'habille en même temps que le dauphin, monte déjeuner chez Marie-Antoinette en famille. Puis leçons pour les enfants jusqu'à onze heures. Promenade si les gardiens l'autorisent, « dîner », jeu de tric-trac et de piquet. Louis après se retire, pour dormir, attendre six heures, où il reprend son enseignement, jusqu'à l'heure du souper à neuf heures du soir.

Louis se couche vers onze heures.

Il se refuse à commenter les événements, parce qu'il veut conserver son impassibilité, ne pas s'épancher et ne pas montrer ses faiblesses, tenter ainsi de rassurer Marie-Antoinette, digne, mais succombant à des accès de désespoir.

Quand, le 21 septembre, Louis entend des sonneries de trompette, des roulements de tambour, des cris de « Vive la nation ! », il ne lève même pas la tête.

Tout à coup, le silence, et une voix qui déclame :

« La Convention nationale réunie vient de décréter que la royauté est abolie en France. »

Ce 21 septembre 1792 est un vendredi, jour maigre, mais au nom de l'égalité, on refuse à la famille royale de lui servir du poisson ou des légumes.

Vers midi, douze commissaires envoyés par les députés de la Convention réunis aux Tuileries sont venus informer l'Assemblée législative, qui tient séance salle du Manège, qu'il s'agit là de la dernière et que les conventionnels vont s'installer, à la place des légistes, dans cette même salle.

Et sous les acclamations, avec des roulements de tambour, les députés à la Convention s'installent.

Et déjà Marat, qui a été élu à Paris, par quatre cent vingt voix sur sept cent cinquante-huit votants, proteste.

Les tribunes de la salle du Manège réservées au « peuple » ne comptent que trois cents places ! Il faut, déclare Marat, absolument assurer la place à quatre mille spectateurs.

« La Convention nationale doit être sans cesse sous les yeux du peuple, afin qu'il puisse la lapider si elle oublie ses devoirs », ajoute Marat.

Les députés s'écartent de lui.

Le maire de Paris Pétion, qui a été désigné comme président de la Convention, et les membres de son bureau qui sont tous girondins, s'insurgent, condamnent Marat.

Des placards signés de « l'Ami du peuple » sont affichés aux carrefours, réclament un « gouvernement de main forte », un triumvirat, dont Marat ferait partie en compagnie de Danton et de Robespierre. Et certains de ces appels vont jusqu'à proposer la dictature à Danton.

Les Girondins du bureau de la Convention s'indignent, dénoncent Marat, ses « placards désorganisateurs qui ne cessent point depuis plusieurs jours d'appeler une forme de gouvernement qui inspire de justes alarmes ».

Les Girondins affirment même qu'il existe un « dangereux complot tramé par la députation de Paris ».

Ainsi la Convention s'est-elle à peine réunie qu'on s'y déchire, qu'on s'y suspecte, qu'on s'y accuse.

Les Girondins – peut-être soixante-cinq députés, dont Brissot, Vergniaud, Condorcet, Barbaroux – sont décidés à en finir avec cette Commune de Paris, son Comité de surveillance. Dans les salons de Manon Roland ou de Madame Condorcet, on répète que Paris est une « ville nourrie de sang et de mensonges ». Marat, y dit-on, n'est qu'un « fou atrabilaire », un « criminel », l'un des responsables majeurs des massacres de début septembre. Et qui a même signé des ordres de visite domiciliaire d'une centaine de Girondins, parmi lesquels Brissot.

Mais le grand adversaire de la Gironde, c'est la *Montagne*.

Ces Montagnards – Danton, Robespierre, Fabre d'Églantine, Camille Desmoulins, Collot d'Herbois, Billaud-Varenne, David, Carnot, Saint-Just qui, élu de l'Aisne, est à vingt-cinq ans le plus jeune des députés de la Convention, et même ce Philippe Égalité ci-devant duc d'Orléans ! –, tous ceux-là pour les Girondins ne rêvent que de dictature, au nom du salut public.

Et en outre, s'ils ne soutiennent pas Marat, ils le protègent.

Entre Girondins et Montagnards, il y a ces centaines de députés – peut-être six cents sur sept cent quarante-neuf, dont Sieyès, Cambacérès, Boissy d'Anglas – qui composent ce qu'avec mépris, les Montagnards ou même les Girondins appellent la *Plaine*, le *Marais*, qui se tassent, se terrent, « restent immobiles » au moment des grands affrontements, mais qui composent la majorité de la Convention, et peuvent faire et défaire les pouvoirs de ceux qui, Girondins ou Montagnards, veulent gouverner la Convention et le pays.

Les députés à la Convention en ce premier jour s'observent, se regroupent, là autour de Brissot, ici autour de Danton. Et il y a tous ceux qui errent, qui arrivent de leurs départements, qui suspectent la députation de Paris de vouloir imposer tous ses projets.

Voici Danton qui monte à la tribune.

Il annonce qu'il veut « résigner les fonctions qui m'avaient été déléguées par l'Assemblée législative. Je les ai reçues au bruit du canon dont les citoyens de la capitale foudroyèrent le despotisme. Maintenant que la jonction des armées est faite, que la jonction des représentants est opérée, je ne suis plus que le mandataire du peuple. »

C'est le brouhaha.

Danton tente ainsi de se dégager de ces projets de dictature, de triumvirat qu'on lui prête, et que semblent confirmer les « placards » de Marat.

Danton lève la main, réclame le silence.

Il faut des lois répressives, dit-il, pour que le « peuple » ne châtie pas lui-même.

Il faut que toutes les propriétés soient « éternellement maintenues ».

Il faut une nouvelle Constitution, ratifiée par le peuple dans ses assemblées électorales.

Et cette Constitution doit décréter que « les personnes et les propriétés sont sous la sauvegarde du peuple français ».

On applaudit.

Le Marais approuve : on veut dans les départements que les propriétés soient protégées !

Et à l'unanimité, sur proposition de Collot d'Herbois et de l'abbé Grégoire, on décide que « la royauté est abolie en France ».

Et le lendemain, le samedi 22 septembre 1792, Billaud-Varenne fait voter la proposition selon laquelle tous les actes publics seront, à partir de ce même jour, datés de « l'An I de la République ».

Robespierre murmure que la République s'est « glissée furtivement, de biais, dans nos résolutions ».

Et le libraire Ruault, qui date sa lettre de « l'an Ier de la République », exalte ce régime nouveau et écrit :

« Le vote a été l'affaire d'un quart d'heure, elle a passé d'emblée sans discussion ni amendements. De sorte que la chose du monde la plus importante a été la plus facile à faire. Si tous les membres au nombre de sept cent cinquante eussent été réunis, il y aurait eu probablement quelque contradiction.

Il semble qu'on ait voulu faire un coup fourré. On y a réussi jusqu'à présent.

« J'aime assez le système républicain, poursuit-il, il bannit la haute morgue de la société, il rend les hommes plus égaux, plus fiers, le mérite y obtient la récompense qui lui est due… »

Mais on entend peu dans les heures qui suivent crier « Vive la République ! ».

Et Gouverneur Morris écrit :

« Rien de nouveau aujourd'hui, sinon que la Convention s'est réunie et a déclaré qu'il n'y aurait plus de roi. »

En fait Louis XVI n'est plus, depuis le 10 août 1792, que Louis Capet, ci-devant roi de France, ou des Français.

La victoire de Valmy, connue à Paris à la veille de l'institution discrète de la République, a donné un élan originel au nouveau régime.

« Ce jour de Valmy a été décisif pour le salut de la patrie, écrit le *Journal des hommes libres*. Il a procuré le double avantage de ralentir l'ardeur des Prussiens et d'augmenter celle de nos braves défenseurs. Et c'est aussi ce jour même que sous de si heureux auspices, se sont réunis les citoyens élus par le peuple pour le représenter et lui proposer un pacte social et une forme de gouvernement. »

Mais déjà, après seulement quatre jours, les déchirurcs s'élargissent, les oppositions – les haines –, les suspicions s'expriment.

Le mardi 25 septembre, Marat dénonce un complot fomenté contre lui, contre la députation de Paris.

Il accuse les Girondins :

« Le 25 de ce mois, dit-il, est le jour fixé pour décrier la députation de Paris, écraser Robespierre, Panis – un avocat jacobin, proche de Danton –, Danton, et faire égorger Marat par le glaive de la tyrannie… »

Il dénonce « la clique brissotine », qui veut le faire « égorgeι par des brigands apostés »… ces deux huissiers chargés de l'arrêter si on vote contre lui un acte d'accusation. Lui-même a fait asseoir dans les travées, à la place de députés, des citoyens chargés de l'applaudir.

Et le président de séance a dû les inviter à quitter « l'enceinte de la salle ».

La tension est vive.

Un député, Lasource, déclare qu'il y a un parti qui veut « despotiser la France » après avoir « despotisé la Convention nationale ».

On proteste, on s'exclame.

Lasource poursuit : « Il faut, dit-il, réduire Paris à un quatre-vingt-troisième d'influence », qu'il ne pèse pas plus qu'un quelconque des quatre-vingt-trois départements !

Danton s'insurge.

« Je n'appartiens pas à Paris, aucun de nous n'appartient à tel ou tel département. Il appartient à la France entière... Je déclare la peine de mort contre quiconque voudrait détruire l'unité en France. »

On vote. On proclame que la « République est une et indivisible ».

Mais les haines et les soupçons demeurent.

Danton répète qu'il n'est en rien « l'instigateur des placards et des écrits de Marat »

Cet homme-là, martèle-t-il, est « un être nuisible à la société ».

Les premiers cris « Marat à la guillotine ! » se font entendre.

Robespierre monte à son tour à la tribune.

Lui aussi prend ses distances avec Marat.

Il n'a à aucun moment l'intention de faire partie d'un « triumvirat ».

« Loin d'être ambitieux, j'ai toujours combattu les ambitieux », assure-t-il.

On l'interrompt. On murmure. On lui lance : « Abrégez ! »

Sa voix devient plus aiguë :

« Je sens qu'il est fâcheux pour moi d'être toujours interrompu... Je n'abdiquerai point. »

Il n'est pas applaudi quand il descend de la tribune.

On attend Marat.

Le voici, bousculé, entouré de députés qui crient : « À la guillotine ! À la guillotine ! »

Il empoigne la tribune. Il disculpe Danton et Robespierre « qui ont constamment repoussé la dictature ».

Il est seul coupable d'avoir voulu, pour déjouer les complots d'une Cour corrompue, « placer la hache vengeresse du peuple entre les mains d'un dictateur... Et si c'est un crime j'appelle sur ma tête la vengeance nationale. »

Il sort de sa ceinture un pistolet et l'appuie sur son front :

« Je suis prêt à me brûler la cervelle sous vos yeux. »

L'Assemblée est comme paralysée. Elle ne votera pas la mise en accusation de Marat, se contentera de ses explications et « passera à l'ordre du jour ».

Mais on n'oubliera rien de ce premier débat de la Convention.

Rancœurs, rancunes, humiliations, haines : ces députés qui, unanimes, ont « aboli la royauté pour la France » et proclamé « la République une et indivisible », s'infligent des blessures d'amour-propre qui enveniment, exacerbent les oppositions politiques.

Maximilien Robespierre, vexé par l'accueil presque méprisant de la Convention, s'est réfugié dans la maison des Duplay.

Il est, comme chaque fois qu'il est soumis à une tension trop forte, malade, la tête percée de migraines. Madame Duplay et ses filles Élisabeth et Éléonore, mais aussi Charlotte, la sœur cadette de Maximilien qui s'est installée chez les Duplay, « l'entourent de mille soins délicats. Il est excessivement sensible à toutes ces sortes de choses dont les femmes seules sont capables ».

Et Charlotte, qui le note, s'en irrite. « Je résolus de tirer mon frère de ces mains et pour y parvenir je cherchai à lui faire comprendre que, dans sa position et occupant un rang aussi élevé dans la politique, il devait avoir un chez-lui. »

Augustin Robespierre qui, à vingt-quatre ans, vient d'être élu à la Convention grâce à l'influence et à la notoriété de Maximilien, s'est lui aussi installé chez les Duplay, dans un appartement non meublé sur la rue du Faubourg-Saint-Honoré.

Maximilien, ainsi, a perdu le havre de tranquillité que lui offraient les Duplay.

Le revoici dans sa « famille d'Arras », cédant à Charlotte, s'installant avec elle, rue Saint-Florentin non loin de la Convention, regrettant aussitôt les Duplay.

« Ils m'aiment tant, confie-t-il, ils ont tant d'égards, tant de bonté pour moi qu'il y aurait de l'ingratitude à les repousser. »

Et finalement il retourne chez les Duplay, laissant Charlotte ulcérée, persuadée que Madame Duplay rêve de marier sa fille Éléonore à Maximilien. Celui-ci se dérobe et Charlotte incite Augustin à se déclarer, à épouser Éléonore.

Mais la vie privée des deux frères est emportée par le torrent impétueux de la Révolution, auquel aucun de ceux qui jouent un rôle ne peut échapper.

Marat, qui a évité l'acte d'accusation, enrage contre ces députés, ses collègues.

Ce ne sont à l'entendre que des « cochons », des « bourgeois », des « trembleurs », des « imbéciles ».

« À voir la trempe de la plupart des députés à la Convention nationale je désespère du salut public », lance-t-il.

On crie : « À bas Marat ! »

Il siège, sur un banc isolé, car qu'on soit de la Gironde, de la Montagne ou de la Plaine, personne ne veut s'afficher à ses côtés. On méprise son accoutrement, ces sortes de turbans dont il s'enveloppe, son teint bistre. On éprouve du dégoût pour sa maladie de peau.

Il répond coup pour coup .

« Je rappelle mes ennemis personnels à la pudeur. Je les exhorte à s'interdire des clameurs furibondes et des menaces indécentes contre un homme qui a servi la liberté et eux-mêmes plus qu'ils ne le pensent. »

Il inquiète. Il soupçonne déjà Danton d'être un corrompu, attiré par le plaisir. « Il me faut des femmes », avoue Danton.

Et surtout, Danton soutient le général Dumouriez qui, au lieu de poursuivre et d'écraser les vaincus de Valmy, négocie avec le duc de Brunswick un retrait paisible des troupes prussiennes !

Et Danton est tenu jour après jour au courant de la négociation, puisqu'il a délégué auprès de Dumouriez l'un de ses proches, l'ancien écuyer du comte d'Artois, le colonel Westermann, commandant de la région du Nord.

Danton se méfie donc de Marat, même s'il sait que ses principaux ennemis sont les Girondins, cette Manon Roland qui le poursuit de sa haine, peut-être simplement parce qu'il n'a pas paru sensible à ses charmes, et qu'elle est une séductrice impérieuse, imposant ses idées à son époux, à Barbaroux, à Brissot, à l'état-major girondin.

Et lorsque, le 29 septembre, la Convention décide que les ministres ne peuvent être choisis parmi les députés – façon d'exclure Danton de son poste de ministre de la Justice – mais que les Girondins demandent que la mesure ne s'applique pas au ministre de l'Intérieur Roland, Danton s'étonne, se moque, blesse à jamais les Girondins, nourrit la haine que Manon Roland lui porte.

« Personne ne rend plus justice que moi à Roland, s'écrie-t-il. Mais je lui dirai si vous lui faites une invitation, faites-la donc aussi à Madame Roland, car tout le monde sait que Roland n'était pas seul dans son département ! »

Les députés de la Plaine, les « trembleurs », n'osent rire !

Et les Girondins s'indignent.

Mais Danton poursuit :

« Je rappellerai, moi, qu'il fut un moment où la confiance fut tellement abattue qu'il n'y avait plus de ministres et que Roland eut l'idée de sortir de Paris ! Il n'est pas possible que vous invitiez un tel citoyen à rester au ministère ! »

La rage saisit les Girondins et il ne leur reste qu'à attaquer Danton, à l'accuser eux aussi de corruption, à dénoncer ses complices Fabre d'Églantine et Camille Desmoulins.

À lui reprocher d'avoir, au ministère de la Justice, choisi comme juges des citoyens non en fonction de leur compétence – « la justice doit se rendre par les simples lois de la raison », dit Danton – mais de leur fidélité à l'esprit sans-culotte.

« Tous ces hommes de loi sont d'une aristocratie révoltante », dit l ancien avocat Danton. Il veut révolutionner cela !

Dès lors, on ne le croit pas, quand il prône la « réconciliation », l'« explication fraternelle », l'« indulgence ».

On le soupçonne de duplicité.

Il couvre les négociations avec Brunswick, au prétexte de détacher la Prusse de l'Autriche.

Rêverie, puisque le roi de Prusse n'accepte de négocier qu'avec le roi de France, et il n'y a plus de roi ! Mais une République.

Et c'est le même Danton qui lance :

« Nous avons le droit de dire aux peuples, vous n'aurez plus de rois... La Convention nationale doit être un Comité d'insurrection générale contre tous les rois de l'Univers. »

Et qui après avoir à la fois négocié, évoqué cette insurrection générale, affirme le 4 octobre 1792 :

« Je demande qu'on déclare que la patrie n'est plus en danger... Le principe de ce danger c'était la royauté. Vous l'avez abolie. Loin d'avoir à craindre pour notre liberté nous la porterons chez tous les peuples qui nous environnent. »

Que pense et veut vraiment Danton ?

À Königsberg, en cette fin septembre 1792, le philosophe Kant apprend que la République est proclamée en France :

« Maintenant je puis dire comme Siméon : laisse partir ton serviteur, Seigneur, car j'ai vécu un jour mémorable. »

35.

« Jour mémorable » : la proclamation de la République française, en cet automne 1792, l'est pour toute l'Europe.

On regarde avec effroi, sympathie, enthousiasme, émotion, colère ou mépris, mais jamais avec indifférence, et toujours avec passion, cette nation puissante, la plus peuplée d'Europe.

Sa monarchie millénaire, modèle de bien des princes, paraissait indestructible.

Mais le peuple a forcé les grilles de Versailles et des Tuileries. Les privilèges ont été abolis. Les souverains humiliés, emprisonnés. Et la nation s'est proclamée républicaine. Cataclysme. « Jour mémorable ». Aussi bouleversant pourtant que le jour où le vieux Juif Siméon découvre que l'enfant qu'il a porté dans ses bras est le Messie.

Les émigrés français à Coblence, à Londres, à Bruxelles, à Turin, à Nice, à Pétersbourg enragent, appellent les souverains à la croisade contre cette populace sacrilège.

Dans les salons où se réunissent les « esprits éclairés », on lit au contraire avec ferveur les journaux, les lettres qui arrivent de Paris.

On partage les réflexions du libraire Ruault qui écrit à ses correspondants, qui comme lui sont lecteurs de Voltaire et de Rousseau, de l'*Encyclopédie*, de Beaumarchais :

« Quels sont les fondateurs de notre République ? Des gens sans propriétés pour la plupart, des hommes exaspérés, fougueux, sanguinaires, des demi-brigands. Mais réfléchissez sur l'histoire des Républiques et vous verrez qu'elles n'ont pas eu d'autres individus pour fondateurs. Rome et Venise n'ont pas de plus noble origine... Et le système républicain donne l'essor au génie, au talent... Nous verrons si nous sommes capables de réaliser ce beau système... »

Dans l'entourage des souverains on s'indigne, on s'inquiète. Il faudrait arracher vite ce « champignon vénéneux » qui peut répandre ses poisons dans toute l'Europe.

Le roi de Prusse, Frédéric-Guillaume II, dont les armées font paisiblement retraite, après que Brunswick et Dumouriez se sont entendus, rompt toutes les négociations avec ce nouveau régime.

Mais à Mayence, à Spire, à Francfort, certains chantent *La Marseillaise*, arborent la cocarde tricolore, et créent des sociétés de pensée qui s'inspirent du club des Jacobins.

Ils attendent les soldats de la République qui avancent, en entonnant : « Allons, enfants de la patrie », et « Ça ira ».

Pour ces volontaires, en octobre 1792, « le jour de gloire est arrivé ».

C'est comme si la proclamation de la République, après Valmy, avait donné le branle.

Le général Anselme traverse le Var, entre à Nice, et sa sœur, amazone vêtue de bleu-blanc-rouge, caracole à ses côtés, et les quinze cents soldats sont acclamés par les Niçois, qui se rêvent Jacobins.

Un Provençal, Barras, ci-devant comte, ancien officier de l'armée royale, qui fait partie de l'état-major d'Anselme, crée une administration dans le nouveau département des Alpes-Maritimes, des municipalités, à Nice, notamment, qui était dit-il « l'un des quartiers généraux de la contre-révolution »

Mais il quitte bientôt l'armée, pour rejoindre la Convention où il vient d'être élu.

Il fait rapport devant les députés de cette situation militaire, des succès remportés contre le « roi des Marmottes » – le roi du Piémont –, de l'accueil rencontré en Savoie par les troupes de la République.

La municipalité de Chambéry en habit de cérémonie attendait le général Montesquiou. Un festin avait été préparé en ville pour les soldats.

« Nous étions français de langage et de cœur, nous le sommes à présent », disent les Savoyards.

L'accueil est aussi chaleureux pour les troupes du général Custine à Spire, dans l'évêché de Bade, à Mayence et à Francfort.

Les troupes prussiennes ont évacué Verdun et Longwy, les Autrichiens ont levé le siège de Lille. « Le cannibale qui faisait bombarder Lille s'est enfin retiré », écrit Couthon. Il s'est replié en Belgique où le suivent les troupes de Dumouriez.

Et Louis-Philippe d'Orléans, ci-devant duc de Chartres, est souvent à l'avant-garde de cette marche vers Bruxelles.

La France est tout entière libérée à la date du 19 octobre 1792.

Et à l'annonce que les frontières sont franchies par les armées de la République, les « têtes tournent » au club des Jacobins, dans le salon de Manon Roland.

« La sainte épidémie de la liberté gagne partout de proche en proche », écrit Marat.

Au club des Jacobins, Manuel lance, acclamé par toute la salle : « Je demande que Chambéry, Mayence, Francfort soient pour nous des clubs. Ce n'est point assez de nous affilier des sociétés, il nous faut affilier des royaumes. »

À l'Hôtel de Ville, l'ancien étudiant en médecine Chaumette, bientôt procureur de la Commune, espère que « le terrain qui sépare Paris de Pétersbourg et de Moscou sera bientôt francisé, jacobinisé ».

Les membres de la Commune lui font une ovation.

Brissot, lui, s'adresse à Dumouriez :

« Je vous dirai qu'une idée se répand assez ici, c'est que la République ne doit avoir pour borne que le Rhin. »

Et Danton qui, Montagnard, est l'adversaire de Brissot et la cible des attaques girondines, partage ces vues.

« Les limites de la France sont marquées par la nature, nous les atteindrons des quatre coins de l'horizon, du côté du Rhin, du côté de l'Océan, du côté des Alpes. »

Mais c'est Brissot qui va le plus loin, réaliste croit-il, cynique en tout cas lorsqu'il écrit :

« Nous ne pourrons être tranquilles que lorsque l'Europe, et toute l'Europe, sera en feu. »

Mais Danton et Brissot en même temps qu'ils prononcent ou écrivent ces mots d'intransigeance, de guerre et d'expansion française, sont l'un et l'autre proches de Dumouriez qui a négocié avec le duc de Brunswick.

Le général a été l'homme des Girondins. Il a fréquenté le salon de Manon Roland.

Et Danton pourtant fait à la Convention l'éloge de « Dumouriez qui réunit au génie du général l'art d'échauffer et d'encourager le soldat ».

Et, en même temps, Danton qui pérore en exaltant « l'insurrection générale contre les rois » envoie à Londres des émissaires chargés de corrompre les ministres anglais afin que l'Angleterre reste en dehors du conflit !

Discours guerriers d'un côté, à la tribune de la Convention et à celle des Jacobins, et tractations secrètes de l'autre.

Et Danton qui condamne les rois, et se présente comme l'un des fondateurs de la République, dit à Louis-Philippe, ci-devant duc de Chartres, fils de Philippe Égalité ci-devant duc d'Orléans :

« Renfermez-vous dans votre métier de soldat sans vous occuper de nos actes et sans faire de la politique… Emportez ces conseils à l'armée ; ils sont dictés par un intérêt sincère. Gravez-les dans votre mémoire et réservez votre avenir. »

Louis-Philippe, en entendant Danton, l'a regardé étonné : le conventionnel Danton, le ministre de la République, lui fait comprendre que ce régime sera provisoire, et que la monarchie demain peut renaître avec un roi issu des Orléans !

Marat, hanté par l'idée de complots aristocratiques, pressent cette ambiguïté, ce double jeu de Danton, comme l'étrange conduite des opérations par Dumouriez après Valmy. Et il condamne l'amitié des Girondins pour le général.

La plupart des ministres et des députés sont à ses yeux des suspects. Et Marat l'écrit. Dénonçant la politique équivoque de Dumouriez, il prophétise : « Cent contre un que Dumouriez s'enfuira avant la fin de mars prochain. »

Il lui reproche d'accuser des volontaires parisiens qui ont, à Rethel, massacré quatre émigrés français qui avaient déserté les rangs prussiens.

Ces volontaires commandés par l'entrepreneur Palloy – le « démolisseur de la Bastille » – sont désarmés, conduits sous escorte à la forteresse de Cambrai. Et la Convention approuve ces mesures.

« Il y a un dessous des cartes dont il faut connaître le fond », dit Marat à Dumouriez.

Il rencontre le général à Paris, à une soirée donnée chez Talma, le comédien. Marat, dans les salons de l'hôtel particulier de la rue Chantereine, croise une « douzaine de nymphes légèrement vêtues » dont la présence doit distraire le général et les autres invités.

Marat, le visage crispé par un sourire méprisant, toise Dumouriez, poursuit :

« Qui persuadera-t-on que douze cents hommes, des volontaires patriotes, se livreraient à des excès sans motifs ? On dit que les prisonniers massacrés étaient des émigrés. »

« Eh bien, Monsieur, quand ce seraient des émigrés ? » répond Dumouriez.

« Les émigrés sont des rebelles à la patrie, et vos procédés envers les bataillons parisiens sont d'une violence impardonnable. »

« Oh, vous êtes trop vif, Monsieur Marat, pour que je parle avec vous », dit Dumouriez en s'éloignant.

Marat voit les sourires, entend les ricanements des invités.

L'un d'eux – un acteur – fait le tour de la salle avec une cassolette de parfums et « purifie » les endroits où Marat est passé.

Et la fête reprend.

Marat est persuadé qu'une « machination secrète est tramée par Dumouriez et la clique girondine ».

Le massacre des quatre déserteurs émigrés par des volontaires parisiens n'est que l'un des engrenages du « complot » qui vise à isoler, à déconsidérer les sans-culottes parisiens, qui sont la « pique » de la Révolution.

D'un côté, on fait adopter, voter par la Convention, un décret qui indique que les émigrés capturés les armes à la main sont hors la loi, et doivent être exécutés dans les vingt-quatre heures.

Et de l'autre, on désarme le bataillon de volontaires qui a fait justice de quatre émigrés qui avaient combattu aux côtés des Prussiens !

Double jeu à nouveau ! s'écrie Marat.

Il dénonce la volonté de la majorité de créer une garde fédérale pour la Convention, composée de fédérés qui dans les départements seront « triés » par les Girondins. Et les premiers arrivés ont déjà manifesté en criant qu'il fallait mettre les têtes de Marat, de Danton et de Robespierre au bout d'une pique. Et on a même entendu scander : « Pas de procès au roi. »

Voilà le complot qui veut étrangler la République !

Marat tente de se faire entendre.

Il demande la parole, mais lorsqu'il monte à la tribune de la Convention, on l'insulte. On dénonce « cet agitateur dont le nom seul fait frémir d'horreur ».

Marat est un « porc-épic » qu'on ne peut pas seulement toucher des doigts.

« S'il parle à cette tribune, il faut qu'après lui elle soit purifiée ! »

Il se défend, il crie : « Voulez-vous m'égorger ? Égorgez-moi ! »

Mais il doit quitter la Convention, se terrer chez lui. Les nouveaux fédérés défilent devant sa demeure, menacent de l'incendier, et d'envoyer Marat à la guillotine.

Tout le monde l'accable.

Danton, pourtant attaqué sans cesse par des Girondins, qui exigent qu'il rende des comptes et l'accusent d'avoir dilapidé à son profit les centaines de milliers de livres qui lui ont été versées quand il était ministre, déclare :

« Je n'aime pas l'individu Marat. Je dis avec franchise que j'ai fait l'expérience de son tempérament : non seulement il est volcanique et acariâtre mais insociable. Après un tel aveu qu'il me soit permis de dire que moi aussi je suis sans parti et sans faction. »

Il n'y a que Camille Desmoulins qui ose murmurer lorsque Marat passe près de lui, en descendant de la tribune de la Convention : « Pauvre Marat, tu es de deux siècles au-delà du tien ! »

C'est donc aussi le temps des haines en ces mois d'octobre et de novembre 1792.

Danton démissionne de son poste de ministre. Il tente de prêcher la réconciliation entre Girondins et Montagnards.

« Il ne peut exister de factions dans une République, dit-il. La fraternité seule peut donner à la Convention cette marche sublime qui marquera sa carrière. »

Mais il devient aussitôt suspect aux yeux de Robespierre, de Saint-Just, de « la crête de la Montagne », qui domine aux Jacobins.

Robespierre obtient qu'on exclue Brissot du club, et les Girondins derrière Brissot quittent les Jacobins.

Ces luttes épuisent.

Danton, élu président des Jacobins, n'est guère présent aux séances. On le voit, entouré de jeunes femmes vénales, fréquenter les restaurants à la mode.

Puis il disparaît, durant plusieurs semaines.

On le dit malade, abattu, atteint de cette dépression qui affecte par périodes tous ceux qui sont plongés dans ce tourbillon révolutionnaire, dont ils sentent bien qu'ils ne peuvent le maîtriser, et qu'à tout moment ils peuvent en être submergés.

Et cette « fatigue », cette angoisse, touche la majorité de la population parisienne, qui est à l'écart des assemblées électorales, des sections. Ceux qui participent, qui votent, ne représentent qu'un citoyen sur vingt !

Pétion est réélu maire de Paris, par une minorité de quelques milliers de voix, sur les six cent mille habitants de la capitale !

Mais Pétion prétend représenter le peuple, alors que pour la majorité qui ne participe pas aux assemblées électorales, il n'est qu'un « magistrat populacier » et pour d'autres un « trembleur ».

On murmure : « Les enragés sont les maîtres aujourd'hui dans Paris et ne respirent que vengeance. » La ville a changé d'aspect. Les étrangers sont partis. Les riches se terrent ou ont gagné la province. Plus de carrosses, de livrées, de belles toilettes dans les rues.

« Vous trouverez aussi du changement dans les mœurs et les vêtements des Parisiens, écrit le libraire Ruault. Le bonnet rouge a repris vigueur. Tous les Jacobins le portent, excepté Robespierre, cette coiffure dérangerait trop des cadenettes bien frisées et bien poudrées. Je fais comme Robespierre quoique je n'aie point de cadenettes sur les oreilles. Je crois que le bonnet rouge ou blanc ou gris, ne va qu'aux manœuvres des maçons de la Révolution. »

On se soucie à nouveau, alors que les pluies et les froids de novembre commencent à sévir, de subsistance. Le prix du pain augmente. Mais on se contente de grommeler.

On sait que Paris est mené par une minorité d'autant plus violente qu'elle a conscience que la majorité de la population est réservée, voire hostile, et déjà si lasse de la hargne révolutionnaire qu'elle n'intervient plus, laisse faire dans les sections et les assemblées la poignée de citoyens qui s'entre-déchirent, Girondins, Montagnards, et quelques maratistes.

À la Convention, les députés de la Plaine se taisent, observent, de plus en plus mal à l'aise devant les manifestations de la haine que se portent Girondins, Montagnards, maratistes.

Et, premier d'une longue suite, le député Polycarpe Pottofeux démissionne début novembre, lassé de ces affrontements.

Il ne veut pas prendre parti, risquer sa tête pour dix-huit francs par jour, l'indemnité que la nation lui verse.

Les Girondins se sentent eux aussi menacés par cette minorité parisienne « enragée ».

C'est elle que vise Brissot quand il écrit à la fin du mois d'octobre 1792, dans un pamphlet adressé *À tous les républicains de France* : « Le peuple est fait pour servir la révolution, mais, quand elle est faite, il doit rentrer chez lui et laisser à ceux qui ont plus d'esprit que lui le soin de le diriger. »

Mais, pour s'emparer puis garder les rênes du pouvoir devant un peuple devenu spectateur, épuisé par ce qu'il a vécu depuis plus de trois années de bouleversements, d'émotions, de grandes peurs, c'est une lutte dont on devine déjà en cet automne 1792 qu'elle est « à mort ».

C'est Louvet, un écrivain devenu député du Loiret, qui, Girondin, attaque Robespierre

« Oui, Robespierre c'est moi qui t accuse de t'être continuellement produit comme objet d'idolâtrie. Je t'accuse d'avoir évidemment marché au suprême pouvoir. »

La majorité de la Convention décide de faire diffuser ce discours à quinze mille exemplaires. Et Brissot dans *Le Patriote français* poursuit l'attaque :

« On se demande pourquoi tant de femmes à la suite de Robespierre ? C'est un prêtre qui a des dévotes, mais il est évident que toute sa puissance est en quenouille ! »

Et tous les journaux girondins reprennent, martèlent cette idée : « Robespierre est un prêtre et ne sera jamais que cela. »

Maximilien monte à la tribune les 28 octobre et 5 novembre 1792. Il répond d'une voix énergique qui parfois se brise, comme si les forces lui manquaient, puis s'aiguise, tranchante.

On l'accuse de marcher à la dictature ?

« Nous n'avons ni armée, ni trésor, ni place, ni parti ! Nous sommes intraitables comme la vérité, inflexibles, uniformes, j'ai presque dit insupportables comme les principes ! »

On l'accuse d'avoir provoqué, soutenu des actes illégaux.

« Que nous reprochez-vous ? D'avoir désarmé les citoyens suspects ? Toutes ces choses étaient illégales, aussi illégales que la Révolution, que la chute du trône et de la Bastille, aussi illégales que la liberté elle-même ! Citoyens, vouliez-vous une révolution sans la Révolution ? »

Et il en appelle à la « réconciliation », à ensevelir les accusations dans un « éternel oubli ».

« Je renonce à la juste vengeance que j'aurais droit de poursuivre contre mes calomniateurs. »

Les députés du Marais l'applaudissent.

Ils s'éloignent des Girondins sans encore rejoindre la Montagne. Mais le soir du 6 novembre aux Jacobins, on acclame Maximilien. On porte des torches. On défile. On chante le *Ça ira*, *La Marseillaise*, *La Carmagnole*.

Triomphe ! Mais Robespierre est épuisé, et la maladie, fatigue et tension nerveuse suivie d'abattement, de dépression, le terrasse, jusqu'à la fin du mois de novembre.

Il ne pourra célébrer la victoire que, le 6 novembre, les armées de Dumouriez viennent de remporter à Jemmapes, dans une attaque frontale contre les troupes prussiennes.

L'élan patriotique des bataillons criant « Vive la nation ! » a bousculé les troupes du duc de Brunswick.

Et les soldats de Dumouriez marchent vers Bruxelles, Liège, Anvers.

C'est la panique chez les émigrés qui refluent en désordre, cependant que les députés belges proclament la déchéance de la maison d'Autriche, et envoient des délégués à Paris, plaider la cause de l'indépendance.

Dumouriez est acclamé.

On le célèbre dans les salons de Manon Roland et de Julie Talma où l'on croise nombre d'officiers, dont ce général Alexandre de Beauharnais, chef d'état-major de l'armée du Rhin.

Bien plus qu'après Valmy, Jemmapes et l'occupation de la Belgique font naître un sentiment d'euphorie et d'enthousiasme à la Convention.

Les députés approuvent par acclamation une déclaration qui devra être traduite dans toutes les langues :

« La Convention nationale déclare au nom de la nation française qu'elle accordera fraternité et secours à tous les peuples qui voudront recouvrer leur liberté. »

Mais il y a une condition nécessaire à cette liberté et au bonheur. Tous les peuples et d'abord le français doivent la connaître.

On la rappelle dans *Les Révolutions de Paris*.

« Voulez-vous guérir les maux ? Voulez-vous enfin prendre une marche certaine ? Voulez-vous être justes ?

« Remontez toujours à la source !

« Jugez Louis XVI d'après ses crimes, rendez justice en sa personne à la nation entière outragée par lui, jugez son exécrable épouse dont les vices et les forfaits effraient l'imagination la plus exercée à scruter le cœur des tyrans !

« Législateurs !

« Apprenez aux Français que vous voulez leur bonheur !

« Apprenez aux nations de l'Europe qu'elles ne jouiront de ce même bonheur qu'au même prix !

« Proscrivez selon le mode de la justice et de la prudence humaine les restes de cette race perfide !

« Qu'ils disparaissent tous et à jamais d'une terre libre !

« Brutus ne laissera dans Rome aucun allié, parent ou ami des Tarquins ! »

36.

En ces premiers jours de novembre 1792, les journaux et la minorité de citoyens qui les lisent ou se réunissent dans les sections s'interrogent :

Faut-il imiter les Romains qui ont chassé le roi Tarquin, et se contenter de proscrire loin de la République le ci-devant Louis XVI ?

Le chasser, ou le juger ?

On dit qu'il vit paisiblement dans sa prison du Temple.

Il loge désormais dans la grande tour, et on lui a retiré – assure-t-on – papiers, plumes et crayons, parce que l'on craint qu'il ne communique avec les ennemis de la République.

On l'a séparé de Marie-Antoinette et de ses enfants, ainsi que de sa sœur Élisabeth, puis on a cédé devant les récriminations de la ci-devant reine.

Ils sont de nouveau réunis, logeant aux différents étages de la grande tour, qui malgré les poêles est glacée.

Louis Capet, puis le dauphin, et bientôt Marie-Antoinette et Madame Élisabeth, et même le « bon » valet Cléry, sont frappés par la grippe, se plaignent de « fluxion de tête ».

Qu'on la leur coupe, crient les plus enragés des sans-culottes.

« La tête du tyran au bout d'une pique », scandent-ils autour du Temple, qu'un « sang impur abreuve nos sillons ».

L'opinion se divise.

Juger Louis Capet ?

C'est un « scandale de délibérer », dit Maximilien Robespierre. Il fait effort pour parler, plus pâle et plus poudré qu'à l'accoutumée, s'arrachant à la maladie pour marteler :

« Louis fut roi, la République est fondée. La victoire et le peuple ont décidé que lui seul était rebelle ; Louis ne peut donc être jugé ; il est déjà jugé. »

Près de lui, aux Jacobins, se tient ce jeune député, Saint-Just, que l'on commence à écouter, parce que sa logique implacable fascine, comme sa pâleur, son visage aux traits réguliers, cette lourde tête qui semble reposer sur la cravate blanche largement nouée, qui forme comme une sorte de jabot. Il a le regard fiévreux, le ton exalté.

On dit qu'il est fils de militaire, qu'il a été élève des Oratoriens de Soissons, et qu'à Blérancourt, dans l'Aisne, il fut colonel de la garde nationale, patriote résolu, mais jeune homme singulier, auteur d'un roman libertin, licencieux, *Organt*.

Il partage les idées de Robespierre, et peut-être les inspire-t-il ?

Il affirme, comme Maximilien, qu'ouvrir le procès du roi, c'est contester l'insurrection.

« Les peuples ne jugent pas comme les cours judiciaires, ils ne rendent point de sentences, ils lancent la foudre, ils ne condamnent pas les rois, ils les replongent dans le néant. »

Et la conclusion de Maximilien tombe comme un couperet :

« Louis doit mourir. »

Mais Robespierre et Saint-Just ne sont pas suivis. Marat veut un procès.

Il faut que le peuple juge ce Louis Capet, coupable d'avoir depuis juin 1789 tenté de briser les espoirs des patriotes.

N'est-ce pas lui qui a organisé l'« orgie » des cocardes noires à Versailles, le 3 octobre 1789 ! N'est-ce pas lui qui a tenté de fuir, afin de rejoindre les émigrés !

Parjure, hypocrite, corrupteur, il a comploté avec ses frères réfugiés à Coblence, ce comte d'Artois et ce comte de Pro vence complices du roi de Prusse et de l'empereur d'Autriche !

Et n'a-t-il pas donné l'ordre, le 10 août, de massacrer les patriotes qui, révoltés par le *Manifeste de Brunswick*, avançaient vers les Tuileries ?

Louis Capet, ci-devant Louis XVI, est responsable de milliers de morts ! Et on voudrait ne pas le juger ? Peut-être pour dissimuler les noms de ceux qu'il a corrompus ? Il faut donc un procès.

Et le 3 novembre, un député de la Haute-Garonne, Mailhe, présente un rapport qui conclut que le ci-devant Louis XVI peut être jugé par la Convention.

« Ne voyez-vous pas toutes les nations de l'univers, toutes les générations présentes et futures, attendre avec une silencieuse impatience, dit-il, que vous leur appreniez si l'inviolabilité royale a le droit d'égorger impunément les citoyens et les sociétés, si un monarque est un Dieu dont il faut bénir les coups, ou un homme dont il faut punir les forfaits ? »

Les Girondins – Brissot, Vergniaud, Barbaroux, Roland – sont favorables au procès.

Le peuple, pensent-ils, ne veut pas la mort du roi, mais il faut bien donner des gages à cette minorité de sans-culottes, d'enragés, qui s'entassent dans les tribunes de la Convention, et tiennent Paris.

Et une partie de l'opinion s'inquiète.

« Le procès du roi occupe ici tous les esprits, écrit le libraire Ruault, toujours bon patriote. Les visages s'attristent, les cœurs s'affligent, car on prévoit que le dénouement sera fatal au malheureux prisonnier… Les forcenés dominent l'Assemblée qui doit juger cet infortuné monarque, et les forcenés ne sont point capables d'une grande et belle action ; il leur faut du sang, mais le sang attire le sang, on commence par en répandre quelques gouttes et l'on finit par des torrents et les tueurs sont tués à leur tour, et voilà l'histoire de toutes les révolutions. »

On raconte comment, dans sa prison du Temple, la famille royale est humiliée, insultée, persécutée même.

Un commis de librairie, Mercier, qui a été chargé de garder le roi et sa famille, dit à Ruault que la « reine est tellement changée depuis quatre mois qu'elle est là, qu'elle serait méconnaissable aux yeux même de ceux qui la voyaient tous les jours : tous ses cheveux sont blancs, elle paraît avoir plus de soixante ans ! ».

Lors des changements de garde, qui ont lieu tard dans la soirée, on exige des prisonniers qu'ils ne se mettent point au lit à leur heure habituelle.

« Quand la relève arrive, on leur demande de se mettre en ligne, et un gardien dit en les désignant : "Voici Louis Capet, voici Antoinette sa femme, Élisabeth sœur de Louis Capet, et les deux enfants mâle et femelle de Louis XVI et d'Antoinette, je vous les remets tous sains et saufs, tels que vous les voyez."

« Pendant cette séance aucun d'eux n'ouvrit la bouche, ils se laissaient compter comme des moutons. Quelle humiliation, grand Dieu ! Un roi dans une telle situation doit désirer la mort la plus prompte. Un pauvre particulier ferait bien le même souhait s'il était ainsi traité ! »

D'autres, au contraire, méprisent ce souverain déchu.

« Louis Bourbon, Louis XVI ou plutôt Louis dernier qui... habite toujours la tour du Temple. Sa tranquillité ou plutôt sa stupide apathie est toujours la même. Il ne paraît pas plus sentir ses malheurs que ses crimes », lit-on dans la *Feuille villageoise.*

Peindre ainsi Louis en homme stupide et donc inconscient de la gravité de ses actes, et du moment qu'il vit, c'est aussi préparer l'opinion à ce « qu'on oublie Louis XVI dans sa prison » puis, la victoire acquise sur l'étranger, et elle semble à portée de main, on le proscrira.

C'est là le projet des députés de la Plaine, de nombreux Girondins. Ils ajoutent :

« C'est l'avis de tous les Anglais qui ont embrassé notre cause. Un roi chassé, disent-ils, n'a plus de courtisans, un roi tué se fait plaindre, et cette compassion donne des défenseurs à sa famille. Tarquin n'eut point de successeur, Charles Ier d'Angleterre, décapité, en a encore. »

Louis mesure l'incompréhension ou la haine dont il est victime.

Il leur oppose la prière, la conviction qu'il doit se tourner vers Dieu, et que seule cette fidélité au Père éternel, et à son Église, importe.

Il pense, il sait qu'il n'a jamais failli. Et donc que les souffrances et les humiliations qui lui ont été infligées sont des épreuves auxquelles Dieu le soumet.

Car Louis ne doute pas que le sacre qui l'a fait roi de droit divin l'a distingué du reste des hommes, de ses sujets.

Et qu'il ne peut se soumettre à leurs lois qu'autant qu'elles sont conformes aux exigences de sa foi, de sa fonction royale.

Et il n'a de comptes à rendre qu'à Dieu.

Il est informé par Cléry de ce qui se dit, s'écrit, se prépare.

Son valet de chambre, qui a l'autorisation de voir sa femme deux fois par semaine, lui rapporte ce qu'elle lit, ce qu'elle entend. Et Louis est ému, quand il apprend que, sur l'air de *Frère Jacques*, on chante :

Ô mon peuple que vous ai-je donc fait ?
J'aimais la vertu, la justice
Votre bonheur fut mon unique objet
Et vous me traînez au supplice.

Et l'on murmure aussi la *Complainte de Louis XVI dans sa prison* :

Grand Dieu j'élève à toi mon âme gémissante !
Sous les coups d'un bourreau je suis prêt à mourir
Mais ne te présentant qu'une vie innocente
Du trône à l'échafaud, je marche sans pâlir.

Et à Cléry qui affirme que jamais Sa Majesté ne connaîtra le supplice, que les Français ne sont pas un peuple régicide, Louis répond, d'une voix calme :

« Ils me feront périr. »

Il ne craint pas le peuple, mais les conventionnels qui sont sous la surveillance des sans-culottes. Et Marat, dès qu'il a été décidé que le procès de Louis devant la Convention aurait lieu, a déposé une proposition décisive : lors de tous les scrutins du procès, les votes auront lieu par appel nominal et à voix haute.

La proposition de Marat est adoptée le 6 décembre, le jour même où la Convention décrète que Louis Capet sera traduit à la barre pour y subir son interrogatoire.

Chaque député dès lors sait que les « enragés » installés dans les tribunes de la Convention « jugeront » son vote. Et que c'est sa vie qu'il mettra en jeu, s'il se prononce en faveur du roi.

« Presque tous nos députés, note Manon Roland, en décembre, alors que se succèdent les séances de la Convention consacrées au roi, ne marchent plus qu'armés jusqu'aux dents. Mille gens les conjurent de ne coucher ailleurs qu'à l'hôtel. La charmante liberté que celle de Paris ! »

On craint de manifester son opinion.

Et dès lors, comme le constatent les *Annales républicaines* :

« Il règne dans cette ville, tranquille en apparence, une fermentation sourde et alarmante pour les bons citoyens. Les opinions sur le sort de Louis XVI s'y heurtent violemment. Les uns veulent qu'ils portent sa tête sur l'échafaud, les autres, et c'est le plus grand nombre, étrangers à toute autre passion qu'à celle du salut public, attendent dans un respectueux silence la décision de la loi… On trouva avant-hier soir, dans la salle d'assemblée de la section du Contrat social, plusieurs petits papiers semés par des agitateurs : ils avaient en tête trois fleurs de lys et on y lisait les deux mauvais vers suivants :

Si l'innocence est condamnée à mort,
Les assassins eux-mêmes en subiront le sort. »

Car des hommes veulent sauver le roi, par attachement à la monarchie, ou par prudence, pour préserver leur avenir. Car condamner Louis XVI à mort, si la monarchie un jour est rétablie – et certains le craignent et certains le pensent probable –, c'est porter la marque infamante du régicide et subir la vengeance du roi, qui pourrait être l'un des frères de Louis XVI, ou ce petit dauphin qui se souviendra de sa prison du Temple, des peurs qu'il a éprouvées.

Si le roi est exécuté, « les chemins seront rompus derrière nous, dit le conventionnel Le Bas. Il faudra aller bon gré mal gré. Et c'est alors qu'on pourra dire *vivre libre ou mourir* ».

Danton est persuadé de cela.

Il est convaincu que, « si le roi est mis en jugement, il est perdu car en supposant même que la majorité de la Convention refuse de le condamner, la minorité le ferait assassiner ».

Il accepte de recevoir un émigré, Théodore Lameth, ancien député à la Législative, frère aîné d'Alexandre et Charles Lameth, eux-mêmes députés feuillants.

Théodore arrive de Londres, pour tenter de sauver Louis XVI.

Il veut convaincre Danton, l'acheter peut-être, le persuader qu'en jugeant – et condamnant – Louis XVI : « Vous allez à votre perte en perdant la France. »

Danton hausse les épaules, et répond :

« Vous ne savez donc pas qu'il faut passer par la sale démocratie pour arriver à la liberté ? »

Lameth insiste :

« Ceux qui ont enfermé le roi dans la tour du Temple croient peut-être avoir besoin d'un dernier crime, mais vous êtes, au moins directement, étranger à la déposition du roi, à sa captivité. Sauvez-le, alors il ne restera de vous que de glorieux souvenirs ! »

Danton laisse Lameth développer ses arguments en faveur du roi, et tout à coup l'interrompt, martelant chaque mot de sa réponse :

« Sans être convaincu que le roi ne mérite aucun reproche, dit Danton, je trouve juste, je crois utile de le tirer de la situation où il est. J'y ferai avec prudence et hardiesse tout ce que je pourrai ; je m'exposerai si je vois une chance de succès, mais si je perds toute espérance, je vous le déclare, ne voulant pas faire tomber ma tête avec la sienne, je serai parmi ceux qui le condamneront. »

« Pourquoi ajoutez-vous ces derniers mots ? »

« Pour être sincère comme vous me l'avez demandé. »

Il faut de l'argent pour mettre Danton en mouvement.

Le baron de Batz, émigré à Coblence après avoir été constituant, financier et conspirateur, Théodore Lameth, l'Espagnol Ocariz, agissant pour le compte de Manuel Godoy, Premier ministre du roi d'Espagne, versent plus de deux millions de livres pour l'achat du vote de députés à la Convention, parmi lesquels Fabre d'Églantine.

Danton réclame deux millions supplémentaires. Mais cela ne suffit pas. Et le Premier ministre anglais Pitt, et aussi le roi de Prusse ou l'empereur d'Autriche refusent de participer à cette tentative de corruption politique qui pourrait sauver Louis XVI.

Qu'on décapite ce malheureux roi, et, espèrent-ils, tous ceux qu'attire la Révolution française, ces libéraux d'Angleterre et d'Allemagne, comprendront ce qu'est la nature barbare de cette Révolution ! Et la condamneront. Le sang de Louis doit coaliser l'Europe contre la France.

Danton comprend vite que les chances de faire échapper le roi au procès devant la Convention et dès lors, il s'en persuade chaque jour, à la peine de mort, sont faibles.

Alors il se retire, laisse la place à ses proches, comme cet ancien boucher Legendre, fondateur avec lui du club des Cordeliers et député à la Convention, qui déclare de sa voix puissante et avec son éloquence de tribun qui veut la mort de Louis Capet :

« Égorgeons le cochon ! Faisons autant de quartiers qu'il y a de départements pour en envoyer un morceau à chacun ! »

Mais dans les départements, c'est d'une autre nourriture qu'on a besoin.

Or, en ces mois d'automne et d'hiver 1792, les citoyens les plus pauvres, qu'ils soient paysans de Beauce ou ouvriers du faubourg Saint-Antoine, souffrent à nouveau de la hausse du prix du pain, et de la rareté qui s'installe.

Les queues apparaissent devant les boulangeries. On pille les greniers. On arrête les convois de grains. On réclame la taxation des denrées.

À Paris, un jeune bourgeois, Jean-François Varlet, prend souvent la parole devant les sans-culottes, s'élève contre les riches.

Et le prêtre Jacques Roux, vicaire à Saint-Nicolas-des-Champs, habitant la section des Gravilliers, est lui aussi l'un de ces « enragés » qui exigent le partage des propriétés, la taxation.

Une députation venue de Seine-et-Oise se présente à la Convention, réclame la taxation des subsistances, déclare qùe la liberté de commerce des grains est « incompatible avec notre République qui est composée d'un petit nombre de capitalistes et d'un grand nombre de pauvres ».

Mais le Girondin Roland, ministre, répond : « La seule chose peut-être que l'Assemblée puisse se permettre sur les subsistances, c'est de proclamer qu'elle ne doit rien faire. »

Et cependant, il faut agir pour éteindre cette insurrection de la misère.

Saint-Just monte à la tribune de la Convention, regard fixe, boucle à l'oreille droite, cravate nouée à large nœud, cachant le cou.

« Un peuple qui n'est pas heureux n'a pas de patrie, lance-t-il. Il n'aime rien, et si vous voulez fonder une République, vous devez vous occuper de tirer le peuple d'un état d'incertitude et de misère qui le corrompt… La misère a fait naître la Révolution, la misère peut la détruire. »

Mais Saint-Just ne va pas au-delà de cette incantation vertueuse.

Alors, qu'offrir au peuple pour l'apaiser ?

La victoire des armées ?

La gloire de combattre les tyrans, de faire « la guerre aux châteaux et d'apporter la paix aux chaumières », de propager la révolution, de supprimer les droits féodaux.

« Lorsque nous entrons dans un pays, c'est à nous de sonner le tocsin », déclare Cambon, fils d'un riche marchand d'étoffes de Montpellier, député à la Législative et à la Convention et qui, chargé des questions financières, pense aussi que le « pillage », le « butin » peuvent enrichir la République, et même la nourrir !

Mais il faut répondre vite à l'impatience populaire.

Alors juger le roi, le condamner, l'exécuter, c'est aussi le moyen commode de montrer au peuple que la République est impitoyable avec les puissants, dont le roi devient l'incarnation, le symbole.

Si on le tue, quel riche fermier, quel agioteur, quel financier, quel député ou ministre pourrait être à l'abri du châtiment ?

On ne sait comment combattre la misère, mais on sait juger et décapiter le roi.

Et le sang de Louis XVI peut étancher un temps, espère-t-on, la soif de justice et d'égalité du peuple.

37.

La Convention va donc juger le ci-devant roi Louis XVI.

Et le mardi 13 novembre 1792 – il pleut et il fait frais, presque froid –, c'est le plus jeune des conventionnels qui prend la parole.

Il siège avec les Montagnards. C'est un exagéré, dit-on, proche de Robespierre, mais la plupart des députés ignorent jusqu'à son nom : Saint-Just. Et les murmures couvrent les premiers mots de ce jeune homme à la voix fervente, qui dit :

« J'entreprends, citoyens, de prouver que le roi peut être jugé... »

Mais il suffit de quelques phrases pour que le silence s'établisse, que les sans-culottes des tribunes se penchent en avant, comme pour mieux saisir les propos de Saint-Just, et commencer d'acclamer celui qui dit :

« Les mêmes hommes qui vont juger Louis ont une République à fonder...

« Et moi je dis que le roi doit être jugé en ennemi, que nous avons moins à le juger qu'à le combattre...

« Un jour peut-être les hommes, aussi éloignés de nos préjugés que nous le sommes de ceux des Vandales, s'étonneront de la barbarie d'un siècle où ce fut quelque chose de religieux que de tuer un tyran...

« On s'étonnera qu'au XVIIIe siècle on ait été moins avancé que du temps de César : là le tyran fut immolé en plein Sénat, sans autre formalité que vingt-trois coups de poignard, et sans autre loi que la liberté de Rome. Et aujourd'hui on fait avec respect le procès d'un homme assassin d'un peuple, pris en flagrant délit, la main dans le sang, la main dans le crime ! »

Saint-Just s'interrompt, reprend son souffle, laisse les applaudissements déferler, s'épuiser puis lance :

« Pour moi je ne vois point de milieu : cet homme doit régner ou mourir... Il doit mourir pour assurer le repos du peuple, puisqu'il était dans ses vues d'accabler le peuple pour assurer le sien. »

Les mots de Saint-Just résonnent maintenant dans un silence de nef :

« On ne peut point régner innocemment, dit-il : la folie en est trop évidente. Tout roi est un rebelle et un usurpateur... Louis XVI doit être jugé comme un ennemi étranger. »

Saint-Just lève la main pour retenir la tempête d'approbation qui s'annonce, roulant depuis les tribunes, entraînant la Montagne, puis toute la Convention.

« Il doit être jugé promptement... Il est le meurtrier de la Bastille, de Nancy, du Champ-de-Mars, des Tuileries : quel ennemi, quel étranger nous a fait plus de mal ?

« On cherche à remuer la pitié, on achètera bientôt les larmes, on fera tout pour nous intéresser, pour nous corrompre même. »

Saint-Just se hausse sur la pointe des pieds, les bras tendus, les mains agrippées à la tribune :

« Peuple, si le roi est jamais absous, souviens-toi que nous ne serons plus dignes de ta confiance et tu pourras nous accuser de perfidie. »

Les sans-culottes des tribunes se lèvent et leur ovation emplit la salle du Manège.

La voix de Saint-Just ne s'efface pas.

Elle est encore dans toutes les mémoires quand le ministre de l'Intérieur, le Girondin Roland, annonce, le 20 novembre, qu'on vient de mettre au jour, dissimulée sous les lambris des Tuileries, une *armoire de fer.*

C'est le serrurier Gamain qui l'a construite avec le ci-devant roi, et c'est lui qui est venu en révéler l'existence. Elle contient la correspondance du roi avec les tyrans, avec ses frères et ses ministres émigrés – Calonne, Breteuil –, avec – la voix de Roland tremble – Mirabeau, et « tant d'autres qui ont siégé parmi nous », et auxquels le roi a versé des centaines de milliers de livres...

« Et toi Roland ? » crie quelqu'un depuis les tribunes.

On soupçonne le ministre girondin d'avoir fait disparaître des papiers le concernant et compromettants pour ses amis Brissot, Vergniaud, d'autres encore.

« Mirabeau, reprend-il, et Barnave, et Talleyrand. »

« Leurs têtes au bout de nos piques ! »

Et on scande : « Marat, Marat », car *L'Ami du peuple* avait dénoncé tous ces complices de la Cour.

La Convention décrète alors que quiconque proposera de « rétablir en France les rois ou la royauté sous quelque dénomination que ce soit sera puni de mort ! ».

Et Robespierre fait briser le buste de Mirabeau au club des Jacobins, et aussi celui d'Helvétius, ce persécuteur de Jean-Jacques Rousseau.

Un cortège de sans-culottes, hurlant des cris de vengeance, réclamant la mort pour le « gros cochon, sa putain, et toute leur descendance car la progéniture des tyrans ne saurait survivre », s'en va brûler le buste de Mirabeau en place de Grève.

Lorsque Robespierre, le 3 décembre, dit de sa voix aiguë : « Louis a été détrôné par ses crimes… la victoire et le peuple ont décidé que lui seul était rebelle, il est déjà jugé, il est condamné ou la République n'est point absoute », chacun pense à l'armoire de fer, à ces lettres de Louis XVI, appelant à l'aide les armées des tyrans afin qu'elles châtient son peuple.

« Louis a dénoncé le peuple français comme rebelle… reprend Robespierre.

« Je prononce à regret cette fatale vérité, mais Louis doit mourir parce qu'il faut que la patrie vive ! »

Les Montagnards voudraient que la sentence contre le roi soit prononcée sans débat, parce qu'il est « le seul rebelle » puisque le peuple a été victorieux.

Au contraire :

« L'Assemblée nationale décrète qu'elle s'occupera tous les jours depuis midi jusqu'à six heures du procès de Louis XVI. »

Et Louis Capet sera traduit à la barre de la Convention pour entendre la lecture de l'acte énonciatif de ses crimes et y répondre.

Et déjà, avant même qu'il soit entendu, la mort s'avance parce que le verdict est inéluctable :

« Qu'arrivera-t-il, s'écrie l'abbé Grégoire, si au moment où les peuples vont briser leurs fers, vous assurez l'impunité à Louis XVI ?... Les despotes saisiraient habilement ce moyen d'attacher encore quelque importance à l'absurde maxime qu'ils tiennent leur couronne de Dieu. »

Il ne s'agit plus seulement comme le disait Robespierre de sauver la patrie.

Louis doit mourir parce qu'il faut que le principe de la révolution vive et que tous les trônes de tous les tyrans de « droit divin » soient emportés par le vent qui s'est levé à Paris.

Il faut, conclut Robespierre, « graver profondément dans le cœur du peuple le mépris de la royauté et frapper de stupeur tous les partisans du roi ».

Louis n'ignore rien du sort qui l'attend.

Le 7 décembre, en le déshabillant avec des gestes lents, précautionneux, comme s'il s'agissait de retirer les pansements qui protègent une plaie, Cléry murmure à son maître que le procès commencera dans quatre jours, que Louis sera conduit à la Convention pour y être interrogé et qu'à compter de l'ouverture du procès, le roi ne serait plus autorisé à voir les siens.

Louis baisse un peu plus la tête, comme s'il offrait sa nuque au couperet.

Il sait qu'il va affronter la guillotine. Et tout ce qui précède et qu'il va devoir subir, lui paraît indifférent.

La mort est au bout. Et seule elle compte.

Il n'est pas surpris quand, le mardi 11 décembre, il est réveillé à cinq heures du matin par les tambours qui battent la générale, cependant que des détachements de cavalerie entrent dans les jardins du Temple.

C'est le jour de la comparution devant la Convention, celui du dernier déjeuner pris en compagnie des siens.

Les gardes municipaux veillent et on ne peut parler librement, parce que les gardiens sont aux aguets.

Après, Louis s'attarde à jouer avec son fils, mais on le lui retire, on le conduit chez Marie-Antoinette.

Il faut attendre seul l'arrivée, vers une heure, du nouveau maire de Paris, le docteur Chambon, accompagné du procureur de la Commune.

Le maire lit le décret convoquant Louis Capet afin de témoigner devant la Convention :

« Capet n'est pas mon nom, dit Louis, c'est celui de mes ancêtres. J'aurais désiré, Monsieur, que les commissaires m'eussent laissé mon fils pendant les deux heures que j'ai passées à vous attendre. »

Point de réponse.

Louis monte dans le carrosse du maire, et on commence à rouler, entouré d'une escorte si dense de cavaliers et de fantassins qu'on ne voit pas la foule le long de la rue du Temple, des boulevards, de la rue des Capucins et sur la place Vendôme.

Mais on entend les cris de « Mort au tyran ! ».

Et quand Louis descend du carrosse dans la cour des Feuillants, il voit au loin les piques dressées.

Il pleut. Il fait froid, et souffle la bourrasque.

Il sent la morsure de tous ces regards.

Il se redresse, debout face à la Convention. Peu importe que ses vêtements soient sales et froissés, qu'aucun barbier ne l'ait rasé depuis quatre jours ; il est le roi et il ne répondra que par des dénégations, quand on lui montrera des pièces saisies dans l'« armoire de fer ».

Il ne veut rien « reconnaître ».

Il n'est pas au pouvoir d'une Assemblée de juger le roi de France.

Et le roi a le droit et le devoir de refuser de se soumettre à un questionnaire.

Après cinq heures d'audition on le reconduit au Temple, et des cris plus nombreux, plus haineux encore, l'accompagnent tout au long du parcours.

« La tête au bout d'une pique, Capet ! Mort au tyran ! »

Au Temple, seul avec Cléry, il peut enfin laisser voir son épuisement.

« Je ne compte sur aucun égard, aucune justice, murmure-t-il, mais attendons. »

Il est surpris, heureux aussi et il en remercie Dieu, que la Convention lui accorde le droit d'avoir pour l'assister un conseil.

Malesherbes, âgé de soixante et onze ans, ancien secrétaire d'État à la Maison du roi, qui avait été l'un des hommes les plus ouverts à l'esprit des Lumières, se propose d'être l'avocat de Louis XVI.

« J'ai été appelé deux fois au Conseil dans un temps où cette fonction était ambitionnée de tout le monde, écrit Malesherbes. Je lui dois le même service lorsque c'est une fonction que bien des gens jugent dangereuse. »

D'autres se proposent pour cette charge périlleuse.

Louis et Malesherbes retiennent les avocats Tronchet et de Sèze. Le premier avait été bâtonnier à Paris et député à la Constituante.

« Tout sera inutile », murmure Louis XVI après avoir serré Malesherbes contre lui, et l'avoir remercié d'exposer ainsi sa vie.

« Non, Sire, je n'expose pas ma vie et même j'ose croire que Votre Majesté ne court aucun danger. Sa cause est si juste et les moyens de défense si victorieux ! »

« Ils me feront périr, répond Louis en secouant la tête. N'importe, ce sera gagner ma cause que de laisser une mémoire sans tache. Occupons-nous de mes moyens de défense. »

Il prie. Malesherbes a présenté aux gardiens l'abbé Edgeworth de Firmont, comme un commis. Et Louis prie à ses côtés, lui demande de l'assister quand viendra l'heure de sa mort. Car si, scrupuleusement, Louis lit, paraphe, conteste les pièces provenant de l'armoire de fer qu'on lui présente, il ne doute pas de l'issue du procès.

Il a même renoncé à voir ses enfants, car il n'y aurait été autorisé qu'à la condition que le dauphin et Madame Royale soient séparés de leur mère. Et il sait que Marie-Antoinette ne trouve un peu de force et de paix qu'au contact de ses enfants.

Il murmure :

« On noircit la reine pour préparer le peuple à la voir périr : sa mort est résolue. En lui laissant la vie on craindrait qu'elle ne se vengeât. Infortunée princesse ! Mon mariage lui promit un trône, aujourd'hui... »

La mort pour moi et pour elle.

Il n'ose penser au sort de ses enfants.

Il pleure, le 19 décembre, jour anniversaire de sa fille, qu'il ne verra pas.

Il est seul avec Cléry le jour de Noël, et il rédige son testament.

« À présent ils peuvent faire de moi ce qu'ils voudront. »

Le lendemain, mercredi 26 décembre – « il a fait grand vent, bourrasque, et plu toute la nuit et toute la journée, et 2 degrés au thermomètre » –, Louis comparaît devant la Convention pour la seconde et dernière fois.

L'avocat de Sèze se lève. Il est jeune, plein de fougue maîtrisée. C'est lui qui, avant la déclaration de Louis, prononcera la plaidoirie de la défense.

Il déroule, avec une précision implacable, sa démonstration, montrant que le roi n'a jamais violé la lettre ou l'esprit de la Constitution de 1791, usant seulement des droits qu'elle lui avait consentis.

« Citoyens, conclut-il, je cherche parmi vous des juges et je n'y vois que des accusateurs ! Louis n'aura ni les droits du citoyen ni les prérogatives de roi… Citoyens je n'achève pas, je m'arrête devant l'histoire. Songez quel sera votre jugement et que le sien sera celui des siècles ! »

Louis prend la parole. Sa voix est apaisée. Elle ne tremble pas. « En vous parlant, peut-être pour la dernière fois, je vous déclare que ma conscience ne me reproche rien et que mes défenseurs ne vous ont dit que la vérité.

« Je n'ai jamais craint que ma conduite fût examinée publiquement ; mais mon cœur est déchiré de trouver dans l'acte d'accusation l'imputation d'avoir voulu faire répandre le sang du peuple et surtout que les malheurs du 10 août me soient attribués.

« J'avoue que les gages multipliés que j'avais donnés dans tous les temps de mon amour pour le peuple et la manière dont je m'étais toujours conduit me paraissaient devoir prouver que je craignais peu de m'exposer pour épargner son sang et devoir éloigner à jamais de moi pareille imputation. »

Il se rassied.
On le reconduit au Temple.
Les députés se déchirent.
Certains, émus par les propos du roi, tentent d'obtenir le retrait de l'acte d'accusation.
Les Montagnards s'insurgent. Les Girondins avancent avec Vergniaud l'inviolabilité du roi, Brissot évoque l'indignation de l'Europe et demande l'« appel au peuple » qui jugera en dernier ressort.
Robespierre dénonce cette manœuvre.
Seuls les « fripons », des « perfides », « dont la sourde et pernicieuse activité produit des troubles peuvent réclamer l'appel au peuple ».
« Oui, s'écrie-t-il, j'ambitionne l'honneur d'être massacré le premier par les brissotins, s'il le faut, mais avant d'être assassiné, je veux avoir le plaisir de les dénoncer. »
Et avec lui les Montagnards accusent les Girondins d'être compromis par les documents de l'armoire de fer.
Vergniaud a négocié avec la Cour du 5 au 9 août 1792, pour éviter l'insurrection.
Le président de la Convention, Barère, le vendredi 4 janvier 1793, fait rejeter l'idée d'un « appel au peuple », juge souverain du roi.
« Le procès, dit-il, est en réalité un acte de salut public ou une mesure de sûreté générale, et un acte de salut public n'est pas soumis à la ratification du peuple. »
Les Girondins n'osent plus contester cette décision.
Le 7 janvier 1793, la Convention déclare clos les débats du procès de Louis XVI.
Le vote commencera le lundi 14 janvier.

Louis, ci-devant roi de France, dit à Malesherbes :
« Êtes-vous bien convaincu à présent, qu'avant même que je fusse entendu, ma mort avait été jugée ? »

38.

Il faut voter.

Et d'abord choisir entre la culpabilité et l'innocence de Louis Capet, ci-devant roi de France.

Le 15 janvier 1793, le vote commence sur cette première question.

La Convention déclare Louis Capet coupable de conspiration contre la liberté publique par sept cent sept voix contre zéro.

Ce même jour, il faut voter une seconde fois pour confirmer que le jugement de la Convention ne sera pas soumis à la ratification du peuple.

« Peuple, s'écrie Robespierre, c'est à nous seuls de défendre ta cause. Plus tard, lorsque les vertueux auront péri, alors venge-les si tu veux. »

Par quatre cent vingt-quatre voix contre deux cent quatre-vingt-sept, la Convention rejette l'appel au peuple.

Maintenant, il faut voter par appel nominal, sur la question capitale :

« Quelle peine infligera-t-on à Louis Capet ? »

Chaque député doit monter à la tribune et expliquer à haute voix son vote. Les députés en mission s'exprimeront par écrit.

Le vote commence le mercredi 16 janvier 1793, à huit heures du soir. Les députés votent dans l'ordre alphabétique des départements et pour chacun dans l'ordre de l'élection.

La lettre G a été tirée au sort, et le premier département sera la Haute-Garonne… les représentants du Gard votant les derniers. On sait que Vergniaud, député de Bordeaux, a déclaré, la veille :

« Je resterais seul de mon opinion que je ne voterais pas la mort. »

Et les députés girondins sont favorables à l'indulgence, craignant les conséquences de la mort du roi.

Mais Vergniaud, qui préside, vote la mort. Et huit des députés de Bordeaux votent comme lui.

Pas de surprise avec les Montagnards.

Robespierre, plus poudré que jamais, parle longuement pour expliquer son vote :

« Tout ce que je sais, dit-il, c'est que nous sommes des représentants du peuple envoyés pour cimenter la liberté publique par la condamnation du tyran, et cela me suffit.

« Le sentiment qui m'a porté à demander, mais en vain, à l'Assemblée constituante l'abolition de la peine de mort est le même qui me force aujourd'hui à demander qu'elle soit appliquée au tyran de ma patrie et à la royauté elle-même dans sa personne. Je vote pour la mort. »

Le vote se poursuit dans la nuit du 16 au 17 janvier.

On attend Danton. Il monte à la tribune vers quatre heures du matin.

Les partisans du roi espèrent de sa part un mouvement d'indulgence.

« Je ne suis point de cette foule d'hommes d'État qui ignorent qu'on ne compose point avec les tyrans, déclare Danton. Ils ignorent qu'on ne frappe les rois qu'à la tête. Ils ignorent qu'on ne doit rien attendre de ceux de l'Europe que par la force de nos armes ! Je vote pour la mort du tyran ! »

Voici un autre Montagnard, Philippe Égalité, ci-devant duc d'Orléans, le corps lourd, disant d'une voix assourdie, qu'uniquement occupé de son devoir, il vote pour la mort de Louis, son cousin.

Et Desmoulins et Fabre d'Églantine, et le peintre David, et Marat, font le même choix.

Et quand, le 17 janvier a huit heures du soir, Vergniaud donne le résultat, il y a trois cent quatre-vingt-sept régicides contre trois cent trente-quatre voix.

La mort n'a donc été votée qu'à la majorité de cinquante-trois voix ! Et parmi les députés qui ont voté la mort, certains ont demandé qu'il soit sursis à l'exécution.

Le lendemain, vendredi 18 janvier, de nombreux députés contestent les résultats du scrutin de la veille.

On procède à un nouveau scrutin qui donne trois cent soixante et une voix pour la mort contre trois cent soixante !

La mort de Louis XVI a donc été décidée à une voix de majorité ; alors que la salle du Manège, où siégeait la Convention, était cernée de sans-culottes armés de piques.

« Tandis que les citoyens honnêtes de cette ville attendent dans un calme profond le jugement de Louis XVI, peut-on lire dans les *Annales républicaines* du 18 janvier, toutes les avenues de la Convention sont entourées d'une foule inconnue d'agitateurs dont les vociférations se font entendre jusque dans le temple législatif, et semblent vouloir influencer les opinions de nos mandataires. On les entend beugler de toutes leurs forces que si Louis XVI n'est pas condamné à mort, ils iront eux-mêmes l'assassiner. Quelques députés en entrant hier dans la salle ont été menacés d'être massacrés s'ils ne votent pas pour la mort.

« Quelque inaccessibles que soient nos représentants à toute impulsion de crainte, on aurait dû réprimer cette horde audacieuse et ôter aux malveillants tout prétexte de pouvoir dire que les opinions n'ont pas été parfaitement libres. »

Il faut encore voter le samedi 19 janvier sur la question du sursis, que les députés girondins ont demandé. Mais ceux de la Plaine hésitent. Ils entendent les cris de la foule autour de la Convention.

Dans les tribunes, on guette et note leur choix. On les menace au moment où ils entrent dans la salle. Et ils veulent en finir.

Des ennemis de la Révolution ont assassiné à Rome un diplomate français. Les émeutiers ont tenté d'incendier le ghetto de la ville, accusant les Juifs d'être complices de la Révolution française.

Les Montagnards refusent le sursis comme Danton, et comme Philippe Égalité, qui se réitère « convaincu que tous ceux qui ont attenté ou attenteront par la suite à la souveraineté des peuples, méritent la mort ». Immédiatement.

À deux heures du matin, le dimanche 20 janvier 1793, le sursis est rejeté par trois cent quatre-vingts voix contre trois cent dix.

Louis n'est pas surpris.

« Je ne cherche aucun espoir, dit-il à Cléry, mais je suis bien affligé de ce que Monsieur d'Orléans, mon parent, a voté ma mort. »

À deux heures de l'après-midi, le dimanche 20 janvier 1793, Louis ne sursaute pas quand les membres du Conseil exécutif, le maire, les autorités du département, soit une quinzaine de personnes, entrent dans sa chambre et que Garat, ministre de la Justice, lit les décrets de la Convention : « Louis Capet, coupable de conspiration contre la liberté de la nation, est condamné à mort. »

Louis plie les décrets, les range dans son portefeuille.

Il a préparé une lettre à la Convention. Il demande trois jours pour se préparer à paraître devant Dieu, la levée de cette surveillance perpétuelle, le droit de voir sa famille et celui de recevoir son confesseur, l'abbé Edgeworth de Firmont. Il recommande à la nation ceux qui lui ont été attachés, et qui ne peuvent être persécutés pour cela.

« Je les recommande à la bienfaisance de la nation...

« Il y en a beaucoup qui avaient mis toute leur fortune dans leurs charges et qui, n'ayant plus d'appointements, doivent être dans le besoin, et de même celles qui ne vivaient que de leurs appointements ; dans les pensionnaires il y a beaucoup de vieillards, de femmes et d'enfants, qui n'avaient que cela pour vivre. »

À six heures du soir, Garat revient.

Louis pourra recevoir sa famille, recevoir son confesseur, mais on lui refuse le délai de trois jours.

Le décret de mort sera exécuté dès demain 21 janvier 1793.

Louis reste impassible.

Il ne s'est irrité qu'au moment du dîner, quand on lui a retiré fourchettes et couteaux.

« Me croit-on assez lâche pour que j'attente à ma vie ? » a-t-il dit.

39.

Ce sont les dernières heures et c'est la dernière nuit.

Louis a appris que l'un de ses anciens gardes du corps, Pâris, a assassiné au Palais-Royal, ce 20 janvier 1793, vers cinq heures, le député Lepeletier de Saint-Fargeau, régicide.

Louis ne veut pas qu'on le venge

Il accepte son destin sans colère. Il veut simplement préparer son salut, et il est ému quand, enfin, l'abbé Edgeworth entre dans la chambre, s'agenouille en pleurant.

Louis prie, demande à l'abbé de se relever, lui montre son testament, l'interroge sur l'état du clergé français, déchiré, persécuté.

Il veut prier pour l'Église, et pour son salut.

Puis il demande à l'abbé de rester auprès de lui quand sa famille, comme la Convention l'a autorisé, viendra lui rendre visite. Il craint l'émotion de la reine, et ne voudrait pas que son chagrin le bouleverse.

Il veut rester serein face à la mort qui est si proche.

Il veut qu'on lui apporte une carafe et un verre d'eau pour la reine, qui peut perdre connaissance.

Enfin, la voici, avec Madame Élisabeth, la sœur du roi, le dauphin et Madame Royale.

« À sept heures du soir on vint nous dire, raconte Madame Royale, qu'un décret de la Convention nous permettait de descendre chez mon père.

« Nous courûmes chez lui et nous le trouvâmes bien changé. Il pleura de notre douleur mais non de sa mort.

« Il raconta à ma mère son procès, excusant ces scélérats qui le faisaient mourir, répéta à ma mère qu'il ne voulait pas mettre le trouble dans la France.

« Il donna ensuite de bonnes instructions religieuses à mon frère et lui recommanda surtout de pardonner à ceux qui le faisaient mourir.

« Il donna sa bénédiction à mon frère et à moi.

« Ma mère désirait extrêmement que nous passions la nuit avec mon père, il le refusa, ayant besoin de tranquillité.

« Ma mère demanda au moins de revenir le lendemain matin, mon père le lui accorda, mais quand nous fûmes partis il demanda aux gardes que nous ne redescendions pas, parce que cela lui faisait trop de peine. »

Il ne les verra plus.

Comment accepter cela sinon en s'en remettant à Dieu ?

Il dit à l'abbé Edgeworth :

« Ah, Monsieur, quelle entrevue que celle que je viens d'avoir ! Faut-il que j'aime et que je sois si tendrement aimé ! Mais c'en est fait, oublions tout le reste pour ne penser qu'à l'unique affaire de notre salut ; elle seule doit en ce moment concentrer toutes les affections et les pensées. »

Il se confesse. Il hésite quand Cléry lui propose de souper, puis il mange de bon appétit, et s'en va dormir, sachant que l'abbé Edgeworth a obtenu l'autorisation de célébrer la messe demain, au réveil que Louis a fixé à cinq heures.

Il pourra communier. Et cet espoir le rassure.

Courte mais paisible nuit.

À six heures, alors que les tambours battent la génerale, que des fantassins et des cavaliers entrent dans la cour du Temple, l'abbé Edgeworth dit la messe que Louis suit à genoux, avant de communier.

Puis il pose sur la cheminée sa montre, son portefeuille, et il donne à Cléry pour la reine un anneau, une mèche de ses cheveux, et pour son fils un sceau.

Des gardiens, sans raison autre que de le persécuter, ne cessent de frapper à la porte, puis à neuf heures, voici Santerre qui entre brutalement, accompagné d'une dizaine de gendarmes.

« Je vais être à vous », dit Louis, et il referme la porte, s'agenouille devant Edgeworth.

« Tout est consommé, dit-il à l'abbé, donnez-moi votre dernière bénédiction et priez Dieu qu'il me soutienne jusqu'à la fin. »

Louis, en ce lundi 21 janvier 1793, est dans sa trente-neuvième année.

40.

Ce lundi 21 janvier 1793 :

« C'est à mon grand regret que j'ai été obligé d'assister à l'exécution, en armes, avec les autres citoyens de section, et je t'écris, le cœur pénétré de douleur et dans la stupeur d'une profonde consternation. »

Ainsi s'exprime le grand médecin Philippe Pinel, un savant généreux, qui fit ôter leurs chaînes aux fous et les sépara des criminels.

« Aussitôt que le roi a été exécuté, poursuit-il, il s'est fait un changement subit dans un grand nombre de visages, c'est-à-dire que d'une sombre consternation on a passé rapidement à des cris de : "Vive la nation !" Du moins la cavalerie qui était présente à l'exécution et qui a mis ses casques au bout de ses sabres. Quelques citoyens ont fait de même mais un grand nombre s'est retiré, le cœur navré de douleur, en venant répandre des larmes au sein de sa famille.

« Comme cette exécution ne pouvait se faire sans répandre du sang sur l'échafaud, plusieurs hommes se sont empressés d'y tremper, les uns l'extrémité de leur mouchoir, d'autres un morceau de papier ou tout autre chose…

« Le corps a été transporté dans le cimetière Sainte-Marguerite…

« Son fils le ci-devant dauphin par un trait de naïveté qui intéresse beaucoup en faveur de cet enfant demandait avec insistance dans son dernier entretien avec son père d'aller l'accompagner pour demander sa grâce au peuple… »

« Laissons Louis sous le crêpe ; il appartient désormais à l'histoire », écrit *Le Moniteur.*

On s'arrache les journaux du mardi 22 janvier. *La Chronique de Paris*, de Condorcet, rapporte que « hier à dix heures un quart, le jugement de Louis Capet a été mis en exécution. Les ponts et les principales avenues étaient interceptés et garnis de canons ; les boutiques sont restées fermées toute la journée ; il y a eu peu de monde dans les rues et dans les places publiques. Le soir le bruit courait que la fille de Louis Capet était morte. »

Rumeur, mensonge, moyen d'émouvoir, de créer une « fermentation des esprits ».

Le Républicain, journal montagnard, ne le reprend pas.

Il s'enthousiasme.

« Aujourd'hui l'on vient de se convaincre qu'un roi n'est qu'un homme et qu'aucun homme n'est au-dessus des lois.

« Peuples de l'Europe ! Peuples de la terre ! Contemplez les trônes : vous voyez qu'ils ne sont que poussière !

« La France vient de donner un grand exemple aux peuples et une grande leçon aux rois pour le bonheur de l'humanité !

« Jour célèbre à jamais mémorable ! Puisses-tu arriver à la prospérité ! Que la calomnie ne t'approche jamais !

« Historiens ! Soyez dignes de l'époque ; écrivez la vérité rien que la vérité ; jamais elle ne fut plus sainte : jamais elle ne fut plus belle à dire ! »

Marat exulte, dans *Le Publiciste de la République française* :

« La tête du tyran vient de tomber sous le glaive de la loi... je crois enfin à la République...

« Le supplice de Louis est un de ces événements mémorables qui font époque dans l'histoire des nations... Loin de troubler la paix de l'État il ne servira qu'à affermir non seulement en contenant par la *terreur* les ennemis du dedans mais les ennemis du dehors.

« Il donnera aussi à la nation une énergie et une force nouvelles pour repousser les hordes féroces de satellites étrangers qui oseront porter les armes contre elle.

« Car il n'y a plus moyen de reculer. et telle est la position où nous nous trouvons aujourd'hui qu'il faut *vaincre ou périr.* »

« *Terreur* » :
Ce mot est donc écrit, « semé », mardi 22 janvier 1793.
Les moissons seront sanglantes.

TABLE

Du même auteur

Ouvrages relatifs à la Révolution française

La Route Napoléon, roman, Robert Laffont, 1987 (et le Livre de Poche).
Bleu Blanc Rouge, t. 1, *Mariella*, roman, XO, 2000 (et Pocket).
« Moi, j'écris pour agir », Vie de Voltaire, biographie, Fayard, 2008.
Maximilien Robespierre, histoire d'une solitude, biographie, Perrin, 1968 (Pocket et Tempus, 2008).
Napoléon, t. 1, *Le Chant du départ*, biographie, Laffont, 1997 (et Pocket).

Liste complète des œuvres

Romans

Le Cortège des vainqueurs, Robert Laffont, 1972.
Un pas vers la mer, Robert Laffont, 1973.
L'Oiseau des origines, Robert Laffont, 1974.
Que sont les siècles pour la mer, Robert Laffont, 1977.
Une affaire intime, Robert Laffont, 1979.
France, Grasset, 1980 (et Le Livre de Poche).
Un crime très ordinaire, Grasset, 1982 (et Le Livre de Poche).
La Demeure des puissants, Grasset, 1983 (et Le Livre de Poche).
Le Beau Rivage, Grasset, 1985 (et Le Livre de Poche).
Belle Époque, Grasset, 1986 (et Le Livre de Poche).
La Route Napoléon, Robert Laffont, 1987 (et Le Livre de Poche).
Une affaire publique, Robert Laffont, 1989 (et Le Livre de Poche).
Le Regard des femmes, Robert Laffont, 1991 (et Le Livre de Poche).
Un homme de pouvoir, Fayard, 2002 (et Le Livre de Poche).
Les Fanatiques, Fayard, 2006.
Le Pacte des Assassins, Fayard, 2007.
La Chambre ardente, Fayard, 2008.

Suites romanesques

La Baie des Anges :
I. *La Baie des Anges*, Robert Laffont, 1975 (et Pocket).
II. *Le Palais des Fêtes*, Robert Laffont, 1976 (et Pocket).
III. *La Promenade des Anglais*, Robert Laffont, 1976 (et Pocket).
(Parue en un volume dans la coll. « Bouquins », Robert Laffont, 1998.)

Les hommes naissent tous le même jour :
I. *Aurore*, Robert Laffont, 1978.
II. *Crépuscule*, Robert Laffont, 1979.

LA MACHINERIE HUMAINE :
- *La Fontaine des Innocents*, Fayard, 1992 (et Le Livre de Poche).
- *L'Amour au temps des solitudes*, Fayard, 1992 (et Le Livre de Poche).
- *Les Rois sans visage*, Fayard, 1994 (et Le Livre de Poche).
- *Le Condottiere*, Fayard, 1994 (et Le Livre de Poche).
- *Le Fils de Klara H.*, Fayard, 1995 (et Le Livre de Poche).
- *L'Ambitieuse*, Fayard, 1995 (et Le Livre de Poche).
- *La Part de Dieu*, Fayard, 1996 (et Le Livre de Poche).
- *Le Faiseur d'or*, Fayard, 1996 (et Le Livre de Poche).
- *La Femme derrière le miroir*, Fayard, 1997 (et Le Livre de Poche).
- *Le Jardin des Oliviers*, Fayard, 1999 (et Le Livre de Poche).

BLEU BLANC ROUGE :
I. *Mariella*, XO, 2000 (et Pocket).
II. *Mathilde*, XO, 2000 (et Pocket).
III. *Sarah*, XO, 2000 (et Pocket).

LES PATRIOTES :
I. *L'Ombre et la Nuit*, Fayard, 2000 (et Le Livre de Poche).
II. *La flamme ne s'éteindra pas*, Fayard, 2001 (et Le Livre de Poche).
III. *Le Prix du sang*, Fayard, 2001 (et Le Livre de Poche).
IV. *Dans l'honneur et par la victoire*, Fayard, 2001 (et Le Livre de Poche).

MORTS POUR LA FRANCE :
I. *Le Chaudron des sorcières*, Fayard, 2003 (et J'ai Lu).
II. *Le Feu de l'enfer*, Fayard, 2003 (et J'ai Lu).
III. *La Marche noire*, Fayard, 2003 (et J'ai Lu).
(parus en un volume, Fayard, 2008)

L'EMPIRE :
I. *L'Envoûtement*, Fayard, 2004 (et J'ai Lu).
II. *La Possession*, Fayard, 2004 (et J'ai Lu).
III. *Le Désamour*, Fayard, 2004 (et J'ai Lu).

LA CROIX DE l'Occident :
I. *Par ce signe tu vaincras*, Fayard, 2005 (et J'ai Lu).
II. *Paris vaut bien une messe*, Fayard, 2005 (et J'ai Lu).

Politique-fiction

La Grande Peur de 1989, Robert Laffont, 1966.
Guerre des gangs à Golf-City, Robert Laffont, 1991.

Histoire, essais

L'Italie de Mussolini, Librairie Académique Perrin, 1964, 1982 (et Marabout).
L'Affaire d'Éthiopie, Le Centurion, 1967.
Gauchisme, Réformisme et Révolution, Robert Laffont, 1968.
Histoire de l'Espagne franquiste, Robert Laffont, 1969.
Cinquième colonne, 1939-1940, Éditions Plon, 1970, 1980, Éditions Complexe, 1984.
Tombeau pour la Commune, Robert Laffont, 1971.
La Nuit des Longs Couteaux, Robert Laffont, 1971, 2001.
La Mafia, mythe et réalités, Seghers, 1972.
L'Affiche, miroir de l'Histoire, Robert Laffont, 1973, 1989.
Le Pouvoir à vif, Robert Laffont, 1978.
Le XXe Siècle, Librairie Académique Perrin, 1979.
La Troisième Alliance, Fayard, 1984.
Les idées décident de tout, Galilée, 1984.
Lettre ouverte à Robespierre sur les nouveaux Muscadins, Albin Michel, 1986.
Que passe la Justice du Roi, Robert Laffont, 1987.
Les Clés de l'histoire contemporaine, Robert Laffont, 1989, Fayard, 2001 (et Le Livre de Poche éd. mise à jour, 2005).
Manifeste pour une fin de siècle obscure, Odile Jacob, 1989.
La gauche est morte, vive la gauche, Odile Jacob, 1990.
L'Europe contre l'Europe, Éditions du Rocher, 1992.
Jè. Histoire modeste et héroïque d'un homme qui croyait aux lendemains qui chantent, Stock, 1994 (et Mille et Une Nuits).
L'Amour de la France expliqué à mon fils, Le Seuil, 1999.
Fier d'être français, Fayard, 2006 (et Le Livre de Poche).
L'Âme de la France : une histoire de la nation des origines à nos jours, Fayard, 2007.
La Grande Guerre, (préface à ...), XO Éditions, 2008.

Biographies

Maximilien Robespierre, histoire d'une solitude, Librairie Académique Perrin, 1968 (et Pocket). Et *Tempus*, 2008.
Garibaldi, la force d'un destin, Fayard, 1982.
Le Grand Jaurès, Robert Laffont, 1984, 1994 (et Pocket).
Jules Vallès, Robert Laffont, 1988.
J'écris pour agir, Fayard, 2008.

NAPOLÉON :
I. *Le Chant du départ*, Robert Laffont, 1997 (et Pocket).
II. *Le Soleil d'Austerlitz*, Robert Laffont, 1997 (et Pocket).
III. *L'Empereur des Rois*, Robert Laffont, 1997 (et Pocket).
IV. *L'Immortel de Sainte-Hélène*, Robert Laffont, 1997 (et Pocket).

DE GAULLE :
I. *L'Appel du destin*, Robert Laffont, 1998 (et Pocket).
II. *La Solitude du combattant*, Robert Laffont, 1998 (et Pocket).
III. *Le Premier des Français*, Robert Laffont, 1998 (et Pocket).
IV. *La Statue du Commandeur*, Robert Laffont, 1998 (et Pocket).

Une femme rebelle. Vie et mort de Rosa Luxemburg, Fayard, 2000.

VICTOR HUGO :
I. *Je suis une force qui va !*, XO Éditions, 2001 (et Pocket).
II. *Je serai celui-là !*, XO Éditions, 2001 (et Pocket).

LES CHRÉTIENS :
I. *Le Manteau du Soldat*, Fayard, 2002 (et Le Livre de Poche).
II. *Le Baptême du Roi*, Fayard, 2002 (et Le Livre de Poche).
III. *La Croisade du Moine*, Fayard, 2002 (et Le Livre de Poche).

César imperator, XO Éditions, 2003 (et Pocket).

LES ROMAINS :
I. *Spartacus, la révolte des esclaves*, Fayard, 2006.
II. *Néron, le règne de l'Antéchrist*, Fayard, 2006.
III. *Titus, le martyre des Juifs*, Fayard, 2006.
IV. *Marc Aurèle, le martyre des chrétiens*, Fayard, 2006.
V. *Constantin le Grand : l'empire du Christ*, Fayard, 2006.

LOUIS XIV :
I. Le Roi-Soleil, XO Éditions, 2007.
II. L'Hiver du grand roi, XO Éditions, 2007.

Conte

La Bague magique, Casterman, 1981.

En collaboration

Au nom de tous les miens de Martin Gray, Robert Laffont, 1971 (et Pocket).

Cet ouvrage a été imprimé en France par

CPI
Bussière

à Saint-Amand-Montrond (Cher)
en mars 2009

N° d'édition : 1540/07. — N° d'impression : 090800/4.
Dépôt légal : janvier 2009.